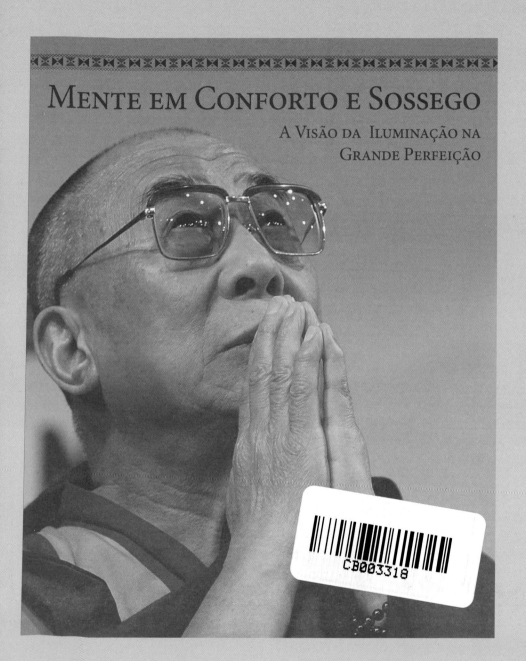

Sua Santidade o
# Dalai Lama

# Mente em Conforto e Sossego

### A Visão da Iluminação na Grande Perfeição

*Tradução*
Lúcia Brito

São Paulo
2008

©2007 The Tertön Sogyal Trust and Tenzin Gyatso, the 14th Dalai Lama

Wisdom Publications
199 Elm Street
Sommerville MA 02144 USA
www.wisdompubs.org

1ª EDICÃO, EDITORA GAIA, SÃO PAULO 2008

*Diretor Editorial*
JEFFERSON L. ALVES

*Diretor de Marketing*
RICHARD A. ALVES

*Gerente de Produção*
FLÁVIO SAMUEL

*Assistente Editorial*
CLAUDIA DENISE SILVA

*Tradução*
LÚCIA BRITO

*Preparação de Texto*
MIRTES LEAL

*Revisão*
LUICY CAETANO

*Foto de Capa*
©HARISH TYAGI/EPA/CORBIS/LATINSTOCK

*Capa*
EDUARDO OKUNO

*Projeto Gráfico e Editoração Eletrônica*
REVERSON R. DINIZ

**Dados Internacionais de Catalogação na Publicação (CIP)**
**(Câmara Brasileira do Livro, SP, Brasil)**

Bstan-®dzin-rgya-mtsho, Dalai Lama XIV, 1935-
   Mente em conforto e sossego : a visão da iluminação na grande perfeição / sua santidade o Dalai Lama XIV Bstan-®dzin-rgya-mtsho; tradução Lúcia Brito. – São Paulo : Gaia, 2008.

   Título original: Mind in comfort and ease.
   Inclui: "Encontrando conforto e sossego na meditação sobre a grande perfeição, de Longchen Rapjam".
   Bibliografia.
   ISBN 978-85-7555-171-4

   1. Budismo  2. Filosofia  3. Vida espiritual (Budismo) I. Título.

08-05865                                                    CDD-294.3

**Índices para catálogo sistemático:**

1. Ensinamentos budistas : Religião    294.3

*Direitos Reservados*
**EDITORA GAIA LTDA.**
(pertence ao grupo Global Editora
e Distribuidora Ltda.)

Rua Pirapitingui, 111-A – Liberdade
CEP 01508-020 – São Paulo – SP
Tel.: (11) 3277-7999 – Fax: (11) 3277-8141
e-mail: gaia@editoragaia.com.br
www.editoragaia.com.br

Colabore com a produção científica e cultural.
Proibida a reprodução total ou parcial desta obra
sem a autorização do editor.

Nº DE CATÁLOGO: **2921**

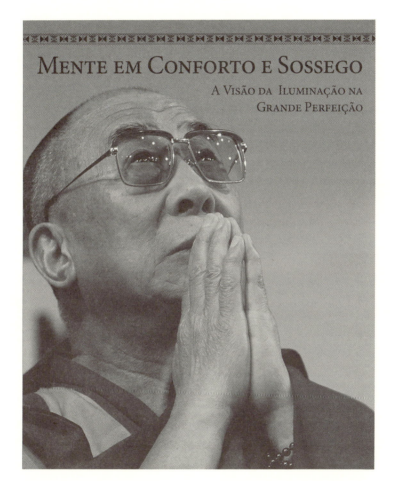

# Sumário

*Versos de homenagem de Kyapjé Trulshik Rinpoche* ...................9
*Introdução de Sogyal Rinpoche* .......................................11
*Prefácio* ..............................................................17

## parte 1
*Princípios-chave do Buddhadharma*

1 Introdução ........................................................33
2 Transformando a Mente ............................................43
3 Aparência e Realidade .............................................57
4 A Questão da Consciência .........................................69
5 Superando as Causas do Sofrimento ...............................77

## parte 2
*Encontrando conforto e sossego na meditação sobre a grande perfeição*

6 A Antiga Tradição dos Nyingmapas ................................97
7 A Singularidade da Grande Perfeição ............................103
8 O Ambiente e os Locais Convenientes para Meditação ...........117
9 O Praticante Individual .........................................127

| 10 | Eu e Não-Eu | 141 |
|---|---|---|
| 11 | Vida, Morte e Prática | 155 |
| 12 | O Dharma a Ser Praticado: As Preliminares | 163 |
| 13 | Bodhicitta, o Coração da Mente Desperta | 167 |
| 14 | Fazendo o Voto de Bodhisattva | 179 |
| 15 | A Iniciação de Padmasambhava e Suas Oito Manifestações | 195 |
| 16 | A Clara Luz | 199 |
| 17 | Uma Recapitulação do Ensinamento | 211 |
| 18 | A Sabedoria de Rigpa | 223 |

## *O texto raiz*

*Encontrando Conforto e Sossego na Meditação sobre a Grande Perfeição* de Longchen Rapjam ............ 243

Apêndice: Perspectivas históricas ............ 267
Glossário ............ 281
Bibliografia ............ 287
Agradecimentos ............ 299
Notas ............ 301

# Versos de homenagem

*de Kyapjé Trulshik Rinpoche*

*Om svasti!*
Com mérito e sabedoria acumulados ao longo de incontáveis eras como causa,
Você obteve o resultado: os dez poderes e os quatro destemores do estado de buda.
Grande guia dessa era afortunada, aparecendo com os sinais e marcas da perfeição,
Siddharta, você que preencheu todas suas metas, conceda-nos virtude e excelência!

Em meio ao esplendor de uma centena de raios de luz do coração de Amitabha,
Você nasceu na ponta de uma haste de lótus no lago de Sindhu
E veio como um segundo buda à Terra das Neves.
Guru Padmakara nascido no lótus, conceda-nos sua proteção o tempo todo!

Personificação de todos os budas da compaixão, detentor do lótus branco,
Tendo deixado de lado o ornamento do sambhogakaya,
Você aparece como monge em mantos cor de açafrão para proteger este mundo.
Vitorioso senhor Tenzin Gyatso, em devoção sincera curvamo-nos a você!

Em resposta às solicitações da Sangha da Rigpa de Lerab Ling, na França, de um prólogo para este livro, este foi escrito e oferecido no Nepal por aquele chamado Dzarong Shadeu Trulshik, Ngawang Chökyi Lodrö, no ano tibetano de 2133, do Cachorro de Fogo, no 26º dia do quarto mês (21 de junho de 2006).

# Introdução

Sua Santidade o Dalai Lama do Tibete é um dos grandes líderes espirituais de nossa era. Ele devotou toda sua vida a promover o bem-estar da humanidade e durante quase quarenta anos viajou pelo mundo inteiro compartilhando sua mensagem de valores humanos, responsabilidade universal e compaixão. É uma mensagem que se torna mais pertinente e mais vital a cada dia que passa. O que Sua Santidade tem mostrado, e que provoca uma reação de alegria e entusiasmo em muitas pessoas, é que altruísmo e zelo pelos outros sustentam o verdadeiro significado da vida e que, transformando a mente com compaixão, podemos nos tornar seres humanos melhores, tratar os outros com amor e respeito e encontrar felicidade e paz. Com sua sinceridade e humanidade, Sua Santidade é para incontáveis pessoas o centro imóvel em um mundo caótico e violento.

A primeira visita de Sua Santidade o Dalai Lama ao Ocidente foi em setembro de 1977. Ele encontrou-se com o Papa Paulo VI no Vaticano, e este declarou em suas boas-vindas que a presença de Sua Santidade "contribuiria para a promoção do amor e respeito mútuos entre os adeptos de diferentes crenças". Jamais esquecerei aquela ocasião, pois tive a honra de servir Sua Santidade e ajudar a organizar sua visita. Mas na época, ao saudá-lo em solo francês, jamais poderíamos imaginar o impacto e a influência que ele teria no mundo. Naquele tempo, sua mensagem era de responsabilidade universal, bondade e bom coração, e é uma mensagem que ele continuou a aprofundar e expandir incansavelmente para se dirigir às muitas dimensões de nosso mundo cambiante. A visão de Sua Santidade, que o Comitê do Prêmio Nobel da Paz chamou de "filosofia de paz", abrange todo o drama dos assuntos humanos, abarcando o entendimento entre religiões, paz e reconciliação, proteção do meio ambiente, direitos humanos, igualdade econômica, educação e ciência. Muitas vezes sinto que suas profundas preocupações são, para usar uma imagem budista, como raios que emanam do sol flamejante de sua sabedoria e compaixão. A escala de sua visão e de seus feitos é simplesmente atordoante; basta olhar a lista de países que ele visita, o montante de suas realizações e o número de pessoas que alcança. Sua Santidade tende a descrever suas atividades internacionais com modéstia, ao compartilhar sua compreensão da importância dos valores humanos básicos, defendendo entendimento religioso e harmonia, e promovendo os direitos e liberdades do povo tibetano. Não obstante todos os Dalai Lama, sinto que jamais houve um que tenha realizado nada que se compare ao que ele levou a cabo.

Uma dimensão na qual Sua Santidade o Dalai Lama desempenhou papel singular e crítico foi o desenvolvimento do budismo no Ocidente. Ele assumiu pessoalmente um interesse extremamente ativo para garantir que o estudo e a prática do Dharma floresçam de modo autêntico no Ocidente, tanto quanto no Oriente. Seu compromisso contínuo de ensinar em diferentes países mostrou-se uma incessante fonte de inspiração para estudantes do Dharma. Ele é um mestre erudito cujos ensinamentos são estudados como aqueles dos sábios panditas do passado, mas ao mesmo tempo seu conhecimento e experiência permitem-lhe traduzir o Buddhadharma para a vida moderna, fazendo relações de modo persuasivamente imediato e acessível. Seu diálogo brilhante e de longo alcance com o mundo da ciência demonstrou de forma inequívoca a extraordinária profundidade e o poder dos ensinamentos budistas e o que eles têm a oferecer. E ele assumiu também a iniciativa de construir uma via para a real interação e abertura dentro do budismo e entre o budismo e outras tradições de fé. Se ao longo das últimas duas décadas o budismo conquistou maior respeito e reconhecimento no mundo em geral, deve-se em grande parte à sua liderança e exemplo. Sem ele, o mundo do budismo seria bem diferente.

Em setembro de 2000, Sua Santidade visitou nosso centro internacional de retiro, Lerab Ling, no sul da França, para ministrar um importante ensinamento budista intitulado "O caminho para a iluminação". Nós o havíamos convidado para traçar o caminho do estudo e da prática desde o início até a Grande Perfeição, o *Dzogpachenpo*, com seus elementos-chave e pontos de referência, de modo que proporcionasse um esquema de caminho espiritual completo para as pessoas modernas. Com seu conhecimento, sua familiaridade com as diferentes escolas budistas e sua capacidade de se adaptar ao mundo moder-

## Introdução

no e com ele se relacionar, sabíamos que estava numa posição única para ministrar tal esboço dos ensinamentos e da prática budistas.

Lembro muito vividamente de todos os dez dias da visita de Sua Santidade. Era a primeira vez que ele estava em Lerab Ling e chegou um dia antes a fim de dedicar algum tempo a um retiro tranquilo nos arredores rurais. Mais tarde nos disse: "Achei este lugar encantador, isolado, bonito, cheio de bênçãos e com seu ambiente natural bem preservado...". Era 2000, um ano de aniversários. Além de ser o ano do milênio, marcava também o 60º aniversário da entronização de Sua Santidade e o 50º ano desde que ele havia sido investido no governo do Tibete, aos 15 anos de idade. Buscando uma forma de celebrar a importância da ocasião, convidei trinta dos principais monges do mosteiro pessoal do Dalai Lama, o Namgyal Dratsang, para virem a Lerab Ling conduzir uma prática especial do Vajrayana, o *drupchen* (prática de grupo) e o *mendrup* (consagração de medicamento) completos de Vajrakilaya, a deidade yidam que simboliza a atividade iluminada de todos os budas. Essa prática específica, que nunca antes havia sido executada fora do Tibete ou de Dharamsala, na Índia, vem de um tesouro *terma* chamado *Phurba Yang Nying Pudri*, escondido por Guru Padmasambhava e revelado por Tertön Sogyal, Lerab Lingpa, que conferiu o conjunto desse ensinamento ao 13º Dalai Lama e o encarregou de ser seu guardião. Conforme Sua Santidade explicou, o importante a respeito dessa prática é que possui uma conexão singular com o bem-estar dos Dalai Lama, o futuro do Tibete e o florescimento do budismo tibetano.

Sua Santidade chegou para presidir o último dia do *drupchen* de duas semanas, que incluiu o recebimento de bênçãos da prática e a consagração de uma grande quantidade de *amrita* medicinal. No dia seguinte, ele conferiu a iniciação do *Purbha Yang Nying Pudri* para as mil e quatrocentas pessoas reunidas na tenda de *drupchen* situada no coração de Lerab Ling. Naquele momento, não pude deixar de sentir uma tremenda esperança de que essa prática muito poderosa, executada com tanta perfeição pelos monges do Namgyal e presidida por Sua Santidade, de fato teria efeito para a longa vida dos Dalai Lama e seu trabalho, a resolução da questão do Tibete e o futuro dos ensinamentos do budismo tibetano no Ocidente. Uma série de sinais auspiciosos acompanhou o drupchen, e Sua Santidade confirmou o quanto a prática havia sido auspiciosa.

Como foi maravilhoso também que Kyapjé Trulshik Rinpoche, um dos mais eminentes e altamente reverenciados mestres do budismo tibetano, estivesse presente na ocasião. Um grande detentor da linhagem Vinaya da tradição

Nyingma, foi discípulo de meu mestre Jamyang Khyentse Chökyi Lodrö e filho de coração de Kyapjé Dudjom Rinpoche e Kyapjé Dilgo Khyentse Rinpoche. Durante vários anos ministrou ensinamentos e transmissões raros das tradições Nyingma e Dzogchen a Sua Santidade. Logo depois de chegar a Lerab Ling, Sua Santidade fez várias visitas a Trulshik Rinpoche, de quem estava recebendo a transmissão da *Trilogia sobre encontrar conforto e sossego*, de Longchenpa, o grande mestre Dzogchen. Lembro-me de que Trulshik Rinpoche auspiciosamente ofereceu a Sua Santidade uma fotografia de Gangri Thökar, o eremitério no Tibete onde Longchenpa compôs suas obras-primas; ofereci-lhe uma estátua desse grande mestre feita do modelo vivo e que havia sido reverenciada por Dilgo Khyentse Rinpoche e Nyoshul Kenpo, dois dos mais destacados expoentes do Dzogchen em nossa era. Sua Santidade pareceu decidir espontaneamente que, como tema principal de seu ensinamento de cinco dias, ele abordaria *Encontrando conforto e sossego na meditação sobre a grande perfeição*, de Longchenpa, um dos textos da trilogia.

Mais de dez mil pessoas compareceram aos ensinamentos de Sua Santidade, vindas de 21 países, alguns distantes, como Austrália e Estados Unidos. Havia mais de cem lamas e geshes, e muitos ficaram impressionados por Sua Santidade escolher um texto tão profundo para comentar. Todos nós ficamos comovidos com a profundidade, relevância e acessibilidade de seus ensinamentos; houve quem os considerasse dos mais notáveis que ele já havia ministrado. De modo inteiramente original, mas sempre autêntico, Sua Santidade trouxe uma noção de sua jornada pessoal ao explorar todo o caminho budista e em especial as instruções essenciais dos grandes mestres da Grande Perfeição. Como um joalheiro perito, engastou o ensinamento do Dzogchen dentro do contexto das outras tradições do budismo tibetano, ressaltando seus paralelos e sua meta última e comum de realizar a natureza de clara luz da mente; ao fazer isso, pareceu dar continuidade a muitos dos temas de ensinamentos anteriores sobre Dzogchen que havia proferido no Ocidente. Ao longo dos ensinamentos, Sua Santidade conferiu a iniciação de Padmasambhava e suas Oito Manifestações a partir das visões puras do Grande Quinto Dalai Lama, que ele havia concedido por nossa solicitação em Paris em 1982 e em San Jose, na Califórnia, em 1989. Como Guru Padmasambhava muito frequentemente é invocado como uma poderosa fonte de paz e transformação, isso representou uma imensa bênção para toda a região e para a França em si e pareceu selar a dedicação desses ensinamentos extraordinários para a paz no mundo.

Introdução

Um dos grandes dons de Sua Santidade é a capacidade de mostrar as características distintas dos ensinamentos e práticas das diferentes escolas do budismo tibetano. Em Lerab Ling ele falou sobre seu profundo comprometimento pessoal com o espírito imparcial e sem preconceitos do Rimé, que sempre tentei fazer com que fosse uma característica marcante do trabalho da Rigpa, considerando-a de certa forma o legado de Jamyang Khyentse Chökyi Lodrö, o grande mestre Rimé. Ao mesmo tempo, Sua Santidade também ofereceu um precioso conselho sobre a importância de se manter a integridade e autenticidade da tradição budista do Tibete. Ele disse:

Em Lerab Ling, nasceu um centro destinado a tornar a cultura budista, da maneira como é desenvolvida no Tibete, conhecida de uma forma autêntica. Pois o que importa é que se trata de uma representação autêntica da cultura budista tibetana e, desse modo, pode proporcionar um exemplo e ocasionar intercâmbios culturais na França e em outros lugares. Estou convencido de que esse centro em Lerab Ling já está dando uma contribuição e continuará a fazê-lo, mais e mais, rumo a um maior conhecimento da rica cultura da tradição budista tibetana.

Como sempre, a presença de Sua Santidade causou impacto indelével no coração de todos, quer fossem estudantes experientes do Dharma, pessoal da região, políticos, agentes de segurança de VIPs ou a *gendarmerie* local. E, como ocorre com frequência, abriu a porta para uma nova simpatia pelo budismo e sua aceitação em toda a região.

Para mim é o maior privilégio apresentar este livro, e também uma bênção imensa, pois Sua Santidade é um de meus principais professores; e para todos os tibetanos é nosso líder, nossa luz guia e nossa inspiração. Todos os preciosos ensinamentos de Sua Santidade em setembro de 2000 estão incluídos neste volume, que está sendo publicado para celebrar sua segunda visita a Lerab Ling, onde inaugurou o templo e o mosteiro. O templo foi construído no exato local onde ocorreu o *drupchen* em 2000, e estou certo de que foi graças à bênção de Sua Santidade que ele veio a ficar pronto de maneira tão rápida e existir tão veloz e auspiciosamente. Kyapjé Trulshik Rinpoche nomeou esse templo *Palri Pema Ösel Dargyé Ling*, em homenagem à Montanha Cor de Cobre com seu Palácio da Luz do Lótus, o paraíso de Guru Padmasambhava. É aqui em Lerab Ling que estarei conduzindo meus alunos em um retiro de três anos a começar neste ano.

Tudo isso, o templo e todo nosso trabalho, dedico à longa vida e boa saúde de Sua Santidade, à realização de suas aspirações para o Tibete e a humanidade e ao florescimento do Buddhadharma aqui no Ocidente. Rezo para que o néctar dos ensinamentos de Sua Santidade impregne o fluxo mental de todos que lerem este livro, inspire-os com novo entendimento e entusiasmo e os conduza sem erros ao longo do caminho para a iluminação.

*Sogyal Rinpoche*
Lerab Ling
6 jul. 2006

# Prefácio

"**O** senhor pode nos falar algo a respeito de seu destino extraordinário?", perguntou um jornalista, quando Sua Santidade o Dalai Lama chegou a Lerab Ling na manhã de 17 de setembro de 2000. Sua Santidade dirigiu-se a ele e disse:

Todos os seres humanos têm um destino extraordinário! Às vezes as coisas nos trazem alegria, outras vezes, tristeza. Mas esses altos e baixos fazem parte do destino de todo mundo. Acredito que a coisa mais importante em nossa existência é fazer algo que possa ser de benefício para os outros. O que precisamos mais do que qualquer coisa é desenvolver uma atitude de altruísmo – é isso que dá verdadeiro sentido à vida. O fato de ter sido reconhecido como o Dalai Lama me permite fazer um pouquinho de bem ao meu redor em várias ocasiões. É esse o caminho que tento seguir com o máximo de minha capacidade.

Nessas poucas palavras, o Dalai Lama condensou a mensagem de compaixão e altruísmo que o tornou conhecido por todo o mundo e que figurou com destaque ao longo de toda a sua visita à região de Languedoc-Roussillon, no sul da França, em setembro de 2000. Foi a 17ª visita de Sua Santidade à França e, durante o ano que a antecedeu, ocorreram três eventos muito diferentes que expuseram vividamente o alcance de sua ação compassiva no mundo. O primeiro foi em 1999, com a publicação de *Uma ética para o novo milênio*, no qual o Dalai Lama destilou seus sessenta anos de estudo e prática do budismo em uma visão não-religiosa, mas fundamentalmente espiritual, para os indivíduos e a sociedade, com base no treinamento da mente. Ele conclamou uma revolução ética e espiritual – "uma reorientação radical, afastada de nossa preocupação habitual com o eu, rumo à comunidade mais ampla de seres com quem estamos conectados". *Uma ética para o novo milênio* é um manual para a sobrevivência humana que clama para ser posto em prática com imaginação e rigor, traduzido em um programa prático de treinamento e educação.

O segundo foi em março de 2000, quando Sua Santidade reuniu-se com um grupo de neurocientistas, psicólogos, filósofos e praticantes budistas em Dharamsala, na Índia, para a oitava rodada da série de conferências organizadas pelo Mind and Life Institute. Esses encontros inovadores constituíram a mais profunda e importante colaboração jamais ocorrida entre budismo e ciência. Os diálogos estudaram as emoções destrutivas e confluíram para uma série de iniciativas de longo alcance na pesquisa sobre os efeitos e aplicações do treinamento em meditação. No ano seguinte, experimentos realizados nos Estados Unidos, em Madison, Wisconsin, sobre os efeitos das práticas de meditação na função cerebral, envolveram praticantes experientes de budismo tibetano e receberam atenção não apenas da imprensa mundial, mas de publicações científicas de prestígio. Muitas pessoas começaram a perceber as extraordinárias repercussões caso o valor universal das técnicas contemplativas budistas para o treinamento da mente em meditação e compaixão se tornasse mais amplamente reconhecido. O impulso desse encontro seminal de 2000 ainda prossegue; em 2005, Sua Santidade discursou na Sociedade de Neurociência em Washington D.C. e, no ano seguinte, publicou *O universo em um átomo*, onde descreve esse encontro de ciência e espiritualidade como tendo "potencial de longo alcance para ajudar a humanidade a encarar os desafios à nossa frente".

Por fim, depois de visitar a Polônia, a Alemanha, a Noruega, a Dinamarca e a Suécia no início do verão de 2000, Sua Santidade embarcou para os Estados Unidos em sua última viagem antes de ir para a França em setembro. Participou do grandioso Folklife Festival, "Cultura tibetana além da terra das neves", em Washington D.C. Ali, em 2 de julho, em uma palestra pública gratuita de uma hora para 15 mil pessoas, no National Mall, fez um poderoso apelo em prol dos valores internos, das qualidades humanas básicas e do interesse pelos outros: "Nos tempos modernos, sinto que é de importância vital promover os valores humanos básicos. Do contrário, nosso único objetivo no futuro será o desenvolvimento material, e os valores internos serão negligenciados. A humanidade então enfrentará muito mais problemas". Mas o que a maioria das pessoas que estavam lá se lembrará é das palavras inflexíveis de Sua Santidade sobre o dano ao meio ambiente causado pelas nações mais ricas e por aquelas que se esforçam para copiar o estilo de vida e o padrão de riqueza e consumo norte-americanos. Alertou para os perigos globais a longo prazo causados pela desigualdade econômica e social na escala atual e falou explicitamente sobre os pobres de Washington.

## Prefácio

Em meio a uma onda crescente de aplausos, ele disse: "Esta é a capital do país mais rico do mundo, mas em alguns setores da sociedade daqui as pessoas são muito, muito pobres. Isso não é apenas moralmente errado, mas é errado em termos práticos... Precisamos fechar o vão entre ricos e pobres".

Uma fórmula revolucionária para um mundo mais são e mais pacífico, uma colaboração inovadora entre ciência e espiritualidade e uma preocupação profunda e sincera pela humanidade e pelo planeta – todos esses poderosos exemplos do envolvimento compassivo do Dalai Lama para com o mundo compuseram o pano de fundo de sua visita à França em 2000.

### O contexto dos ensinamentos

A partir de 1991, o Dalai Lama começou a proferir uma série regular de ensinamentos budistas para uma federação de centros de budismo tibetano na França e, em 2000, foi a vez dos centros agrupados geograficamente na região do Golfo de Lion, perto de Montpellier, no sul da França.[1] A honra de organizar os ensinamentos de Sua Santidade coube a Lerab Ling, principal centro internacional da Rigpa, fundada por Sogyal Rinpoche e hoje no coração de seu trabalho. Escolhido e abençoado por Kyapjé Dilgo Khyentse Rinpoche e consagrado em 1991 por Kyapjé Dodrupchen Rinpoche, Lerab Ling tornou-se o local dos retiros de verão da Rigpa a partir de 1992 e, desde então, muitos mestres eminentes do budismo tibetano foram convidados a ensinar e os retiros são realizados continuamente. Na antiga linguagem occitan, o nome original do local significa "o lugar das fontes" e suas elevações cobertas de bosques, seus regatos e campinas situam-se à beira do imenso planalto de Larzac, cuja maior parte é um parque nacional.

Em setembro de 2000, durante duas semanas, monges do Mosteiro Namgyal, liderados por Khamtrul Rinpoche e seu abade, Jadho Rinpoche, conduziram uma prática de grupo intensiva em Lerab Ling, um drupchen de Vajrakilaya conforme a revelação terma de Lerab Lingpa, encarnação anterior de Sogyal Rinpoche. A chegada de Sua Santidade foi agendada de modo a permitir que ele presidisse o último dia e a culminação do drupchen e concedesse iniciação para essa prática no dia seguinte. Também estava presente Kyapjé Trulshik Rinpoche, de quem Sua Santidade estava recebendo a transmissão da *Trilogia sobre encontrar conforto e sossego*, uma importante obra do grande mestre Dzogchen Longchen Rapjam (1308-1364). Foi esse o contexto em que escolheu comentar e explicar um dos textos da trilogia, *Encontrando conforto e sossego na meditação sobre a Grande Perfeição, Samten Ngalso* em tibetano.

Os ensinamentos do Dzogchen, ou Grande Perfeição, são entesourados no coração da tradição antiga, ou Nyingma, do budismo tibetano, que remonta ao século VIII ou IX, quando o budismo foi estabelecido no Tibete pelo grande Guru Padmasambhava, pelo rei Trisong Detsen e pelo abade erudito Shantarakshita. As origens do Dzogchen remontam ao buda primordial, Samantabhadra, cuja herança viva de sabedoria tem sido transmitida de mestre para discípulo em uma linhagem ininterrupta até o presente. O Dzogchen é descrito como "o estado primordial, o estado totalmente desperto que é a essência do coração de todos os budas e todos os caminhos espirituais e o ápice da evolução espiritual de um indivíduo".[2] Embora considerada o pináculo de todos os ensinamentos, a prática do Dzogchen também é reconhecida como particularmente clara, eficiente e relevante para o mundo moderno e as necessidades de hoje.

Sua Santidade dividiu os ensinamentos em duas seções. Primeiro, forneceu uma introdução aos princípios-chave do Buddhadharma. Depois, para demonstrar como levar os ensinamentos a sério e praticá-los, começou a explicar o texto-raiz de *Encontrando conforto e sossego na meditação sobre a Grande Perfeição*. Ao mesmo tempo, ofereceu a transmissão oral para o conjunto do texto-raiz.

Ao optar por ensinar com um texto de Longchenpa, Sua Santidade foi bem ao coração da antiga tradição Nyingma e seus ensinamentos de Dzogchen. O "onisciente" Longchen Rapjam foi um dos maiores eruditos e mestres realizados do Tibete, que reuniu e sintetizou todas as tradições do Dzogchen no Tibete, estabelecendo uma fundação completa para o estudo e prática do Dzogchen em suas obras extraordinárias, como *Os sete tesouros, A trilogia sobre encontrar conforto e sossego, A trilogia da liberdade natural* e *As três essências interiores*.[3] O grande mestre Dzogchen Patrul Rinpoche (1808-1887), a quem Sua Santidade refere-se em seus ensinamentos com frequência, escreveu:

> Assim esse mestre onisciente revela em suas obras sublimes
> O âmbito total dos ensinamentos do Vitorioso.
> Nunca antes nenhum dos sábios mestres da Índia ou Tibete
> Havia deixado tal legado para o mundo.

Nyoshul Khenpo (1932-1999), que foi tamanha autoridade em Longchenpa e suas obras que muitos de seus estudantes consideravam-no Longchenpa encarnado, escreveu: "Longchenpa apareceu nesse mundo como o segundo buda primordial

## Prefácio

Samantabhadra, transmitindo ensinamentos com o rugido do leão das três categorias do Dzogchen... Suas obras são indistinguíveis das palavras do Vitorioso e constituem um corpo de segredos incrível. Sua simples leitura causa a realização da mente de sabedoria que é a verdadeira natureza da realidade a surgir na mente do indivíduo".

Longchenpa compôs *A trilogia sobre encontrar conforto e sossego* em seu eremitério em Orgyen Dzong, localizado em Gangri Thökar, no Tibete central, ao sul de Lhasa, onde ensinou e compôs muitas de suas obras, como *Os sete tesouros*. No catálogo pessoal de suas obras, dividindo-as em externas, internas e secretas, colocou *A trilogia* na categoria secreta e dentro das explicações mais gerais de que, disse ele, "servem para mostrar como o caminho do Dzogchen, com sua fruição, está de acordo com e incorpora todos os outros veículos, de modo que se consegue entender o ponto último desses veículos – que são simplesmente caminhos preliminares hábeis que conduzem ao caminho do Dzogpachenpo".[4]

Nyoshul Khenpo reuniu as obras de Longchenpa sobre Dzogchen em três grupos.[5]

> Primeiro são aquelas que representam a abordagem extensa, erudita ou pandita, principalmente *Os sete tesouros* e *A trilogia da liberdade natural*. Esse grupo também contém comentários, tais como o resumo geral de Longchenpa do tantra *O monarca onicriador*, que constitui a parte de suas obras relacionada à *categoria de mente*. A parte de suas obras referente à *categoria de espaço* nesse método erudito extensivo inclui um texto curto conhecido como *O vasto aparato do espaço*, com seu comentário.
> O segundo grupo é o da abordagem profunda, *kusuli*, ou seja, a abordagem sintetizada de um yogue Dzogchen. Esse grupo consiste nos três ciclos Yangtik que Longchenpa revelou: *A mais íntima gota do coração do guru* (Lama Yangtik), *A mais íntima gota do coração da Dakini* (Khandro Yangtik) e *A mais íntima gota do coração da profundidade* (Zapmo Yangtik). Esses ensinamentos destinam-se ao estilo de vida muito descomplicado de um yogue errante ou de alguém em retiro.
> O terceiro grupo consiste nos ensinamentos que são os pilares tanto da abordagem extensiva, erudita, quanto da abordagem profunda, yogue. São os ensinamentos de Longchenpa sobre o caminho gradual – *lamrim*. O mais conhecido é *A trilogia sobre encontrar conforto e sossego*, que compreende *Encontrando conforto e sossego na natureza da mente* (Semnyi Ngalso), *Encontrando conforto e sossego na meditação* (Samten Ngalso) e *Encontrando conforto e sossego na ilusão das coisas* (Gyuma Ngalso).

Longchenpa explica a sequência dessas três obras em *A trilogia sobre encontrar conforto e sossego*:

> No começo, quando entramos no caminho, é importante que estabeleçamos uma boa fundação no Dharma, e é por isso que os treze capítulos de *Encontrando conforto e sossego na natureza da mente* oferecem uma explicação elaborada das bases para *a visão* do que está além dos dois extremos, a partir da dificuldade de encontrar as liberdades e a vantagem a partir disso. Ao mesmo tempo, também explicam aspectos dos estágios do caminho e da fruição.
> Uma vez que tenhamos entendido a base, podemos começar a *meditação* sobre o caminho, e desse modo os quatro capítulos de *Encontrando sossego e conforto na meditação* oferecem uma explicação passo a passo dos locais onde a *meditação* pode ser praticada, os tipos de indivíduos que se adaptam à prática, as técnicas que podemos usar na meditação e os tipos de concentração que podem ser alcançados.
> Enquanto esse caminho é praticado, é importante ter ensinamentos sobre desapego e não-fixação em relação aos fenômenos. Assim, como apoio, uma apresentação clara e elaborada dos estágios de *ação* é dada nos oito capítulos de *Encontrando conforto e sossego na ilusão das coisas*. Esses capítulos revelam, por completo e sem qualquer erro, como se relacionar com todos os fenômenos e como experienciá-los como os oito símiles de ilusão.[6]

Sua Santidade cita as obras de Longchenpa frequentemente em seus ensinamentos sobre Dzogchen no Ocidente e, em 1989, em San Jose, na Califórnia, baseou-se em trechos de *O tesouro precioso do Dharmadhatu*.[7] Quando visitou o mosteiro Dzogchen no sul da Índia, em dezembro de 2000, a convite de Sua Eminência, o 7º Dzogchen Rinpoche, também deu uma transmissão e ensinamento sobre *Encontrando conforto e sossego na natureza da mente* e *Encontrando conforto e sossego na meditação*.

## A SEQUÊNCIA DOS ENSINAMENTOS

Os cinco dias da mensagem do Dalai Lama, intitulada "O caminho para a iluminação", tiveram lugar perto de Lerab Ling, em um local que recebeu o nome

## Prefácio

de Lerab Gar. Uma enorme tenda para as palestras ficou cercada por outras tendas abrigando restaurantes, centros de informação, publicações, uma exposição sobre a história da Rigpa, serviços e imprensa. Setenta por cento das mais de 10 mil pessoas da plateia vieram da França e o restante, de outros 21 países. Mais de cem lamas e geshes, monges dos mosteiros Namgyal, Gomang e Gyütö e duzentos lamas e monjas ocidentais compareceram, junto com uma centena de amigos de Sua Santidade e do Tibete.[8] Duzentas pessoas das cidadezinhas dos arredores foram convidadas a participar dos ensinamentos por um dia. Sogyal Rinpoche transmitiu o sentimento dos participantes ao dar boas-vindas a Sua Santidade:

> Aqui na França sabemos que o senhor sente-se em casa e entre amigos. A França é uma terra que foi profundamente tocada pelo Dharma e por sua mensagem de cura e que abriu seus braços para acolher o Tibete e os tibetanos... Pessoas de todo o mundo reuniram-se aqui. Elas percebem que o senhor é um dos maiores eruditos e professores budistas de nosso tempo e, por isso, sabem que receber seus ensinamentos é uma oportunidade única na vida. Nos rejubilamos por esse encontro ocorrer no ano do 60º aniversário de sua entronização e também por ser o ano 2000, o ano do milênio. Isso parece lembrar-nos da importância de Sua Santidade para o mundo, para a raça humana e seu futuro.

Sua Santidade começou pedindo desculpas pelo atraso devido às condições incomuns do tempo. "Começamos ligeiramente atrasados nesse primeiro dia", anunciou. "Isso se deveu a dificuldades de todo tipo por causa do clima. Lamento, embora na verdade não seja minha culpa. Vocês parecem estar em certa dificuldade, eu provavelmente pareço mais confortável, mas aqui em cima também não está muito quente." De fato, uma tempestade devastadora havia atingido a costa sul da França na tarde anterior, causando grave inundação e estragos em Montpellier. A chuva torrencial e a força da ventania derrubaram as pequenas tendas do lugar, inundaram a tenda principal e transformaram boa parte da área em um lamaçal. Contudo, o público estava tão decidido a chegar lá que a palestra pôde começar com apenas uma hora de atraso.

Sua Santidade então montou o cenário para seus ensinamentos falando sobre os objetivos comuns das diferentes religiões e o valor de se manter a própria tradição e aprender com outras fés. Deteve-se longamente nos temas de transformação pessoal, inteligência humana e razão e na importância do altruísmo e do amor, falando do poder da mente para atingir a verdadeira felicidade.

Ao longo dos ensinamentos, de tempos em tempos ele disparava uma nota pessoal ou uma anedota, enquanto apresentava os princípios-chave do Buddhadharma com habilidade, de maneira acessível para os presentes. Os tópicos que ele explicou foram: as quatro nobres verdades, interdependência, verdade relativa e absoluta, shunyata, a natureza da consciência, a continuidade da mente e da matéria, emoções perturbadoras e iluminação. Tudo isso compõe a primeira parte deste livro: princípios-chave do Buddhadharma.

Foi no terceiro dia que Sua Santidade começou a comentar *Encontrando conforto e sossego na meditação sobre a Grande Perfeição*, de Longchen Rapjam, e seus ensinamentos compreendem a segunda parte deste livro. Iniciou falando sobre as escolas de budismo no Tibete e os grandes eruditos e mestres realizados da tradição Nyingma. Isso levou-o a apresentar as características singulares da Grande Perfeição comparadas a outros meios e, citando o Grande Quinto Dalai Lama, a distinção entre mente ordinária e a percepção pura de rigpa.

O texto de Longchenpa é composto de três partes: os *locais* para o cultivo da meditação, o *meditante* ou praticante individual e o *Dharma* a ser praticado. Sua Santidade comentou as duas primeiras partes detalhadamente. Falou sobre renúncia, sobre seguir um guia espiritual, superar e transformar emoções negativas, mente alerta e vigilância, as diferentes visões de não-eu, raiva e paciência, impermanência e morte. Então chegou à terceira parte, a prática principal e os quatro tipos de preliminares: (1) renúncia, (2) compaixão e bodhicitta, (3) visão pura e (4) guru yoga.

Em conexão com a preliminar de bodhicitta, no dia seguinte Sua Santidade falou sobre compaixão e bodhicitta de uma forma que se tornou progressivamente emocionante, em que abordou, de modo muito pessoal, o valor e o benefício de bodhicitta, ocasião em que chorou por alguns instantes. A seguir, conferiu o voto de bodhisattva na mais linda cerimônia baseada nos *Estágios do Bodhisattva*, de Asanga. Durante a série de perguntas e respostas entre mestre e discípulos que faz parte da cerimônia, Sua Santidade introduziu um ar de leveza e comédia improvisando um conjunto de réplicas distorcidas, mas provavelmente verídicas, em nome da plateia. Para a cerimônia do voto de bodhisattva, o trono e a mesa de Sua Santidade foram engrinaldados com lírios-japoneses brancos e amarelos e, no término da transmissão do voto, Sua Santidade ficou de pé no trono e lançou flores para os budas e bodhisattvas das dez direções, implorando a todos os participantes que não permitissem que suas aspirações fossem medíocres ou ordinárias, mas que fizessem as mais sinceras preces para atingir o estado de buda em benefício próprio e dos outros.

## Prefácio

Na mesma tarde, à luz do ensinamento sobre as preliminares de visão pura e guru yoga, Sua Santidade conferiu a iniciação de Padmasambhava e suas oito manifestações, a sadhana da mente da *União de todas as essências mais íntimas* do ciclo de visões puras do Grande Quinto Dalai Lama (1617-1682), iniciação que havia conferido ao dar ensinamentos sobre Dzogchen a pedido da Rigpa em Paris, em 1982, e em San Jose, em 1989. Sua Santidade falou sobre o Grande Quinto Dalai Lama e suas visões puras, intituladas *Portando o selo do segredo*. As oito manifestações de Guru Rinpoche, ou Pema Tötreng, conforme listadas na iniciação, são: o vidyadhara nascido no lótus Padmakara, o bhikshu Padmasambhava, o sábio Loden Choksé, o magnificente Padma Gyalpo, o yogue Nyima Özer, o senhor iluminado Shakya Sengé, o irado Sengé Dradok e a personificação da "louca sabedoria" Dorjé Drolö. Em Dharamsala, em 2004, ao explicar a importância de se invocar e rezar para Guru Rinpoche, Sua Santidade falou sobre a inspiração singular que o Quinto Grande Dalai Lama extraiu de Guru Padmasambhava:

> O precioso guru Padmasambhava – *Lopön Rinpoche* – não foi dotado apenas de todas as verdadeiras qualidades de um grande guia espiritual – conhecimento, compaixão e infinita capacidade –, mas foi também um grande mestre que dominou poder extraordinário. A maioria dos grandes personagens históricos do Tibete, tanto espirituais quanto seculares, colocaram-se sob a proteção compassiva do grande mestre Padmasambhava e receberam sua bênção. O Grande Quinto Dalai Lama, por exemplo, possuía claramente uma ligação muito especial com Guru Rinpoche e o 13º Dalai Lama muito evidentemente também desfrutou de uma conexão singular com o mestre precioso.[9]

Logo após a iniciação, Sua Santidade deu início à prática principal da terceira parte de *Encontrando conforto e sossego na meditação sobre a Grande Perfeição*: o Dharma a ser praticado. Foi direto ao tema da Grande Perfeição, a clara luz e a natureza última da mente, apresentando as *duas verdades mais elevadas*, identificando a clara luz como a característica profunda tanto do yoga tantra superior quanto do Dzogchen e esclarecendo o lugar da meditação analítica e da visão do Caminho do Meio. A essa altura, fez uma citação dos *Sete tesouros* de Longchen Rapjam e se referiu às instruções do terceiro Dodrupchen, Jikmé Tenpé Nyima (1865-1926), por cujas obras Sua Santidade sempre expressa a mais profunda admiração e a quem cita invariavelmente ao ensinar sobre Dzogchen. Dodrupchen Jikmé Tenpé Nyima foi um dos mestres mais destacados da tradição Nyingma no início do século XX, tendo sido aluno de personagens legendários como Patrul Rinpoche e Jamyang Khyentse Wangpo. Ao moldar seu próprio entendimento das profundas correspondências entre yoga tantra superior e Dzogchen, o Dalai Lama escreveu: "Ler Dodrupchen foi quase como se ele estivesse afagando minha cabeça em confirmação, dando-me a confiança de que minha percepção não era infundada".[10]

Na manhã do último dia de ensinamentos, Kyapjé Trulshik Rinpoche conduziu todos os presentes em uma cerimônia pela vida longa de Sua Santidade. Foi algo especialmente significativo, pois todo ano Kyapjé Trulshik Rinpoche efetua um retiro pela longevidade de Sua Santidade na caverna Maratika, no Nepal, onde Padmasambhava atingiu o estágio de *vidyadhara de vida imortal*. A cerimônia, intitulada "Sublime vaso do néctar da imortalidade", foi compilada pelo próprio Trulshik Rinpoche a partir da prática de longa vida "Luz da imortalidade", uma revelação terma da tradição Terma do Norte, com elementos das visões puras de Lhatsun Namkha Jikmé, uma revelação em sonhos de Minling Terchen Gyurmé Dorjé e as visões do Sangwa Gyachen do Grande Quinto Dalai Lama. A cerimônia foi escolhida para a ocasião por Sua Santidade e realizada pela primeira vez no Ocidente, com meticulosa perfeição e graça, pelos monges do Namgyal, da maneira como teria sido feita em Dharamsala. Destacaram-se dois aspectos: a profunda harmonia e devoção entre Trulshik Rinpoche e Sua Santidade, e também a qualidade de completude criada pela presença conjunta de Sua Santidade, Trulshik Rinpoche, os monges do Namgyal, assistentes de Sua Santidade em Dharamsala, defensores do Tibete e toda a assembleia. Essa foi a única cerimônia de longevidade de tal alcance levada a cabo no Ocidente para marcar o 60º aniversário da entronização do Dalai Lama.

Era um final de semana e, ciente de que havia algumas pessoas recém-chegadas, Sua Santidade apresentou um resumo magistral dos ensinamentos dados até ali, incluindo temas como felicidade e sofrimento, entendimento da interdependência, altruísmo e amor, essência da religião, visão e conduta do Buddhadharma, cautela no caminho espiritual e necessidade de manter a autenticidade.

Depois Sua Santidade continuou a aprofundar a mensagem sobre Dzogchen, elucidando a sabedoria de rigpa, a introdução à natureza da mente, a visão do Dzogchen, essência, natureza e compaixão, e muitos outros pontos-chave da prática do Dzogchen. Assim como citou Dodrupchen Jikmé Tenpé Nyima, Sua Santidade leu uma passagem dos textos de Tulko Tsullo, ou Tsultrim Zangpo (1884-1957), um discípulo de Dodrupchen e Tertön Sogyal Lerab

## Prefácio

Lingpa. Mais tarde, falando para os diretores de estudos de Lerab Ling sobre como implementar uma abordagem Rimé, imparcial, em termos práticos, Sua Santidade mencionou Tulku Tsullo:

> Em minha própria experiência, quando leio um texto Nyingma escrito por um grande mestre Nyingma que não conhece a terminologia de outras tradições, isso pode me causar confusão. Quando leio um lama Geluk puro, que conhece apenas a tradição Geluk, isso tampouco é de grande ajuda para desenvolver um entendimento maior de outras tradições. Contudo, conforme mencionei antes, existem alguns professores notáveis, como Dodrupchen Jikmé Tenpé Nyima, e em particular seu aluno, Tsullo. Sua formação era Nyingma, mas ao mesmo tempo ele estava familiarizado com a tradição Geluk. Tsullo sabia tudo sobre a forma de Lama Tsongkhapa apresentar as coisas e a terminologia envolvida e, por isso, muitas vezes faz as conexões em seus textos.
>
> Existe outro autor que possui compreensão similar das diferentes tradições. Acabei de receber um livro vindo do Tibete, de Nyengön Tulku Sungrap. Ele era um lama da tradição Geluk, que ao mesmo tempo recebeu ensinamento do Tertön Sogyal Rinpoche anterior e de outros lamas Nyingmas. Ele teve uma experiência real e, por meio dessa experiência, desenvolveu profundo respeito e admiração pela tradição Dzogchen. Em sua obra, ele traça comparações e assim fica tudo muito claro.
>
> Digamos, por exemplo, que indivíduos que já estão familiarizados com os ensinamentos Nyingma e Dzogchen, e especialmente *trekchö*, estudem tais explicações comparativas. Se então se depararem com a explicação sobre vacuidade ou clara luz de acordo com a obra de Lama Tsongkhapa, serão capazes de conectar e correlacionar uma à outra. Uma vez que esses estudantes tenham um panorama mais completo, se receberem ensinamentos de um erudito Geluk, já terão a base para o entendimento. Subsequentemente, podem receber explicação adicional de um lama Geluk ou de um lama Sakya sobre "a inseparabilidade de samsara e nirvana", por exemplo. Muito embora os lamas possam não conhecer todas essas diferentes tradições, pelo menos da parte do estudante já haverá alguma base. Então, com o auxílio desses diferentes professores, o conhecimento do estudante poderá crescer. Creio que esta é a maneira de criar praticantes Rimé genuínos.

> Sua Santidade concluiu os ensinamentos concedendo a transmissão oral para a parte restante da prática principal e as práticas conclusivas de *Encontrando conforto e sossego na meditação sobre a Grande Perfeição*.

Ao longo dos cinco dias, Sua Santidade deu a impressão de ser impelido por uma inspiração singular e não deu nenhum tempo para perguntas e respostas. Suas palavras de encerramento foram: "Para resumir, creio que o ponto principal é tentar ser um bom ser humano. Esta é a maneira de dar sentido à nossa atual existência e a todas existências por vir... De qualquer modo, como disse o Buda, depende de nós percorrer o caminho. Está inteiramente em nossas mãos; somos nosso próprio guia e nosso próprio protetor. Assim, sejam diligentes em sua prática espiritual". Por fim Sogyal Rinpoche agradeceu a todos e fez a dedicação do evento: "Pela verdade desses ensinamentos, possam ser preenchidas as mais profundas aspirações e esperanças de Sua Santidade para o povo tibetano. Possa esse povo encontrar liberdade, possa seu sofrimento ser encerrado e possa retornar para o Tibete em breve". A plateia inteira ovacionou Sua Santidade de pé.

Quando chegou a hora de Sua Santidade partir de Lerab Ling, um pelotão de robustos policiais fardados amontoou-se na fila para tirar uma foto com ele. Avistando um policial que tinha um bigode de pontas viradas digno de Salvador Dalí ou do Kaiser Guilherme, Sua Santidade inclinou-se e puxou-o, com um lampejo brincalhão no olhar.

A seguir, Sua Santidade participou de um encontro inter-religioso na cidade vizinha de Lodève, evento que se tornou um marco no entendimento intercrenças da região e que foi amplamente noticiado pelos jornais nacionais. Ele falou sobre "Valores humanos, o coração da religião". Dali seguiu para Montpellier, lar de uma das mais antigas universidades da França (a escola de medicina é o mais antigo centro de aprendizado médico da Europa ocidental), hoje conhecida por novas indústrias e pela tecnologia de informação. Sua Santidade deu uma palestra pública, "Paz mental, a fonte da felicidade", assistida por mais de cinco mil pessoas. Na ocasião, ele foi apresentado por Jean-Claude Carrière, conhecido roteirista, autor e dramaturgo que escreveu um livro, *A força do budismo*,[11] baseado em uma série de diálogos com o Dalai Lama em Dharamsala. Mais uma vez, Sua Santidade fez a ligação entre paz exterior e interior e em particular enfatizou quanto é vital desenvolver domínio sobre as emoções e nutrir as verdadeiras qualidades de um ser humano. Ao final da palestra, visitou o salão adjacente onde o evento fora reproduzido em vídeo para outras mil ou mais pessoas. Avançando celeremente rumo ao salão, com a equipe de seguranças disparando para alcançá-lo, ele galgou um pódio e, em dois

# PREFÁCIO

minutos, condensou o cerne de sua palestra. A atmosfera do salão vibrava de apreço pelo gesto dele de vir discursar para uma plateia secundária e, ao ir embora, ele seguiu adentrando a multidão para apertar mãos, como se estivesse apegado de alguma forma a cada uma das pessoas na sala, e cada passo que dava na direção da porta não o levava para mais perto dela. Se o aplauso no salão principal havia sido enlevado, ali chegou às raias do avassalador.

O ensinamento de Sua Santidade "O caminho para a iluminação", dado de 20 a 24 de setembro de 2000, foi traduzido simultaneamente para o francês por Matthieu Ricard, e a transcrição foi depois traduzida para o inglês por Ane Samten Palmo. Uma transcrição em tibetano dos ensinamentos foi feita em Dharamsala sob a supervisão do Venerável Geshe Lhakdor, principal tradutor de inglês nos ensinamentos na França. Com base nisso, a tradução foi então revisada em relação à gravação das palavras do Dalai Lama por Richard Barron (Lama Chökyi Nyima) e Adam Pearcey. Em nome do conjunto da obra, e com a bênção de Sua Santidade, foi incluída aqui, ao final de seu ensinamento, uma tradução de *Encontrando conforto e sossego na meditação sobre a Grande Perfeição*, de Longchenpa. A tradução é de Adam Pearcey, com base na tradução anterior feita em conjunto com B. Alan Wallace, em 2000. Uma série de pontos difíceis e referências dos ensinamentos e desse texto foi graciosamente elucidada por Tulku Thondup Rinpoche, Ringu Tulku Rinpoche, Geshe Thupten Jinpa e Geshe Tashi Tsering.

O apêndice oferece uma perspectiva histórica, baseada na explicação de Sua Santidade sobre a história e importância das práticas do Vajrayana – iniciação, drupchen e mendrup – que ocorreram em Lerab Ling.

Em geral, os ensinamentos de Sua Santidade e a visita ao sul da França superaram as expectativas de todos e tiveram repercussão em vários níveis. Para a França, essa visita testemunhou um aprofundamento e amadurecimento do interesse pelos ensinamentos budistas. Sua Santidade e outros comentaram sobre a atenção arrebatada e a apreciação do público, que aplaudiu com frequência e ao final ficou de pé em uma longa ovação. Com a maior concentração de pessoas em um ensinamento budista de Sua Santidade na França até hoje, as notícias de Lerab Gar foram transmitidas até para Coréia e Tibete. Para a Europa e mais além, esses eventos sublinharam o crescente respeito que o budismo tem conquistado no mundo moderno como uma grande fonte de sabedoria, oferecida sem a noção de conversão, mas simplesmente para beneficiar os seres humanos e trazê-los para mais perto de sua natureza última.

# Parte 1

# Princípios-chave do Buddhadharma

CAPÍTULO 1

# Introdução

Antes de mais nada, deixem-me dizer quanto estou feliz por ter condições de passar esses poucos dias aqui com vocês, meus irmãos e irmãs espirituais, e falar sobre o Dharma. Vocês vieram de todos os cantos do mundo, o que provavelmente não foi assim tão fácil, visto que todos sem dúvida são muito ocupados e tiveram que superar dificuldades diversas para chegar aqui. Muitos de vocês também trabalharam para tornar esse evento possível. Portanto, deixem-me dar as boas-vindas e agradecer a todos.

De início, gostaria de dizer uma coisa. Todos vocês vieram aqui para se encontrar comigo, e se o propósito ao fazer isso era ouvir-me dizer algo deveras espantoso ou receber de mim algum tipo de bênção que removesse todo seu sofrimento instantaneamente e concedesse felicidade verdadeira – temo que estejam enganados. Aqui somos todos basicamente seres humanos, e somos todos iguais. Nossas mentes funcionam do mesmo jeito e experienciamos os mesmos tipos de emoções e sentimentos. Existe uma outra coisa que temos em comum e da qual precisamos estar cientes: todos nós possuímos a capacidade de nos tornarmos bons seres humanos e fazer nossas vidas felizes. Depende de nós. Temos igualmente o poder de tornar nossas vidas infelizes e não só experienciar infortúnios e pesares individuais, mas também causar dor e desgraça àqueles à nossa volta e arruinar os outros. Olhando assim, não existe diferença entre nós.

Portanto, o que *eu* tenho a oferecer? Sou apenas um praticante do Buddhadharma, um simples monge budista. Estou com 66 anos de idade. Desde que tinha uns 10 ou 15 anos, senti uma convicção e um interesse sincero pelos ensinamentos do Buda. Ao longo dos anos não tive condições de praticar muito, mas mesmo assim tentei, tanto quanto possível, perseverar na prática. O que ela me ensinou é que todos nós somos iguais em querer encontrar a felicidade e evitar o sofrimento. Visto que desejamos ser felizes e passar longe do sofrimento, naturalmente ficaremos bem interessados em saber o que será um benefício verdadeiro enquanto vivemos nossa vida. Vamos querer saber as causas e condições que levam a uma vida feliz ou infeliz. E é nisso que tenho uma leve experiência, que é o que gostaria de compartilhar com vocês agora. É possível que alguns de vocês se beneficiem de minhas palavras e, se encontrarem algo útil, por favor levem em consideração. Mas, se não acharem benefício no que digo, esqueçam. Não há mal nenhum nisso, não é?

## O OBJETIVO COMUM DE TODAS AS RELIGIÕES

Ao longo de minha vida, devido a meu treinamento nos ensinamentos budistas, alcancei algum entendimento experiencial; pensei muito sobre esses tópicos, e é isso que gostaria de compartilhar com vocês. Contudo, se relaciono minha experiência aos ensinamentos budistas enquanto falo, não é a fim de propagar o budismo. Minha intenção não é essa, nem de leve. Tenho motivos para isso.

Em primeiro lugar, existe uma enorme variedade de mentalidades e interesses entre os seres humanos e, nos últimos três ou quatro mil anos, numerosas tradições religiosas e espirituais importantes floresceram na terra. Muitas delas ainda estão vivas e ativas no planeta. Em toda sua história, elas serviram às necessidades espirituais de milhões de pessoas. Ainda fazem isso e com certeza continuarão a fazê-lo no futuro. Se, devido às nossas diversas capacidades e inclinações, existem essas diferentes tradições espirituais com suas visões e filosofias próprias, isso só pode ser de imenso benefício para os indivíduos. É por isso que estou convencido de que as pessoas que pertencem à tradição espiritual de seus pais e vivem de acordo com sua visão e filosofia vão verificar que isso é bem adequado para elas.

Em segundo lugar, embora as tradições espirituais do mundo tenham visões e filosofias diferentes, quaisquer que sejam as diferenças – e algumas são deveras importantes –, verificamos que o treinamento ético é basicamente o mesmo. Por exemplo, quando se trata de cultivar amor, compaixão, paciência e contentamento, ou da observância de autodisciplina e princípios éticos, a maioria das tradições espirituais parece mais ou menos igual. É por isso que sinto que, do ponto de vista do potencial para beneficiar as pessoas e ajudá-las a se transformar em bons seres humanos, a maioria das tradições espirituais são na verdade iguais, e essa permanece minha firme convicção. Esse é um bom motivo para ficarmos com a religião que herdamos de nossos pais.

De outro modo, trocar de religião é um assunto sério e pode ser problemático; em alguns casos pode levar a dificuldades reais. Sempre que dou palestras em países ocidentais para pessoas de formação religiosa diferente e explico os ensinamentos budistas, minha meta jamais é fazer proselitismo em favor do budismo. Na verdade, de vez em quando tenho um leve receio de ensinar budismo no Ocidente. Por quê? Porque nesses países já existem tradições espirituais estabelecidas, sejam cristãs, judaicas ou muçulmanas. Se aparece alguém falando sobre algo como budismo, em certos casos pode provocar dúvidas que as pessoas jamais haviam tido sobre sua fé. É por isssso que me sinto um pouco embaraçado e apreensivo.

Quanto às tradições espirituais e religiões que existem no mundo, podem ser discernidas duas dimensões ou aspectos. Um aspecto consiste nas visões filosóficas ou metafísicas. O outro aspecto compreende os preceitos que precisamos seguir a fim de colocar essas visões em prática. Isso significa a prática regular de treinamento da mente, dia a dia, junto com o tipo adequado de fala e comportamento físico que a acompanha. Creio que as principais tradições de fé em geral exibem esses dois aspectos.

Às vezes pode-se perguntar: qual é o sentido de haver tamanha diversidade de visões metafísicas e filosofias? A meta é domar nossas mentes e ajudar a nos transformarmos em bons seres humanos. Do ponto de vista do treinamento da mente, todas as tradições espirituais são mais ou menos iguais e possuem o mesmo potencial. Somente quando as discutimos a partir de seus pontos de vista e filosofias é que as diferenças sobressaem.

## Diferentes caminhos

Do ponto de vista do real treinamento da mente, acho que é difícil dizer que uma determinada religião seja melhor ou pior, ou superior ou inferior em relação à outra. Todas estão aí para se adequar a nossas capacidades e interesses variados, e é por causa dessas diferenças que alguém pode dizer: "Para mim, pessoalmente, essa tradição espiritual é a mais profunda e mais apropriada". Mas seria difícil, creio eu, afirmar que qualquer religião seria tão profunda ou não tão eficiente para todas as pessoas.

De outro modo, se falamos sobre as visões e filosofias das várias tradições religiosas, acho que podemos descrever uma tradição como vasta e profunda e outra como mais concisa ou sucinta. Assim, do ponto de vista de metafísica e filosofia, pareceria admissível estabelecer algum tipo de hierarquia. Não obstante, por mais vasta e profunda que seja, quando chega a hora de colocar uma determinada visão ou filosofia em prática, se não é adequada à mente do indivíduo, não vai inspirar nenhuma experiência profunda e, francamente, nem será de muita utilidade. Do contrário, mesmo que uma visão filosófica não possa ser rotulada de vasta e profunda, se auxilia a pessoa a desenvolver sua mente, então é verdadeiramente profunda no que diz respeito a esse indivíduo.

Deixem-me dar um exemplo. Mesmo dentro dos ensinamentos budistas, existem numerosos sistemas filosóficos. Na tradição Mahayana existem dois sistemas principais – a escola Mente Apenas (Chittamatra) e a escola do Caminho do Meio (Madhyamaka). Ambas transmitem a intenção e visão últimas do Buda e são baseadas em suas obras. Contudo, à primeira vista, parecem estar em completo desacordo. A escola Mente Apenas considera certos aspectos da escola de filosofia do Caminho do Meio uma espécie de niilismo, ao passo que, do ponto de vista desta última, a escola Mente Apenas cai nos extremos do materialismo ou do niilismo. Desse modo, parece haver contradições, até mesmo grandes diferenças, entre as duas escolas. Mas elas foram ensinadas pelo mesmo professor! Assim, podemos muito bem perguntar: "Como vamos conciliar isso? O que devemos fazer quanto a isso?".

O que importa é que, quando o Senhor Buda ensinou o Dharma, ele identificou entre seus seguidores uma diversidade de capacidades e inclinações e viu o quanto era importante que seus ensinamentos se adaptassem a ela. Foi para fazer frente a essa necessidade que ele ensinou diferentes tipos de ponto de vista, e é assim que podemos entender e explicar a aparente contradição.

## UMA VERDADE, UMA RELIGIÃO

O mesmo princípio pode nos ajudar a considerar outro ponto importante. Praticantes individuais de várias religiões precisam acreditar e ter fé que sua religião seja para eles a verdade absoluta e o único ensinamento autêntico. Podem chamá-la de "a única verdade, a única religião". Contudo, visto que todas as várias tradições espirituais e filosofias existem em razão das diversas mentalidades e interesses das pessoas, daí decorre que todas devem ser "verdadeiras" em certo senti-

## Introdução

do. Mas, se existem todas essas religiões e filosofias autênticas, e ainda assim apenas uma delas é considerada correta, isso não é uma contradição? Parece que temos que acomodar duas formas de pensar simultaneamente: a ideia de que todas as religiões são boas e a ideia de que a religião que praticamos é a autêntica.

Conforme já mencionei, dentro da estrutura dos ensinamentos budistas, uma pessoa para quem a escola Mente Apenas é a mais apropriada e cuja mente é propensa a essa abordagem será seguidora dessa escola e, portanto, vai considerá-la a melhor. Adeptos da Mente Apenas vão empregar a visão de sua escola para avaliar o ponto de vista fundamental da escola do Caminho do Meio, isto é, o estado de buda absoluto, e vão concluir que o significado da escola do Caminho do Meio, conforme explicado por seus seguidores, não é autêntico. É isso que eles estão fadados a dizer, pois sentem que a escola Mente Apenas é a abordagem mais adequada a suas capacidades e inclinações. Uma vez que essa visão funciona de tal forma para eles, pensarão: "Essa é a mais profunda; *essa* é a melhor". E assim sua explicação do estado de buda deve ser a certa e definitiva. Eles teriam que sentir dessa forma, não teriam?

Ao mesmo tempo, alguém mais imparcial saberá que os seguidores do Senhor Buda, seja qual for das quatro escolas de filosofia budista que defenda – Vaibhashika, Sautrantika, Mente Apenas ou Caminho do Meio –, são todos seguidores de um mesmo e único professor, dependentes todos eles de sua bondade. Assim, essa pessoa imparcial verá os seguidores de qualquer escola budista com fé, devoção e respeito iguais.

Por conseguinte, podemos dizer que a afirmação de que existe apenas uma verdade é inteiramente válida e autêntica para determinado indivíduo a partir de seu ponto de vista pessoal. Mas, de um ponto de vista global, referente a um grupo de muitos indivíduos, temos que dizer que existem muitas verdades e muitos caminhos autênticos. Nesse sentido, acho que não existe contradição. Para resumir: do ponto de vista de um único indivíduo ou de sua própria prática espiritual, pode haver uma só verdade. Mas, do ponto de vista de uma multidão, pode haver muitas.

Acredito que as diferentes religiões e filosofias do mundo – cristianismo, judaísmo, islã ou qualquer um dos muitos ramos do hinduísmo – são todas extremamente benéficas e verdadeiramente ajudam muita gente. E por isso admiro e respeito todas elas. Jamais tenho a intenção de denegrir outras tradições ou encontrar falhas nelas. Claro que, se encontro uma pessoa muito sectária ou cabeça dura, às vezes posso achar que ela está exagerando e fico ligeiramente irritado, mas esses são casos isolados! No geral, tenho profunda reverência e apreço por todas as grandes tradições religiosas do mundo. Assim, meus amigos espirituais, gostaria de convidá-los a pensar de modo semelhante. Devemos reconhecer que todas as diferentes religiões são verdadeiramente maravilhosas e servem para ajudar muita gente. Existe benefício para nós também em desenvolver tal apreço por outras religiões. Este é um ponto importante.

Isso posto, pode acontecer que alguém cujos pais sigam uma religião decida adotar outra. Podemos pegar o caso de um indivíduo de uma família cristã que se torne praticante budista porque verifica que essa tradição combina com sua mentalidade e inclinações. Essa pessoa pode até mesmo solicitar ordenação como monge ou monja budista e escolher o caminho de "sem lar" em vez de ter uma casa e família. A tradição da família dessa pessoa era cristã, porém, entre os milhões de cristãos do mundo deve haver, é claro, uma ampla variedade de capacidades e inclinações. Mas o importante é que aqueles que decidam adotar a prática do budismo mantenham o respeito pela tradição de seus pais. Não seria desejável que as pessoas adotassem uma nova religião e usassem isso como motivo para agir e falar como se sua antiga religião não prestasse. Sua antiga religião ainda está beneficiando incontáveis pessoas.

## Aprendendo com outras tradições espirituais

Creio que existe um benefício óbvio em aprender sobre tradições espirituais e religiões diferentes da nossa. Em primeiro lugar, em outras religiões podemos encontrar uma grande inspiração que aprofunde o entendimento sobre nossa própria fé. Verifico que muitas vezes é isso que acontece. Alguns de meus amigos que são praticantes cristãos disseram que incorporaram certos pontos da prática contemplativa budista em sua vida espiritual e que isso ajudou a aprofundar sua própria prática. Do mesmo modo, penso que a comunidade budista, e especialmente a comunidade monástica, também pode aprender com seus irmãos e irmãs cristãs – particularmente com o exemplo de serviço comunitário nos campos de educação e saúde e em proporcionar ajuda humanitária, coisas que os cristãos fazem com grande dedicação e comprometimento. Este é definitivamente um exemplo com o qual a comunidade budista pode aprender, e creio que isso seja extremamente importante.

Portanto, é com essa base de reconhecimento de nossa necessidade de fomentar a harmonia entre as diferentes tradições religiosas e cultivar uma atitude pura e positiva em relação a elas que nos próximos dias falarei um pouco sobre os ensinamentos do budismo. Claro que, ao falar do ponto de vista budista, vou expressar visões filosóficas bastante diferentes daquelas mantidas por outras religiões, como a crença em um Criador, por exemplo, que não é aceita no budismo. Contudo, ao explicar essas visões, minha meta é elucidar o ponto de vista filosófico budista e, de modo algum, criar controvérsia ou refutar os pontos de vista de outras religiões.

## Preliminares para o ensinamento

Quando dou ensinamentos budistas genéricos, normalmente fico sentado em uma cadeira e tendo a preferir que seja dessa forma. Nesse caso, não é necessário começar com preces. Hoje, porém, como vocês veem, estou sentado em um trono. O motivo é simplesmente o respeito pelas palavras do Buda, pelo vasto e profundo ensinamento que ele deu há mais de 2.500 anos, e não por alguma ideia que eu possa ter de ser alguém importante. Vocês devem ter reparado que, antes de sentar no trono, fiz três prostrações diante dele. Ao fazer isso, estava prestando homenagem às palavras do Buda que vou interpretar. Se eu realmente fosse uma pessoa muito importante, não haveria necessidade de realizar prostrações. Bastaria simplesmente me sentar aqui em cima e assumir um ar grandioso. Mas para falar a verdade considero-me um monge budista muito simples, um seguidor do Buda que interpreta e compartilha suas palavras.

Tradicionalmente, sempre que um professor senta em um trono para ensinar, ele recita este verso dos sutras:

> Considere todas as coisas compostas desta maneira:
> Como estrelas, alucinações e lamparinas tremeluzentes,
> Como ilusões, gotas de orvalho e borbulhas na água,
> Como imagens de sonho, relâmpagos ou raios, e nuvens.[12]

O professor sobe ao trono, recita essas linhas e então estala os dedos. Nesse instante, ele recorda da impermanência de tudo; reflete sobre o sofrimento e traz à mente a falta de identidade nas coisas. Do contrário, quando sentasse em um trono, haveria o risco de começar a sentir orgulho de si mesmo. A mente daquele que explica os ensinamentos deve ser pacífica, domada e livre de qualquer traço de arrogância ou orgulho.

Claro que alguns de vocês aqui podem ter seguido sua prática espiritual com grande perseverança e sinceridade e, gradativamente, ter progredido através de todos os níveis que levam à realização espiritual. Desse modo, podem ter atingido um estágio de realização muito superior ao meu. Nesse caso, é de vocês que eu deveria estar recebendo bênçãos!

O ponto principal para todos e qualquer um de nós é domar e treinar a mente e colocar os ensinamentos em prática. À luz disso, seria um enorme equívoco para mim sentar em um trono elevado e fantasiar que sou alguém especial e diferente. Aliás, não fico particularmente confortável em todos os tipos de cerimônia ostentosa a que temos tendência de nos envolver. Na realidade, sinto que ficaríamos em uma situação muito melhor sem isso. Muito tempo atrás, depois que o Senhor Buda despertou para a iluminação perfeita e começou a girar a roda do Dharma, via de regra ele não se comprazia com nenhuma cerimônia de qualquer espécie – exceto em algumas poucas ocasiões. Simplesmente andava por aí de pés descalços, carregando sua tigela de esmolar, circulando de um lado para o outro enquanto ensinava o Dharma. Não ouvimos relatos do Buda sendo transportado com esplendor em alguma carruagem ornamentada.

Foi a mesma coisa no caso de Nagarjuna, conhecido como o Segundo Buda, e seu filho espiritual, Aryadeva, e com Asanga e seu irmão Vasubandhu. Todos eram monges com ordenação plena, que carregavam suas tigelas e vagavam pedindo esmola. E não parece que tenham se metido em qualquer estardalhaço ou cerimônia. Muitas vezes eu brinco que não ouvimos falar sobre o empresário do glorioso Arya Nagarjuna ou de seu tesoureiro ou secretário particular. O mais provável é que ele não tivesse nada disso. Contudo, no Tibete desenvolveu-se lentamente um costume por meio do qual os papéis espirituais e políticos fundiram-se, de modo que as pessoas ao mesmo tempo eram lamas e líderes de grupos. Isso deu origem a um bocado de cerimônias e espetáculos elaborados. Não obstante, houve muitos mestres tibetanos cultos e altamente realizados de todas as tradições – Sakya, Geluk, Kagyu e Nyingma – que foram detentores impecáveis da bandeira da vitória do Dharma. Na maior parte do tempo, esses mestres agiram de modo bastante ordinário e viveram pura e simplesmente como monges. Este é mais um motivo, penso eu, para não nos deixarmos levar por cerimônias e ostentação, mas exercitarmos comedimento e precaução.

As escrituras afirmam que o Dharma, ou a espiritualidade, não depende fundamentalmente de algum tipo de expressão física, como vestimenta ou postura, nem de alguma expressão verbal, como recitação ou canto, mas é experienciado, primeiro e principalmente, com base na mente. Dizem que, em vez de

## Introdução

enfatizar alguma expressão externa, o Dharma consiste basicamente em métodos especiais para analisar e observar a mente de modo a transformá-la.

É verdade que os métodos pregados nos ensinamentos budistas não enfocam predominantemente atividades externas, como recitar mantras e preces, nem ações físicas, como prostrações e coisas assim. Em vez disso, os ensinamentos são postos em prática por meio de nossa mente. Isso torna o processo um pouco mais difícil. Uma escritura diz: "Por esse motivo, a tradição do Buda é sutil". Por quê?, vocês poderiam perguntar. Porque sempre é possível que as pessoas ajam exteriormente como praticantes espirituais e, ao mesmo tempo, nutram pensamentos negativos indignos de um verdadeiro praticante. De modo similar, é possível as pessoas recitarem preces e mantras continuamente, enquanto suas mentes estão simultaneamente poluídas por todos os tipos de pensamento destrutivo. Contudo, se estamos praticando algo positivo em nossa mente – digamos que estejamos cultivando fé ou compaixão, por exemplo –, no momento em que essa qualidade positiva é gerada, é impossível darmos origem a um estado de mente nocivo. Da mesma forma, enquanto houver um estado de mente negativo, um estado positivo não pode coexistir. Assim, o ponto importante aqui é que tudo é efetuado com base em nossa mente.

Agora, para começar, recitarei certas preces tradicionais – uma homenagem que traz à memória as qualidades de corpo, fala e mente do Buda; uma recitação dos sutras; e uma dedicação. Essas são as "três preces regulares" que vêm antes de um ensinamento. A seguir recitarei o *Sutra do coração* em sua tradução tibetana, a homenagem do *Ornamento da realização clara* – sua prece em louvor da "mãe" Prajna-paramita – e uma prece de louvor de *Os versos-raiz sobre sabedoria*, que honra nosso professor insuperável, o Senhor Buda, como aquele que revelou a verdade da originação dependente. Aqueles de vocês que são budistas podem não saber exatamente como entoar esses versos junto comigo, mas será muito bom se refletirem sobre as qualidades de corpo, fala e mente do gracioso Senhor Buda e repousarem a mente por um momento com um senso de vívida inspiração. Se não forem budistas, apenas relaxem por um momento.

> Homenagem ao professor, ao conquistador, ao tathagata, ao arhat, ao Buda perfeito, ao glorioso e vitorioso, ao sábio dos Shakyas.

*Louvor à Prajnaparamita*
Por meio do conhecimento de tudo, você guia os ouvintes que buscam a paz tendo em vista a paz perfeita,

Por meio do conhecimento do caminho, você possibilita que aqueles que beneficiam os seres ocasionem o bem-estar do mundo,
Por serem dotados de você, os sábios oniscientes podem ensinar de várias maneiras –
Homenagem a você, mãe dos budas e de todos os ouvintes e bodhisattvas.[13]

*Homenagem ao Buda*
Ele que ensinou a originação dependente –
Sem cessação e sem originação,
Sem aniquilação e sem permanência,
Sem ir e sem vir,
Nem diferente, nem igual –
Esse acalmar completo das elaborações conceituais:
A você, que é o supremo orador
Entre todos os budas plenamente iluminados, presto homenagem.[14]

# Tomando refúgio e gerando Bodhicitta

Quem ensina o Dharma deve fazê-lo com uma motivação completamente pura, e quem escuta os ensinamentos também deve fazê-lo com uma motivação completamente pura. Se os ensinamentos são explicados e ouvidos dessa maneira autêntica, podem ter um efeito benéfico em guiar sua mente, mas, sem essa motivação pura, não existe tal benefício. Assim, vamos agora, professor e estudantes, recitar esta prece juntos três vezes:

No Buda, no Dharma e na Suprema Assembleia,
Eu tomo refúgio até atingir a iluminação.
Pelo mérito da prática da generosidade e outras,
Possa eu atingir o estado de buda para o benefício de todos os seres.

Essa oração inclui tanto a tomada de refúgio quanto a geração de bodhicitta. Sem tomar refúgio nas Três Joias, isso não seria qualificado como um ensinamento budista e, sem gerar a aspiração altruísta de bodhicitta de buscar a iluminação para o bem de todos os seres sencientes, não valeria como um ensinamento Mahayana. Por isso, no início de minha explicação e de sua audição dos ensinamentos, devemos recitar essa oração e, desse modo, tomar refúgio e estimular bodhicitta.

CAPÍTULO 2

# Transformando a mente

O s ensinamentos ao longo dos próximos dias serão divididos em duas partes: uma introdução geral aos ensinamentos budistas, seguida de uma explicação sobre como tomá-los a sério e praticá-los.

## As três joias

Como acabamos de ver, sem tomar refúgio primeiro, esses ensinamentos não se qualificam como ensinamentos budistas em absoluto. Isso torna ainda mais importante chegarmos a um entendimento preciso do que se constituem os "três refúgios" – o Buda, o Dharma e a Sangha. O Senhor Buda é considerado um ser muito especial e sagrado, que apareceu na Índia há cerca de 2.500 anos. Contudo, não podemos restringir nossa definição de *buda* simplesmente a essa notável personalidade histórica. A fim de explicar "a joia do Buda", antes de mais nada precisamos introduzir a joia do Dharma. Uma vez que tenhamos captado o que a joia do Dharma representa, entenderemos que um buda é alguém que colocou a joia do Dharma em prática e tornou-se um ser sagrado, dotado de todas as qualidades consumadas do Dharma que resultam da renúncia e da realização. De fato, é com base na joia do Dharma que podemos compreender de verdade o que significam as *Três Joias*.

Para entender o que significa "a joia do Dharma", precisamos estar cientes de que o Dharma é duplo – o Dharma da escritura ou transmissão e o Dharma da realização ou experiência – e que o mais importante dos dois é "o Dharma da realização ou experiência". Podemos dizer também que a joia do Dharma refere-se a duas das quatro nobres verdades: a verdade da cessação do sofrimento e a verdade do caminho para essa cessação. Assim, um entendimento dessas duas verdades naturalmente formará a base para a introdução do que significa a joia do Dharma.

Visto que a joia do Dharma consiste nas qualidades da cessação e do caminho, vamos examinar as qualidades da cessação do sofrimento. A frase "as qualidades da cessação do sofrimento" refere-se a casos em que uma determinada falha é eliminada e removida pela aplicação de um antídoto. Sucede-se então que temos que entender o que exatamente tem que ser eliminado e removido, quais antídotos que usamos para nos libertar e que meios ou métodos nos trarão a liberdade. Foi para nos ajudar a entender isso que, quando girou a roda do Dharma pela primeira vez, o Senhor Buda começou com o ensinamento sobre as quatro nobres verdades.

As quatro nobres verdades são a pedra angular e a fundação dos ensinamentos budistas. São elas: a verdade do sofrimento, a verdade da origem do sofrimento, a verdade da cessação do sofrimento e a verdade do caminho que leva à cessação. A apresentação sistemática dessas quatro nobres verdades é algo que precisamos entender. Tendo em vista que pretendo entrar em certos detalhes a respeito das quatro nobres verdades, começarei pela referência aos doze elos da originação dependente.

O primeiro dos doze elos é a ignorância fundamental. A que se refere o termo *ignorância fundamental*? Nesse contexto, *ignorância* não significa apenas suma confusão obtusa nem uma simples ausência de conhecimento. Claro que o termo *ignorância* pode ter muitas nuances de significado. Mas a ignorância referida aqui é a ignorância que serve de causa-raiz da existência condicionada e significa um estado de mente equivocado ou distorcido. Agora, um estado de mente ser distorcido ou não vai depender de que aquilo que se assume que seja verdade seja mesmo verdadeiro. Este é o critério para distinguir um estado de mente equivocado de um não equivocado e também para determinar o que é proveitoso e o que é prejudicial.

Dado que ignorância como a definimos é principalmente uma apreensão equivocada da verdadeira natureza das coisas, isso significa que precisamos saber o que essa natureza realmente é. E por causa dessa necessidade temos que tomar todos os fenômenos, tanto do mundo exterior quanto de dentro de nós, e nos fazermos as seguintes perguntas: "A maneira como eles aparecem é de fato como são em sua verdadeira natureza ou não? Esses dois modos – como as coisas realmente são e como parecem ser – são idênticos ou não?". Seja qual for a maneira como olharmos, existe uma discrepância entre como as coisas aparecem e como verdadeiramente existem. Assim, é com base nisso que existe o que chamamos de duas verdades – verdade relativa ou convencional e verdade absoluta ou última.

Existem numerosas maneiras de explicar o significado dessas duas verdades, mas em minhas observações vou me referir principalmente à abordagem do Caminho do Meio, ou Madhyamaka. De acordo com essa abordagem, precisamos entender o que é a natureza última, ou base, da realidade. Com esse entendimento, podemos então identificar como ignorância o estado de mente que confunde e compreende mal a verdadeira natureza das coisas. Portanto, para nos ajudar a entender corretamente o arranjo sistemático das quatro nobres verdades, precisamos entender primeiro o relacionamento dessas duas verdades, a relativa e a absoluta.

## Transformando a Mente: O Jogo dos Opostos

Agora, deixem-me explicar as coisas de um ângulo diferente. O propósito dos ensinamentos budistas é transformar a mente. Como então nossa mente pode ser transformada? Se vamos modificar ou transformar alguma coisa no mundo exterior, começamos entendendo como dois sistemas incompatíveis trabalham contra, ou atuam em oposição, entre si. Assim, se é necessário algum aspecto ou resultado, o que temos de fazer é reduzir o que quer que possa ser seu oposto. Ou, se um elemento não é necessário, pode ser eliminado pela intensificação de seu oposto.

Vamos tomar uma enfermidade como exemplo. De todas as substâncias e organismos no corpo, alguns são benéficos e outros são nocivos. Uma vez que identificamos quais são eles, e como agem e destroem um ao outro, podemos então introduzir uma nova substância para neutralizar o que está causando a enfermidade ou dor e assim destruir seu poder. Do contrário, sabemos que simplesmente recitar: "Possam as células que estão causando meu sofrimento ser eliminadas!", não fará com que elas desapareçam; tampouco adiantará ficar sentado pensando: "Possam elas desaparecer!". Temos que buscar o agente neutralizante e reforçá-lo de modo a reduzir o vigor da doença.

A transformação da mente se processa da mesma maneira: buscando o agente neutralizante dentro da própria mente. Visto que a mente é intangível, vocês poderiam perguntar o que seria esse "agente neutralizante". O que importa aqui é uma maneira diferente de perceber as coisas, uma atitude ou foco mental alternativo. Podemos usar um exemplo do cotidiano. Quando vemos ou ouvimos algo, podemos percebê-lo como maravilhoso ou horrível, dependendo de nosso estado mental naquele dia. Esses dois estados de mente pertencem à mesma consciência, e ambos estão enfocando o mesmo objeto. Contudo, suas maneiras de perceber são completamente opostas.

Agora, se um determinado estado mental deve ser eliminado ou debilitado, isso deve ser obtido buscando-se um estado de mente que seja seu oposto. Tomem-se a raiva, cobiça ou malícia como exemplos. Uma vez que se esteja consciente das desvantagens de tais estados de mente, e ávido para reduzi-los, é preciso cultivar seus opostos, que são o amor e o afeto. Se vocês pensarem sobre cobiça e malícia, verão que são estados que os levam a desejar causar mal a outras pessoas, que os fazem sentir-se agressivos em relação a elas. O antídoto para tais atitudes é enfocar os outros e desenvolver um sentimento sincero. Se eles apenas pudessem ficar bem! Se apenas pudessem ser felizes! Se apenas pudessem ficar cheios de alegria! Essa disposição mental é o completo oposto de algo como raiva ou malícia, e assim terá o efeito de solapá-las.

Portanto, via de regra, onde houver duas atitudes contrárias uma à outra, uma vai solapar a outra. O amor e o afeto diminuirão na mesma medida em que os estados de raiva ou malícia crescerem. E os estados de mente maliciosos serão reduzidos na mesma extensão em que atitudes de amor e afeto se tornarem mais fortes. Por conseguinte, da mesma forma que conseguimos identificar o oposto de alguma coisa no mundo exterior e usá-lo para modificar ou transformar aquela coisa, precisamos transformar nossa mente buscando agentes neutralizantes dentro dela mesmo.

## INTERCEPTANDO PROBLEMAS ANTES QUE SURJAM

Um método de efetuar isso é priorizar uma abordagem que antecipe e detenha algo antes que possa acontecer. Por exemplo, sofrimento é algo que ninguém quer, mas, uma vez que algum tipo de sofrimento já tenha se instalado, é bom ter um método para diminuí-lo. Entretanto, ainda mais fundamental e efetivo é agir *antes* que o sofrimento aconteça e assim assegurar-se de saída que ele não precise ocorrer. Quer estejamos falando de problemas no mundo à nossa volta ou sobre nossos próprios problemas psicológicos ou emocionais, podemos interceptá-los e impedi-los de aparecer, evitando desse modo algo que não queremos.

Vamos ver como. Seja o que for que estejamos discutindo, seja externo ou interno, não há nada que seja completamente independente e que não dependa de causas e condições. Seja uma experiência interior ou uma questão externa, material, todas surgem graças a causas e condições. Tendo em vista esse fato, a fim de eliminar um problema ou algum tipo de sofrimento, antes de tudo vocês têm que identificar as causas e condições e então assegurar-se de que não se tornem completas, ou não amadureçam. Com tal método, vocês previnem o resultado que, de outro modo, seria inevitável.

Assim como nada em nosso mundo externo ou na experiência interna acontece de modo independente, sem causas ou condições, da mesma forma nada ocorre como resultado de uma única causa ou condição solitária. De fato, as coisas dependem de um vasto número de causas e condições. Portanto, se estamos procurando o jeito de dispersar o sofrimento ou obter a felicidade, temos que perguntar: "Qual é a natureza do sofrimento? Qual é a natureza da felicidade? Quais são suas causas e condições?". Precisamos esquadrinhar suas causas e condições e, no caso do sofrimento, detê-las antes que possam ocorrer. Se formos incapazes de intervir e interceptar algo antes que aconteça, seu efeito vai continuar a amadurecer de forma inexorável e, quando maturar, não teremos opção a não ser recuar para um método de simplesmente reduzir o sofrimento.

É assim que os ensinamentos budistas funcionam. Claro que felicidade e sofrimento são basicamente sentimentos e emoções experienciados por nossa consciência interior. Em certa medida, estímulos externos, como objetos visíveis que enxergamos, podem agir como condições que causam felicidade ou sofrimento. Mas em geral felicidade e sofrimento são sentimentos experienciados no domínio de nossa consciência. É por isso que é tão importante entender suas causas e condições e toda a natureza desses sentimentos e emoções. A investigação sistemática de nossa mente pode apresentar um bocado de detalhes!

Uma vez que tenhamos encontrado os agentes neutralizantes que mencionamos antes, podemos usá-los como remédios por meio dos quais conseguimos fortalecer qualquer aspecto da mente que desejemos. É assim que podemos transformar nossa mente.

## O QUE SE REQUER PARA TRANSFORMAR A MENTE

Porém, para que tudo isso aconteça, precisamos fazer um esforço. Não podemos esperar que nossa mente se modifique simplesmente ficando sentado e esperando que isso aconteça. Se fizermos um inventário dos elementos negativos em nossa mente, eles podem ser resumidos em três – desejo, aversão e ignorância –, os chamados três venenos ou poluentes. Durante muito tempo, nossa mente esteve habituada e acostumada a esses três venenos, que agora estão profundamente entranhados. Por mais que possamos falar sobre "não ter desejo", "não ter aversão", ou "não ter ignorância" – na realidade, estar livre dos três venenos –, até aqui quase nunca experienciamos tal estado. De fato, na prática não temos ideia de como isso possa ser. Por estarmos tão pouco familiarizados com o antídoto de que precisamos para fortalecer nossa mente, exige-se um determinado esforço correspondente de nossa parte. De outra forma, será muito difícil que a transformação aconteça facilmente ou apenas ocorra a esmo.

Para fazer esse tipo de esforço, precisamos de perseverança e diligência. E, antes de conseguirmos desenvolver a diligência, precisamos ter um senso ávido e inspirado de força de vontade, de modo que digamos a nós mesmos: "Isso é algo que devo efetuar". Se tivermos esse tipo de incentivo no fundo do coração, vamos prosseguir com vigor, perseverando quaisquer que sejam as agruras. Uma vez que tenham entendido os perigos de não transformar a mente e as qualidades e virtudes para transformá-la, vocês terão os alicerces que inspiram a diligência. Isso ressalta a importância do entendimento, por um lado, dos tipos de desastres e sofrimento que os elementos negativos em nossa mente nos infligem e, por outro, o tipo de benefício que as qualidades positivas de nossa mente podem trazer.

Se transformar a mente requer esforço, esforço exige interesse e envolvimento; para que o senso de envolvimento seja forte o bastante, vocês têm que estar motivados do fundo do coração. Se não tiverem esse ímpeto em si mesmos, será extremamente difícil que algo externo ou outra pessoa os force a transformar a mente. De fato, se tentassem, poderiam até piorar as coisas. Afinal, o que chamamos de nossa mente é uma coisa muito curiosa. Por um lado, uma condição muito pequena pode provocar uma mudança em nossa mente. Mas, por outro, se alguém tenta nos intimidar, não importa quanto tente, nossa mente apenas fica cada vez mais obstinada. Contudo, se nós mesmos estivermos motivados, tanto no coração quanto na mente, seremos capazes de ir adiante com esforço infatigável e sem prestar muita atenção a quaisquer dificuldades.

## Motivação, razão e crença

Como nossa motivação é o que dirige e inspira nossas ações, precisamos dar uma boa olhada no raciocínio ou pensamento em que ela se baseia. Isso significa comparar as vantagens e desvantagens relativas associadas à nossa motivação ou seu oposto, bem como o impacto a curto e longo prazo, especialmente o prejuízo a longo prazo. Em qualquer dos casos, nossa mente tende a confiar no que quer que lhe seja familiar. Se ela tem uma razão para depender de algo, devemos refletir sobre e checar repetidamente que razão é essa. A mente sentirá então um senso de certeza mais firme e forte e mais estável. Se, por outro lado, não existe uma razão válida para colocarmos nossa confiança em algo, tudo que estamos fazendo é simplesmente cultivar uma crença. Tirando a mera pressuposição de que tal e tal coisa é assim, somos incapazes de dispor da certeza que vem de termos pensado detidamente sobre as razões subjacentes de algo. Minha posição é que precisamos nos assegurar de que nossas ações têm razões válidas por trás delas.

A chave para essa certeza é conhecer a verdadeira natureza das coisas. Seja de um ponto de vista relativo ou absoluto, precisamos entender a maneira pela qual uma coisa é o que é. Sem tal entendimento, nenhuma de nossas pressuposições sobre as coisas, do tipo "o caso seria tal e tal", vai realmente refletir a realidade.

Basicamente, quer nossas crenças estejam ou não baseadas em raciocínio válido, existe uma tendência de que fiquem mais fortes e mais vívidas na proporção direta de nossa familiaridade com elas. Contudo, se certa crença não tem razões válidas para apoiá-la, será muito mais difícil para nós aprofundarmos nossa convicção por meio da simples familiaridade. Portanto, é crucial entendermos como são as coisas na realidade.

## O poder do raciocínio

Pensando sobre que nos causa bem-estar ou nos faz mal, o fato é que todos nós, não importa quem sejamos, desejamos apenas ser felizes e não sofrer. Esse fenômeno não se restringe à população viva durante nossa geração. Desde o momento em que a vida humana teve início até agora, cada ser humano desejou apenas ser feliz e escapar do sofrimento. Mais que isso: qualquer criatura viva que pode sentir prazer e dor deseja apenas encontrar a felicidade e evitar o sofrimento.

Existe um tipo de sofrimento e felicidade que nasce predominantemente de nossos sentidos, por exemplo, do que vemos ou ouvimos. Esse tipo de prazer ou dor é o que temos em comum com os animais. Devido às formas que vemos, sons que ouvimos, odores que cheiramos, sabores que degustamos ou texturas que tocamos, podemos ter todos os tipos de experiências indesejáveis, das quais tentamos nos distanciar. Ou podemos desfrutar de tipos agradáveis e desejáveis de experiências, que nos proporcionam satisfação. Ir atrás desse tipo de satisfação é uma força motivadora em todos os animais; por exemplo, apreciar o desfrute de comida e bebida, buscar prazer sexual ou lidar com o prazer ou desconforto por calor e frio são coisas que os seres humanos experienciam em comum com os animais.

Então, se nos perguntarmos qual a diferença entre seres humanos e animais, a resposta provavelmente apontará para nossas faculdades de pensamento. Temos uma enorme capacidade de pensar e raciocinar e, junto com isso, uma grande capacidade de memória de longo prazo. Não só podemos recordar as experiências que tivemos nessa vida, em alguns casos de muitos anos atrás, mas também podemos abarcar e lembrar a história de gerações de seres humanos do passado. De modo semelhante, podemos antever o futuro, não estamos limitados a uma percepção do momento presente. Vejam bem, certos animais têm uma aptidão de recordar eventos passados e antecipar o futuro em alguma medida. Quando os animais criam seus filhotes, por exemplo, parecem saber o que será necessário por um período de meses. Isso é notável, não é? Mesmo assim, não são como os seres humanos. Ser capaz de recordar o significado de muitos anos ou muitas gerações de história parece um traço unicamente humano. O que separa os seres humanos das outras coisas vivas parece ser essa capacidade de pensamento inteligente.

Assim, vamos discutir a partir do ponto de vista dessa inteligência crucial. Ironicamente, é a grande capacidade de inteligência que muito contribui para nosso sofrimento. Animais vivem o momento, experienciando apenas o prazer e a dor que vêm principalmente de sua consciência dos sentidos. Em contraste, os seres humanos estão sempre pensando sobre incontáveis conceitos diferentes, temos lembranças de todo tipo de eventos passados que podem nos aborrecer e um sem-fim de expectativas e medos quanto ao futuro que nos assombram e trazem ansiedade. Um instante de reflexão apenas basta para reconhecer o quanto isso é verdade. O que explica como algumas pessoas têm tudo de que necessitam para levar a vida, tudo é perfeitamente adequado, e contudo suas mentes são basicamente uma mixórdia, e elas são deprimidas e infelizes.

Como seres humanos, temos então uma enorme capacidade de pensamento inteligente e, ao mesmo tempo, cada pensamento pode nos mergulhar em todo tipo de sofrimento e desestabilizar nossa mente. O sofrimento que decorre dos cinco sentidos é claramente fácil de eliminar. Mas a infelicidade decorrente de pensamentos e conceitos que provêm do intelecto humano só pode ser extinguida pela utilização desse mesmo poder de raciocínio. Quando vocês estão infelizes porque sua mente está em turbilhão, é muito difícil superar a infelicidade com algum tipo de prazer físico ligado à consciência sensorial, como, digamos, um som agradável. É por isso que alguém pode ser extremamente próspero, com bens em abundância, uma família perfeita e amigos maravilhosos, mas ainda assim ser infeliz. A infelicidade psicológica e emocional que vem do âmago, como resultado de nosso pensamento, não pode ser derrotada pela felicidade proporcionada por coisas externas.

Mas podemos dar uma reviravolta. Se conseguirmos descobrir uma sensação de bem-estar, preenchimento e satisfação *dentro de nossa mente*, mesmo que as condições externas não sejam ideais e nos deixem pouco à vontade no nível dos sentidos, nossa paz mental prevalecerá.

Vamos tomar como exemplo uma enfermidade física. Veremos que ela é mais fácil de ser enfrentada se mentalmente sabemos que está nos proporcionando alguma proteção ou imunidade contra algo pior. Uma vacina contra varíola pode causar efeitos colaterais e desconforto a curto prazo, mas, se entendemos que isso evitará que sucumbamos à doença e, por conseguinte, a sofrimento no futuro, teremos uma sensação de alívio e contentamento. Pelo mesmo motivo um soldado pode ter orgulho de seus ferimentos de guerra, como testemunho de sua bravura no campo de batalha. Praticantes espirituais também podem ter que suportar agruras temporárias enquanto praticam, mas saber que essas provações estão servindo para purificar ações prejudiciais fortalece sua resolução. Desse modo, a atitude mental em relação à dor física permite que vocês aceitem uma leve sensação de desconforto e digam a si mesmos: "Vale a pena, está servindo para um propósito maior. Então está certo". É claro que o prazer ou a dor que sentimos em nossa mente pode prevalecer sobre o prazer ou a dor conectados a nossos sentidos. Esse prazer ou essa dor relacionados à nossa mente conceitual e pensante têm maior consequência e maior poder de nos afetar para o bem e para o mal.

## FIXAÇÃO NO PROGRESSO MATERIAL

O nível sensorial de prazer e dor de que estamos falando está intimamente ligado ao progresso material. Até hoje, houve um imenso volume desse progresso e ele deve apenas aumentar no futuro. Tendo em vista o grau em que o prazer ou a dor sensorial afetam nossa vida, temos que reconhecer que o desenvolvimento material é extremamente útil e construtivo. Ao mesmo tempo, porém, temos que reconhecer que o bem-estar ou a angústia mental que acarretamos a nós mesmos por meio do pensamento têm um efeito dominante e poderoso sobre nós para o bem e para o mal. E eliminar a angústia mental por meio de algum elemento externo é extremamente difícil.

Afinal de contas, a paz mental não é algo que possamos comprar ou fabricar com ingredientes materiais. É muito difícil a paz e a felicidade surgirem na mente como resultado de alguma intervenção médica. Claro que, quando nossa mente está atormentada de tanto pensar, muitas vezes recorremos a tranquilizantes como forma de simplesmente encontrar algum descanso para a mente e um intervalo no tumulto mental excessivo. Então, sem pensar em coisa nenhuma, relaxamos, mas como um porco cochilando na lama! Nossa mente pode experienciar um tantinho de sossego e descanso, mas, fora isso, encontrar paz e felicidade em nossa mente com a ajuda de certos ingredientes externos é altamente improvável.

Este é o ponto principal: de todos os tipos de prazer e dor que sentimos como seres humanos, os mais cruciais são aqueles que vêm da mente. Na maioria dos casos, o progresso material exterior alivia o sofrimento e assegura o prazer que podemos experimentar por meio dos sentidos. Mas é muito difícil ter qualquer efeito real quanto a remover o sofrimento e trazer a felicidade associados a nossos processos mentais.

Em nossa sociedade, somos levados a acreditar que podemos preencher todos os nossos desejos por meio de coisas materiais externas; dinheiro e bens, em especial, passaram a ser considerados um refúgio para onde corremos em busca de proteção. Mas felicidade e sofrimento são sentimentos e experiências individuais intimamente conectadas à nossa maneira de pensar. Contudo, não parecemos levar isso em conta de modo algum. Em vez disso, invariavelmente colocamos toda nossa esperança e buscamos refúgio em algo externo, acreditando que aliviará nosso sofrimento e garantirá nossa felicidade. Confiamos tudo às coisas materiais, e é por isso que elas inevitavelmente estimulam um apego e uma fixação tão tenazes em nós.

Quando nossos hábitos e todo nosso modo de vida dependem exclusivamente de coisas materiais, o resultado inevitável é que somos despojados de qualquer sensação de contentamento. Se apenas seguimos em frente às cegas, sem sequer pensar no que estamos fazendo, então não importa de quantos bens materiais nos cercamos, nossa mente jamais está satisfeita. A consequência dessa falta de contentamento, na sociedade como um todo, é o enorme dano que temos causado ao ambiente natural.

## A importância do afeto e amor humanos

Nossa situação geral na sociedade humana é que todos dependemos uns dos outros. Somos animais sociais e devemos viver e interagir uns com os outros. Contudo, parece que perdemos o sentimento de afeto humano básico ou o senso de ligação e proximidade com os outros. Nossa sociedade não coloca nenhum valor na ideia de amor nem mostra muito interesse nisso realmente. Com as coisas materiais sendo prezadas acima de todo o resto, não se diz nada sobre a importância do amor por nossos companheiros humanos, não é? Faltando o sentimento de amor, colocamos toda nossa energia em fazer ainda mais dinheiro. E, se estamos interessados somente em explorar os outros sempre que possível, em exercer controle sobre eles sempre que pudermos, sempre armazenando e competindo, acabaremos usando qualquer tipo de situação para favorecer nossas finalidades. Nessa eventualidade, o princípio de amar os demais seres humanos não terá nenhuma aceitação. Porém, sem o ideal de afeto humano, não existe felicidade na família, nem felicidade entre casais, nem felicidade entre pais e filhos. Embora muitos milhões estejamos vivendo todos juntos aqui, em nosso coração cada um de nós sente-se solitário e isolado.

E quanto à sensação de alegria na companhia dos outros? E quanto a cuidar das outras pessoas e sentir que são nossas amigas? E quanto à fé e confiança em nosso contato com os outros? Parece que tudo isso está esfriando. Parece estar faltando, não é?

A realidade é que todos nós temos que viver juntos neste nosso pequeno planeta e, hoje em dia, nessa era especialmente, dependemos uns dos outros em alto grau. As circunstâncias impõem que pensemos no bem de todo o planeta e de toda a humanidade. Contudo, permanecemos encastelados em nossa visão pessoal limitada, dominados por ideias de "eu" e "nós". No pior dos casos, isso leva a conflitos abertos. O que está faltando, ou jamais nos ocorre, é senso de cooperação ou de pegar junto, e isso é um caminho para todo tipo de desastre. Com a população do mundo sendo o que é, isso significa que estamos encarando problemas reais.

## A MARCA DE UM BOM SER HUMANO

Para nós, seres humanos, creio então que a prioridade seja examinar maneiras de nos livrar do sofrimento e encontrar felicidade na mente. Imaginem se fôssemos capazes de fazer tanto progresso mental interior quanto todo nosso progresso e desenvolvimento material. Acho que isso seria dar verdadeiramente um propósito a nossas vidas como seres humanos e ao mesmo tempo uma contribuição definitivamente positiva para o conjunto da sociedade.

Em minha vida, experienciei muitas alegrias e tristezas e enfrentei muitas dificuldades. Mas, quando penso sobre os tempos difíceis, posso ver que sempre houve uma coisa que me deu esperança, fossem quais fossem as circunstâncias. Em meu coração, o motivo principal para eu sentir que minha vida humana teve um propósito e valeu a pena é tê-la baseado no desejo de ajudar os outros. É algo que sei que definitivamente mostrou-se muito útil ao longo de minha vida. Quando me deparei com dificuldades, essa atitude me deu coragem e a sensação de que a esperança jamais está perdida e de que a provação é manejável e vale a pena passar por ela. E isso me trouxe um tipo de satisfação por meio do qual sou capaz de encontrar, de modo bastante natural, um pequeno grau de relaxamento – paz mental e felicidade também. Sem dúvida, isso contribuiu para meu bem-estar físico.

Uma das principais condições que permitem que nossa mente relaxe é indiscutivelmente a atitude de amor e afeto que comentamos antes. Essa atitude não está ausente de nossa constituição natural como seres humanos nem é algo fundamentalmente novo, que tenha que vir de algum lugar. As pessoas dizem, por exemplo, que, enquanto um bebê está no ventre da mãe, consegue reconhecer a voz dela. A capacidade de reconhecer o som único da voz da mãe é algo que simplesmente está presente de forma natural e algo que será necessário para a sobrevivência. E, porque possui um sentimento natural de intimidade com sua mãe, a criança consegue reconhecer a voz dela desde o início.

Vejamos outro exemplo. Em geral, a primeira palavra que uma criancinha balbucia, em qualquer linguagem, é "mama". É uma palavra muito fácil de dizer. A sílaba "ma" – "mãe" – parece evocar aquele sentimento de proximidade. Não são necessárias muitas palavras; apenas uma transmite instantaneamente esse entendimento.

Em todo caso, mãe e filho sentem um amor mútuo. O bebê nasce e cresce cercado pelo tipo de amor especial que existe entre mãe e filho, e isso é o início de uma vida boa e feliz.

O motivo pelo qual podemos dizer que todos possuímos amor e afeto é que eles fazem parte de nós de modo natural e inerente. Assim, temos que acentuá-los, em vez de ignorá-los e deixá-los desaparecer. Isso é de vital importância, porque esse amor é uma das qualidades mais essenciais de nossa mente, algo verdadeiramente precioso e crucial para um ser humano. Uma vez que possamos reconhecer quanto é vital, poderemos então nutri-lo e intensificá-lo, embora o potencial básico que estejamos acentuando já seja naturalmente nosso.

Quando uma pessoa incorpora essa atitude de amor e afeto, sua conduta na vida será admirável, e ela será o que chamamos de "um verdadeiro ser humano". Na verdade, essa é a marca de um bom ser humano, e não o fato de ser ou não praticante espiritual. É o que jaz também na raiz de uma sociedade humana feliz e pacífica. Portanto, é muito importante reconhecer isso e fazer tudo que pudermos para intensificar a atitude de amor e cuidado para com os outros.

Os seres humanos possuem amor e afeto naturalmente, e por isso creio que o papel das religiões do mundo é trazer esse potencial à luz e fazer essas qualidades maravilhosas crescerem. Não foi na verdade por isso que se produziram tantas visões e filosofias espirituais diferentes – para que possamos desenvolver essas maravilhosas qualidades naturais cada vez mais? Em poucas palavras, é este o motivo pelo qual empreendemos a prática espiritual: para nos tornarmos bons seres humanos, pacientes, tolerantes, altruístas, compassivos, contentes e autodisciplinados. Praticamos porque é este o tipo de pessoa que queremos nos tornar.

CAPÍTULO 3

# APARÊNCIA E REALIDADE

Conforme expliquei antes, no caso dos ensinamentos budistas vocês têm que proceder usando em primeiro lugar seus poderes de pensamento e análise e investigação. Na hora de identificar a verdadeira natureza da realidade, precisamos de um estado de mente isento de erro e distorção. Em outras palavras, isso significa um estado de mente que não seja enganoso em absoluto, um estado em que qualquer coisa seja percebida de acordo com a realidade. Isso é chamado *cognição válida*. Ao longo dos ensinamentos budistas em geral, e especialmente nas escrituras referentes ao caminho do bodhisattva nos ensinamentos do Mahayana, a cognição válida é considerada de grande importância. Todos os objetivos que estamos buscando alcançar – renascimento mais elevado, liberação e onisciência[15] – efetuam-se como resultado da cognição válida. No estudo da lógica e epistemologia, falamos de *frutos indiretos da cognição válida* e *frutos diretos da cognição válida*.[16] O que chamamos de frutos indiretos da cognição válida são a obtenção dos reinos mais elevados, liberação e onisciência. O ponto essencial aqui é que somente com base em um estado de mente isento de equívoco os níveis de liberação e onisciência podem ser alcançados.

A fim de chegarmos a uma conclusão definitiva sobre a natureza da realidade – seja uma questão sobre a natureza real das coisas ou das coisas em toda a sua multiplicidade –, temos que descobrir o que as coisas são em si mesmas ou qual é sua natureza última. Saber isso é extremamente importante. Por quê? Porque nosso estado de mente ordinário em geral é equivocado e deludido. Nosso modo de perceber as coisas envolve muitos erros e distorções – todos eles assumidos por nós como verdadeiros –, e isso nos leva a infortúnios e fracassos continuamente. Imaginem, por exemplo, que alguém esteja tentando nos enganar. Se desde o início soubermos que o que essa pessoa está tramando não tem substância – que, por mais válida que de fato pareça, a aparência simplesmente não condiz com a realidade –, essa pessoa não terá chance de nos lograr. Visto que existe uma profunda disparidade entre como as coisas realmente são e nossas percepções da realidade, enquanto depositarmos nossa confiança no modo como as coisas aparecem, acabaremos enganados. Em termos gerais, se alguém consegue nos fazer de bobo dia após dia, é porque escolhemos confiar no que quer que ele esteja nos dizendo e aceitar as coisas pelo valor nominal, apenas pelo que parecem. Assim, em vez de simplesmente confiar no que as coisas parecem, devemos esquadrinhar sua natureza última e descobrir qual é ela realmente.

## IMPERMANÊNCIA SUTIL E ÓBVIA

Uma de nossas crenças mais profundamente arraigadas é de que as coisas permanecem iguais ao longo do tempo. Vejamos uma cadeia de montanhas, por exemplo. Estão aí há milhões de anos. Pensamos que as montanhas que olhamos hoje são as mesmas que vimos ontem ou anteontem. Esse tipo de atitude, de julgar que as coisas são as mesmas desde um momento anterior até um momento mais tardio, parece instintivo. Claro que, quando falamos da forma mais óbvia como as coisas parecem, isso de fato está correto. As montanhas que vemos hoje estão aí há séculos. Contudo, e se investigarmos sua realidade verdadeira, além de toda aparência de continuidade? Os penhascos, por exemplo, em um nível subatômico, estão constantemente mudando e em processo de fluxo. Não há um instante sequer em que não estejam mudando. Apesar de seus milhões de anos, chegará o tempo em que toda essa massa material há de se desintegrar. As montanhas de ontem ainda estão aí, mantendo toda a aparência de continuidade, mas, se pensarmos nelas de modo mais preciso, suas partículas subatômicas mudaram um bocado desde ontem. De fato, se as coisas não estivessem mudando continuamente, nenhuma das mudanças que vemos no mundo à nossa volta aconteceria. Nem coisa alguma poderia se desintegrar quando chegasse ao fim. Por consequência, do modo como as coisas parecem ser, elas surgem como se fossem exatamente as mesmas que eram no passado; mas olhem de um ponto de vista absoluto, e elas estão mudando continuamente a cada instante.

O que isso demonstra é que o modo como percebemos a realidade não é o modo como ela realmente é; em outras palavras, a maneira como as coisas *apa-*

*recem* não está de acordo com o que elas realmente *são*. Vamos pegar outro exemplo. Podemos escolher uma experiência pela qual estejamos passando em nossa mente ou algo como esta flor diante de mim. Quer seja uma experiência mental ou algum objeto sólido do mundo exterior, mais cedo ou mais tarde se desintegrará e cessará de existir. Isso é um fato, não uma coisa que tenhamos que comprovar com nosso poder de raciocínio. A flor vai murchar, secar e morrer. Podemos ver isso acontecendo. Esse processo contínuo de desintegração e impermanência é o tipo mais óbvio de impermanência – algo que podemos ver diretamente com nossos olhos. Devido às mudanças que ocorrem de momento a momento, por fim tem-se como resultado a destruição do objeto em questão. Se algo não mudasse de momento a momento, jamais cessaria de existir.

## Originação dependente

Qual é a chave para o processo de mudança? Quando falamos de mudança contínua, isso não implica uma desintegração momento a momento no sentido de que um objeto, em um primeiro momento, se depare com uma nova causa para sua desintegração no momento seguinte, quando a coisa que existia no primeiro se desintegra. Em vez disso, implica que a causa que inicialmente produz uma coisa assegura que essa coisa venha a existir como algo que, por sua própria natureza, se desintegrará. As coisas são perecíveis devido à sua natureza. Deixem-me reiterar: não se está dizendo que as coisas primeiro sejam produzidas por uma causa particular que acarreta sua existência e então, mais tarde, venham a se desintegrar por encontrar outra causa que ocasione sua destruição. A causa de seu surgimento é *em si* a própria causa de sua destruição. Elas vêm a existir já possuindo o caráter de coisas perecíveis. Isso significa que a causa de seu surgimento torna-se, de instante a instante, a causa de sua destruição.

Assim, qualquer fenômeno produzido por causas é dependente dessas causas. Se as coisas existissem por si mesmas, se existissem naturalmente, elas teriam existência inata e independente. E algo que fosse existente de modo inato e independente teria que ser inalterável. Todavia, podemos ver que as coisas são suscetíveis à mudança; podemos ver como são dependentes de causas e condições que não elas mesmas. O que quer que se tome como exemplo, algo com forma tangível ou uma experiência interna, só ocorre por meio do poder de causas que não a coisa em si.

Isso não é tudo, porém. Se pensarmos mais sobre qualquer item, uma flor, por exemplo, ela tem muitos aspectos – formato, cor, aroma, sabor e outros. Se falarmos disso como as propriedades de algo, nesse caso são as propriedades de nossa flor – o formato da flor, a cor da flor, o aroma da flor e o sabor da flor. Com uma única flor como base dessas propriedades específicas, podemos atribuir a ela os atributos específicos de formato, cor, aroma e sabor. Ela possui essas propriedades. É um fato. Propriedades específicas só podem ser atribuídas a uma base; e, se existem propriedades específicas, tem que haver uma base à qual essas propriedades possam ser atribuídas. A base das propriedades e as propriedades em si parecem distintas uma das outras, mas, se dermos um passo adiante e eliminarmos as propriedades específicas de algo – tal como seu formato e assim por diante –, e então buscarmos a coisa que é a base das propriedades, não vamos conseguir achá-la.

## UMA OLHADA NO TEMPO

De maneira semelhante, acumulamos experiências de nosso *passado* e, em nossas ações presentes, desenvolvemos novas atitudes e modos de fazer as coisas informados por aquelas experiências passadas. Assim, o que ocorreu no passado torna-se útil em nosso comportamento atual. Mas nesse exato instante o passado é apenas um pensamento a esvoaçar por nossa mente. Se formos em busca do passado, ele já cessou de existir. Não há nada para ser encontrado, absolutamente nada em que possamos pôr o dedo.

Isso é verdade para o que vai acontecer no *futuro*. Nossas ações presentes, baseadas em nossas experiências do passado, terão um efeito sobre nosso futuro. Ou irão nos beneficiar, ou prejudicar. Mesmo assim, o que vai acontecer no futuro é no presente apenas um pensamento a tomar forma em nossa mente, um pensamento referente ao que ainda vai acontecer. Se tentarmos pôr o dedo em uma coisa "futura", verificaremos que só existe o presente.

Portanto, todas as muitas coisas que classificamos como "passado" ou "futuro" são simplesmente ideias que temos agora sobre o que já aconteceu ou que pode vir a acontecer. Usamos os termos *passado* e *futuro* a fim de poder pensar e falar sobre eles, e nesse sentido eles podem nos afetar para o bem e para o mal, mas na verdade é muito difícil encontrar qualquer coisa do passado ou do futuro para a qual possamos realmente apontar. Aquilo de que falamos no presente como tendo ocorrido no passado é apenas um objeto da memória. Aquilo de que falamos como futuro é apenas uma previsão que surge em nossa mente sobre o que pode vir a acontecer. Exceto pelo que podemos dizer sobre o passado e o futuro, eles não existem.

Por fim, aquilo que chamamos de *presente* parece ser algo que podemos localizar, mas, se pensarmos sobre o que chamamos de momento presente e analisá-lo em suas fases anterior e posterior, o que vamos descobrir é que, com exceção do passado e do futuro, de fato não existe absolutamente nenhum presente. Podemos fragmentar as coisas de anos em meses, dias, horas, minutos e segundos; tudo até o presente segundo vai constituir o passado e tudo além será o futuro. Assim, não existe presente, existe? É difícil encontrar ou estabelecer.

Isso é verdade quanto a muitas de nossas outras noções e maneiras de apreender o mundo. As categorias que inventamos não são propriedades inerentes das entidades em si, mas rótulos a que se chegou por meio de consenso, aplicados pelo poder da linguagem. São ideias convencionais derivadas de nossos pensamentos sobre o que aconteceu no passado ou o que pode vir a acontecer no futuro. De fato, é assim que chegamos a todas nossas noções convencionais. Quantas delas sobreviveriam se tivessem que ser propriedades inerentes das coisas ou existir independentemente de qualquer outra coisa?

É por isso que o Senhor Buda disse nos sutras que todos os fenômenos existem graças a seus nomes e designações convencionais. Não são nada mais, disse ele, que nomes ou símbolos.

## Absoluta e relativa: as duas verdades

Quando o Buda girou a roda do Dharma pela primeira vez e ensinou as quatro nobres verdades, falou sobre o sofrimento, sua origem, sua cessação e o caminho para a cessação. Como vamos nos relacionar com essas quatro nobres verdades? O sofrimento deve ser entendido, sua origem deve ser removida, sua cessação deve ser efetivada e o caminho deve ser cultivado. É assim que devemos nos ocupar delas, mas "Essas verdades são coisas em si mesmas?", deveríamos perguntar. Não, não são. O sofrimento tem que ser entendido, mas, se o procurarmos e pensarmos sobre ele, não existe "sofrimento a ser entendido". A origem do sofrimento deve ser removida, mas, se buscarmos ou contemplarmos alguma "origem a ser removida", não existe tal coisa a ser encontrada. Assim, embora o Buda tenha ensinado que devemos nos relacionar às quatro nobres verdades removendo algumas e efetivando outras, e é dessa maneira que elas são apresentadas, ao mesmo tempo ele ensinou que não existe nada em si para remover ou efetivar.

É algo semelhante se olharmos os skandhas, ou agregados de corpo e mente, que dependem do karma e das emoções perturbadoras. Sendo dependentes dessa maneira, tais agregados são impermanentes, não possuem identidade verdadeira, produzem sofrimento e são impuros. Se os vemos assim, significa que nossa apreensão é exata e autêntica. Mas, se encaramos esses agregados – dependentes que são do karma e das emoções perturbadoras – como permanentes, verdadeiramente existentes, uma fonte de prazer e puros, então nossa apreensão é equivocada. De outro modo, poderíamos examinar os agregados e tentar achar algum *status* absoluto por trás dos rótulos. Em um nível absoluto, ambos os pontos de vista – equivocado e exato – são inteiramente transcendidos, e nenhum deles existe.

Assim, existem esses dois modos: primeiro, a forma como as coisas parecem; segundo, a forma como elas realmente são. Do ponto de vista de como as coisas parecem, nós as classificamos em muitas categorias – montanhas, cercas, prédios, flores e assim por diante. Todas essas coisas e seus efeitos surgem de causas e condições. Também nos causam a experiência de sensações de prazer ou dor, visto que sua conexão conosco pode ser benéfica ou prejudicial. Devido a suas "sementes", tudo produz seu próprio "fruto", e essas coisas nos afetam de modo benéfico ou prejudicial.

Qual é a maneira absoluta de ser desses fenômenos úteis ou prejudiciais? Se nos recusarmos a ficar satisfeitos apenas com o jeito como as coisas parecem e olharmos mais fundo, descobriremos que não há nada para ser encontrado. Quanto mais examinarmos a forma como as coisas realmente são, subjacente ao modo como parecem, mais claro se tornará esse fato. Digamos que tenhamos o vislumbre de uma miragem no deserto, muito ao longe. Se ela realmente estivesse lá, apareceria com mais detalhes à medida que nos aproximássemos. Contudo, ao nos aproximarmos, ela não fica mais nítida, mas se desvanece e some, até não sobrar mais nada para ver.

O mesmo se aplica ao espectro total de fenômenos, todos funcionando como causas e condições, interconectados uns aos outros, para o bem e para o mal. Se não ficarmos satisfeitos com as aparências e examinarmos sua essência absoluta, seu modo de ser absoluto, sua natureza não-condicionada fundamental, descobriremos que não dá para encontrá-la. A aparência das coisas, portanto, não corresponde à sua verdadeira natureza.

Assim, os *dois níveis de verdade* referem-se exatamente a esses dois modos – o modo como as coisas parecem e o modo como realmente são. Para uma mente que não está examinando ou investigando a verdadeira natureza de algo, parece haver alguma essência que podemos identificar nas coisas. De outro modo, se não ficarmos satisfeitos com as aparências superficiais e formos mais fundo para determinar a natureza primordial ou não-condicionada fundamental de algo, o que descobriremos é considerado sua realidade última, ou natureza primordial mais íntima. Portanto, para qualquer fenômeno existem dois aspectos – sua realidade aparente, que é verdadeira em termos convencionais, e a natureza intrínseca, que é verdadeira em termos absolutos. Com base nisso podemos falar que existem dois níveis de verdade.

Em qualquer coisa ou evento que apareça ou seja possível, se pesquisarmos por baixo da superfície em busca de sua identidade mais íntima e encontrarmos uma discreta essência individual nele mesmo, então poderemos dizer que ele é *verdadeiramente existente* ou *existente de modo absoluto*. Se algo é realmente do jeito que parece ser, então aparência e realidade estão em harmonia, e aquela coisa verdadeiramente existe do jeito que parece existir. Contudo, não é este o caso; as coisas não são realmente do jeito que parecem ser e, por isso, não são verdadeiramente existentes. Sua aparência e sua verdadeira natureza não combinam. A disparidade deve-se ao fato de as coisas em questão manifestarem-se de modo falso. Caso se manifestassem de modo verdadeiramente autêntico, não haveria tal discrepância.

É por isso que se diz que os fenômenos são *falsos* e não se verificam como verdadeiramente existentes. Sua existência, que é o que está sendo refutado aqui, na realidade jamais ocorreu. A verdadeira natureza das coisas é que elas estão ali, mas não podem ser estabelecidas como existentes. Contudo, não é que elas existam contanto que não as investiguemos e tornem-se não-existentes quando as esmiuçamos!

Existe um verso no *Ornamento da realização clara*, de Maitreya, que diz: "Quanto a isso, não há coisa nenhuma a ser removida".[17] Isso significa que o que está sendo refutado, isto é, a existência verdadeira, não é uma propriedade que inicialmente esteja presente e depois seja extinta por meio do raciocínio. Em vez disso, significa que os fenômenos são e sempre foram dependentes em sua própria natureza e por isso sempre foram desprovidos, ou "vazios", de autonomia ou independência. Se as coisas não fossem "vazias" de existência independente, para começar não poderiam vir a existir. Os fenômenos têm que depender de outras coisas a fim de vir a existir; devem depender de condições. Apenas entidades autônomas não precisariam depender de condições.

Portanto, existência verdadeira não é algo que exista previamente e seja eliminado mais adiante. Uma vez que as coisas são vazias de existência verdadeira, o que chamamos de *vacuidade* ou *aspecto último* não é algo novo que tenha sido sobreposto pela mente.

O verso seguinte da citação prossegue: "Nem há a mínima coisa a ser acrescentada". Isso indica que os dois níveis de realidade, a verdade relativa ou o modo convencional de ser, e o modo absoluto ou último de ser, não acontecem como resultado da atividade iluminada do Buda ou como resultado do karma dos seres comuns. É simplesmente o jeito como as coisas são naturalmente.

Portanto, a mente que investiga o que uma coisa realmente é, sem ficar satisfeita com as meras aparências, é uma mente envolvida na investigação do nível absoluto. Poderíamos chamá-la de *mente absoluta*. E o que quer que a *mente absoluta* verifique ser verdadeiro é chamado de *verdade absoluta*.

Entre os fenômenos que aparecem a uma mente comum que não analisa ou investiga, o que quer que seja verificado como verdadeiro quando investigado em nível convencional é o que chamamos de *verdade relativa*. O termo *relativo* refere-se também aos fatores que obscurecem ou encobrem a realidade. Ou seja, *relativo* é aplicado à ignorância que obscurece nossa percepção da natureza última, intrínseca, da realidade. Assim, o que quer que seja verdade da perspectiva dessa ignorância relativa, que obscurece nossa percepção da realidade última, é chamado de *verdade relativa*.

## VACUIDADE DE EXISTÊNCIA INERENTE

Qualquer tipo de coisa ou evento que possa aparecer ou ser possível, seja no samsara ou no nirvana, aparece para nós como se pudesse existir graças à sua própria essência ou ser verdadeiramente existente. Mas, se existisse como parece, alguma base para seu nome ou designação teria que ser verificável. Além disso, o modo como as coisas aparecem teria que estar de acordo com o modo como elas realmente são, só que não é assim. Pois, quando esmiuçadas, as coisas não podem ser verificadas como sendo do jeito que parecem, e esse fato mostra que, mesmo enquanto estão se manifestando, elas são vazias de qualquer *status* como existentes.

Assim, *vazio* significa "vazio de qualquer existência intrínseca essencial", que é o que está sendo refutado. O sufixo *-dade* em vacuidade tem a conotação simplesmente de "só isso". Sendo assim, podemos nos referir à verdade absoluta como vacuidade.

Como já vimos, o que quer que percebamos aparece-nos como se de fato existisse por si mesmo. A despeito de ser alguma experiência interna ou algum objeto no mundo exterior, em todo e cada caso parece-nos que as coisas realmente existem do jeito como as rotulamos convencionalmente. Se as coisas realmente existissem do modo como as percebemos, é lógico que, quanto mais as investigássemos, mais claras teriam que se tornar. Mas, quando as examinamos, não apenas não se tornam mais claras, como na verdade não conseguimos sequer encontrar alguma coisa ali. Esse é um sinal de que as coisas não existem do modo como parecem.

Portanto, as coisas são *vazias* quanto a existir do jeito que as percebemos, *vazias* de qualquer existência verdadeira e vazias de qualquer existência intrínseca. Desse modo, quando fenômenos externos e internos são vazios de existência por si mesmos, dizemos que são *vazios de existência inerente*.

No *Sutra da descida a Lanka*, o Buda fala de sete diferentes noções pelas quais algo pode ser considerado vazio. A sétima é quando uma coisa é vazia de alguma outra. O exemplo dado é o de um templo vazio de monges. A vacuidade do templo é algo diferente ou separado do que está sendo negado – a presença de monges. O Buda descreveu isso como um exemplo menor de vacuidade.

Não estamos usando o termo *vazio* no sentido de que um pilar, por exemplo, esteja vazio de alguma outra coisa, como um vaso. Em vez disso, o pilar em si é vazio de qualquer existência como tal. Ocasionalmente o termo *vazio de si*, *rang tong* em tibetano, é usado para descrever isso. *Vazio de si* é um termo usado para significar que algo é vazio de qualquer existência intrínseca, em oposição a ser vazio de qualquer "outra" coisa que de si mesmo. Contudo, *vazio de si* não significa literalmente vazio de *si mesmo*. Quando dizemos que uma flor é vazia de existência inerente, não estamos negando a realidade da flor. Se a flor não existisse de modo algum, haveria apenas uma ausência: nenhuma semente para germinar, crescer e desabrochar como flor, nada para produzir seus botões e fruto e, assim, nada para proporcionar sensações de prazer ou desagrado ao ver e cheirar a flor ou espetar o dedo em seus espinhos.

Vazio de si, em relação à flor, significa que ela é vazia de existência intrínseca. Pensar que a flor é vazia *de si mesma* seria equivalente a propor o nada e escorregar para o extremo niilista. Em vez disso, devemos entender que qualquer coisa, uma vez que seja produzida na dependência de outras condições, é vazia no sentido de que não possui existência inerente por si mesma. E por esse motivo é vazia de si.

Assim, quer seja uma sensação ou um objeto concreto que percebamos, sempre existe uma distinção entre como as coisas nos aparecem e como elas realmente são. Ao examinarmos se alguma coisa realmente é do jeito que parece ser, ela não é. Em qualquer objeto que nos interesse investigar, jamais poderemos encontrar um cerne de identidade do qual possamos dizer: "É isso!". Quando buscamos isso mesmo nas mais diminutas partículas subatômicas, não há nada para encontrar. Isso parece refletir a mesma posição geral dos físicos quânticos modernos – por mais profundamente que se pesquise um objeto, no fim não há nada para ser encontrado.

## O MODO COMO AS COISAS EXISTEM

Isso então implica que as coisas simplesmente são não-existentes? Não, elas existem em certo sentido. As coisas podem ter um efeito benéfico ou prejudicial sobre nós. Assim, de que modo elas existem? Em um nível convencional, qualquer coisa existe no sentido de que desempenha uma função, seja positiva ou negativa. Possui propriedades distintas e existe algo a que podemos atribuir um nome. A coisa existe, mas esse tipo de existência não significa existência absoluta ou inerente. E é isso que o termo *vazio de si* quer dizer: as coisas não possuem tal existência absoluta, intrínseca.

Desse modo, *vazio de si* não implica não-existência, porque as coisas existem no sentido de que possuem propriedades específicas. Toda essa discussão sobre as coisas existirem de modo inerente ou não sustenta-se no fato de que elas possuem tais propriedades. Se não possuíssem tais propriedades distintivas, não poderíamos discutir se isso constitui ou não possuir existência *inerente*. Mas, embora as coisas possuam identidades individuais, isso não significa que existam de modo inerente.

Vocês poderiam dizer: "Muito bem, então como elas existem exatamente?". Existem apenas pelo poder de condições outras que não elas mesmas. Desse modo, existem sendo rotuladas ou designadas na dependência de outras coisas. Também são *produzidas* na dependência de outros fatores. Sendo assim, em muitos sutras e tantras, o Senhor Buda afirmou que se verifica que as coisas existem apenas na dependência de causas e condições outras que não elas mesmas. E, visto que não existem de modo independente ou sem contar com essas outras condições, o Buda ensinou que todos os fenômenos surgem de *modo dependente* e são vazios por natureza.

Nada no universo surge por si mesmo ou possui qualquer existência inerente e, visto que toda e qualquer coisa surge unicamente por meio da relação com outros fenômenos, isso prova que nada ocorre sem a ação de causas e condições.

Essas causas e condições podem afetar as coisas positiva ou adversamente. Se as coisas existissem em si mesmas de verdade, causas e condições não poderiam afetá-las de um jeito ou de outro. Mas, como os fenômenos carecem de existência intrínseca, isso necessariamente implica que ocorrem na dependência de causas e condições.

De acordo com os ensinamentos budistas, portanto, todas as coisas que podem nos afetar para o bem e para o mal e que são cambiantes por natureza – qualquer coisa dentro de nós ou no mundo ao redor, absolutamente qualquer coisa, de fato – ocorrem apenas na dependência de causas e condições. E todas as suas várias transformações ocorrem simplesmente devido a causas e condições. As coisas não ocorrem sem causa nem ocorrem devido a alguma causa eterna que seja completamente diferente delas. É assim que os ensinamentos budistas explicam as coisas e, desse modo, nos conduzem à posição de que não existe um Criador do mundo.

Os ensinamentos explicam que temos que investigar o fato de as coisas estarem sujeitas à mudança devido a suas causas e condições por meio de um método quádruplo de raciocínio.[18] Fazendo isso, chegaremos à qualidade fundamental ou natureza intrínseca de qualquer fenômeno, seja matéria ou consciência.

A propósito, aqui não estamos falando de vacuidade. Vamos pegar um exemplo para ilustrar isso. O elemento terra é duro e inflexível, enquanto o elemento ar é leve e móvel. Cada um dos dois fenômenos possui uma natureza básica individual – um conjunto especial de características que não são compartilhadas pelo outro. Mas, quando suas qualidades ou características fundamentais combinam-se, isso provoca mudança, o que é explicado como resultado de sua interação mútua.

Cada substância material de fato tem potencialidades individuais e, quando combinadas de várias maneiras, estas podem provocar mudanças, servir a uma função e dar origem a diferentes potenciais, fazendo com que as coisas interajam de maneira benéfica ou prejudicial. A terra é dura e inflexível. Uma vez que sua natureza é essa, terá um tipo específico de efeito, não terá? Em termos gerais, cada elemento tem suas qualidades individuais, que lhe permitem exercer diferentes tipos de influência e servir a diferentes funções. Quando coisas com funções diferentes combinam-se, novos potenciais emergem.

Quando examinamos e investigamos um objeto qualquer, seja dentro de nós ou no mundo ao redor, já devemos estar cientes dessas características. E também devemos entender sua forma específica de funcionamento e o tipo de mudanças que podem ocorrer quando interage com algum outro.

Com base nesse tipo de abordagem, se existe algo que vá nos beneficiar de modo natural, podemos calcular como obtê-lo, e, se existe algo que seja naturalmente prejudicial, podemos tomar medidas para eliminá-lo. Temos que pensar nesses termos. E isso, com efeito, nos leva de volta à discussão sobre felicidade e sofrimento.

Muito naturalmente, todos nós desejamos ser felizes e não sofrer. E todos nós temos o mesmo direito de obter felicidade e evitar o sofrimento. Isso se baseia na razão; afinal, temos toda razão em querer ser felizes.

CAPÍTULO 4

# A QUESTÃO DA CONSCIÊNCIA

## Sensações e percepções

Quando falamos de felicidade e sofrimento, estamos nos referindo principalmente a sensações de prazer e dor. Junto com essas sensações prazerosas ou dolorosas, temos que considerar também os fatores que as causam. Assim, vamos olhar as sensações e percepções. Em sua maior parte, as sensações surgem baseadas em coisas materiais. Existe algo que aciona uma sensação, seja prazerosa, dolorosa ou neutra. Dizemos que tal coisa é responsável pela sensação, mas isso não significa necessariamente que, apenas porque um fator específico está ali, uma sensação surgirá. Outras condições também precisam coincidir e, se uma delas estiver faltando, a sensação poderá não acontecer. Em todo caso, parece que primeiro precisa haver uma base tangível para uma sensação.

Quando falamos sobre sensações, bem como percepções, estamos falando sobre consciência – consciência no sentido de percepção dos objetos. A palavra *percepção* aqui não se refere à *rigpa*, que se diferencia da mente ordinária e que discutiremos com certa profundidade mais adiante.[19] É simplesmente a percepção dos objetos. É este tipo de consciência que experiencia as sensações: entramos em contato com um objeto, a seguir ficamos cientes dele e então experienciamos sensações prazerosas ou dolorosas. Portanto, ao ficarmos cientes das coisas, temos ideias a respeito delas: é isso, tal e qual. É isso que significa percepção.

As sensações são de diferentes tipos. Existe um tipo de sensação cotidiana, prazerosa ou dolorosa, que não é causada por nosso modo de pensar. Digamos, por exemplo, que eu bata com minha mão na mesa. Isso vai me causar uma sensação de dor, e pensarei: "Ai! Bati minha mão!". O ato de bater a mão e a dor envolvida disparam vários pensamentos em minha mente. Essa é uma categoria de sensação, do tipo instigado por uma circunstância externa.

Existe uma outra categoria, compreendendo as sensações que não se devem a esse tipo de contato por meio dos cinco sentidos, mas que são causadas por uma mudança na consciência em si, como resultado de alguma lembrança do passado ou algum pensamento sobre o futuro. Essa mudança no nível de nossa consciência ou percepção pode, porém, provocar uma sensação física. Examinemos isso: será que significa que primeiro há uma ideia, um pensamento ou uma lembrança, seguida então de uma mudança física, tal como a ativação de neurônios ou uma reação eletromecânica no cérebro? Ou ideias ou memórias, que são mudanças em nossa percepção, devem ser sempre o resultado de alguma mudança sutil em nível físico ou neurológico? Acredito que essa questão realmente precise ser investigada.

É dito que a consciência surge baseada nas faculdades dos sentidos. De fato, existe esse relacionamento dependente, mas, se não houvesse absolutamente nenhuma consciência separada dos sentidos físicos, seria difícil justificar muitos eventos que acontecem no curso de nossa vida cotidiana – em particular, as espantosas mudanças físicas que podem advir da prática da meditação. Essas mudanças não se devem a alguma droga ou procedimento médico. Ocorre uma transformação física por causa de uma mudança na consciência em si. Portanto, é muito mais conveniente e mais prático justificarmos esse tipo de coisa se explicarmos a consciência como algo primariamente dependente do corpo físico, mas capaz também de provocar certas mudanças por si mesma. Se não aceitarmos esse papel para nossa consciência, muitos fenômenos serão difíceis de explicar.

## Consciência definida

Quando falamos de sensações e percepções, estamos falando exclusivamente de formas de vida sencientes. Claro que flores e plantas estão vivas, sua constituição química é semelhante a outras formas de vida e estão sujeitas a ciclos de vida, crescimento, morte e destruição. Mas, embora suas células estejam vivas, plantas não têm sensações ou percepções. Assim, quando falamos sobre sensibilidade ou consciência, creio que existe uma propriedade fundamental definidora comum a todas as formas de vida senciente, que é o movimento. Mesmo insetos minúsculos exibem esse tipo de movimento. Podem usar o poder de seus corpos para se mover de um lugar para outro. Uma planta pode se mover enquanto cresce e pode ser sacudida pelo vento ou pela chuva, mas não pode se mover *intencionalmente* de um lugar para outro. Assim, quando falamos de *seres sencientes*, estamos indicando que, somada às características básicas da vida, comuns a plantas e animais, há também a capacidade de se mover intencionalmente de um lugar para outro. A definição de um ser vivo senciente é aquele que possui consciência. O que quer que careça de consciência é classificado como não-senciente ou matéria inanimada.

A consciência é descrita em termos de sua função, que é conhecer ou ter ciência dos objetos. É descrita, portanto, como "clara e sabedora" ou "luminosa e conhecedora". Como explicamos isso? *Clareza* aqui refere-se ao surgimento claro das aparências para a consciência. Não faz qualquer diferença que essa percepção corresponda ou não à real natureza das coisas. Uma aparência particular surge para a consciência, junto com uma percepção de seus aspectos ou características. Essa aparência é sempre válida e direta. É isso que significa *clara* – o fato de que a aparência é refletida *claramente*. Uma vez que essa aparência tenha ficado clara, existe um "conhecimento", ou percepção, que apreende essa aparência, junto com seus vários aspectos.

Por exemplo, mesmo quando estamos ferrados no sono, em nossos sonhos temos todos os tipos de percepções diferentes, visões, sons, aromas, sabores e sensações táteis. No sonho, nossa consciência está ciente dessas incontáveis aparências e seus diferentes aspectos. Todas elas surgem para a consciência, que é a capacidade de clareza e cognição, e, à medida que as experiências aparecem, ficamos cientes de cada uma delas, junto com suas respectivas características.

Ao longo de nossas vidas, passamos de fato por vários níveis de consciência: do nível mais grosseiro da experiência sensorial ordinária ao nível mais sutil de consciência durante os sonhos, que opera independentemente das faculdades dos sentidos, e até o modo ainda mais sutil de consciência que predomina no sono profundo.

Quanto ao nível mais grosseiro de consciência, se tomarmos o exemplo de uma cognição visual, a mera interação da faculdade dos olhos com alguma forma visual não produzirá necessariamente uma percepção visual. É preciso haver também a *condição imediata*, significando que a mente não está distraída por pensamentos sobre alguma outra coisa. Se a mente estiver perdida em pensamentos, então o contato entre a faculdade visual e a forma não levará necessariamente a uma cognição visual. Por isso dizemos que, para se produzir um conhecimento ou percepção clara no qual formas externas sejam claramente percebidas, deve haver esse terceiro fator, a condição imediata.

Qualquer que seja o caso, qualquer ato de cognição ou consciência, do sutil ao mais grosseiro, deve ocorrer com base no fluxo contínuo da consciência mais sutil, que é por natureza clareza e cognição, a capacidade de estar ciente.

## A CONTINUIDADE DA MATÉRIA FÍSICA

Olhando o mundo externo à nossa volta, é claro que existem mudanças e transformações que ocorrem devido a causas e condições particulares, mas existe ainda algo que é como uma continuidade subjacente da substância ou matéria. Poderíamos pegar o exemplo de uma flor ou do corpo físico de qualquer ser vivo. A matéria física que constitui a flor ou nosso corpo faz parte dessa continuidade, em que cada instância depende do que veio antes, estendendo-se de volta no tempo até a formação do universo. O potencial para a flor deve ter estado presente nas partículas sutis que estavam presentes no começo do universo.

A cosmologia budista fala de quatro períodos diferentes, ou eras, na história de um sistema de universo particular: um período de formação, uma era de permanência, um período de destruição e um tempo de vazio entre dois universos. Durante o período de vazio, explica-se que as "partículas espaciais" subsistem. Essas partículas são como tijolos a partir dos quais toda matéria física de um novo universo é formada, inclusive os corpos físicos dos seres vivos. O que quer que tenha substância física deve ser proveniente de algo com características similares – em outras palavras, deve ser precedido por algo que também tenha substância física.

Se nos voltarmos para a consciência – que é imaterial, não possui forma física, cor ou formato e nada mais é do que a capacidade de experienciar –, ela também deve provir de algo semelhante a si mesma. A consciência altera-se na superfície, mas subjacente às alterações existe uma continuidade, a capacidade fundamental de clareza e conhecimento que surge de uma instância anterior da mesma capacidade.

Vamos retornar à continuidade da matéria. Podemos explicá-la usando um exemplo bem simples: esta flor aqui na minha frente. Ela veio de uma semente. A semente veio de outra flor, que veio de sua respectiva semente... e assim por diante. Podemos quase falar das "encarnações" prévias da flor. Em um nível sutil, existe uma continuidade única, mas é claro que ela passa por todos os tipos de manifestações. De acordo com causas e condições específicas, ela vai mudar sua aparência de uma "encarnação" para outra. Pode ter uma cor ou um tamanho diferentes. Mas, se tivéssemos condições de rastrear sua linhagem, encontraríamos a continuidade de uma espécie similar. É assim que a matéria inanimada evolui por meio de ciclos ininterruptos de matéria física, nos quais uma manifestação depende de uma manifestação similar precedente.

A despeito disso, o *continuum* físico não é responsável por nossa experiência consciente, a capacidade de sensação e percepção. Como vimos, o corpo físico que temos agora, que é o suporte para a consciência, baseia-se em causas precedentes de uma espécie similar e provém de uma continuidade de substância física presente desde a formação do universo. Mas é difícil podermos dizer que nossa consciência, embora dependa do corpo físico grosseiro, seja oriunda do mesmo *continuum* de matéria. Conforme expliquei anteriormente, é muito mais provável que a consciência venha de um *continuum* de consciência sutil.[20]

## Graus de sutileza da consciência

Os diferentes graus de sutileza da consciência são determinados pela sutileza daquilo que a sustenta. Quanto mais sutil o suporte, mais sutil a consciência que dele depende. Por exemplo, a consciência desperta é relativamente grosseira e seu funcionamento baseia-se em um tipo mais grosseiro de energia do vento, ou *prana*. A consciência durante os sonhos é levemente mais sutil e se baseia em movimentos correspondentes mais sutis da energia do vento. Quando desmaiamos ou apagamos, existe apenas um leve movimento de energia do vento. Desse modo, creio que é possível justificar essas variações na consciência com base nas diferenças em seus respectivos sustentáculos.

Em todo caso, quando chegamos ao mais sutil dos níveis de consciência, ele ainda depende do corpo físico em certo grau, mas, quanto à essência real, é distinto e independente. Esse nível é alcançado na experiência de certos meditantes. Claro que não acho que tudo que ouvimos sobre isso seja necessariamente verdade. Pode haver relatos falsos ou exagerados, mas algumas pessoas definitivamente alegam experienciar o que descrevem como um "corpo de sonho", bastante distinto do corpo físico ordinário. A mãe de uma pessoa que conheço teve esse tipo de experiência e por vários dias passou por uma "experiência fora do corpo", da qual deu uma clara descrição depois. Isso acontece. As pessoas experienciam viajar fora do corpo e conseguem descrever coisas que aconteceram longe de onde seu corpo físico ordinário foi deixado. Isso indica que a mente depende do corpo em grande parte, mas não exclusivamente. Ela pode funcionar de modo independente em certo nível – quando chegamos a um nível de consciência mais sutil. Nesse nível, a mente parece independente do corpo físico grosseiro.

## A CONTINUIDADE DA CONSCIÊNCIA

Portanto, se fôssemos resumir, existe uma continuidade de tipo semelhante no caso da matéria inanimada. No que se refere aos seres sencientes, existe uma continuidade da substância física que compõe o corpo físico. Contudo, a consciência que se identifica com esse corpo físico precisa ser justificada em separado. Se não fosse assim, compartilharíamos as mesmas experiências conscientes de nossos pais. Nossos corpos físicos desenvolveram-se do óvulo e do espermatozóide de nossa mãe e nosso pai, ou, em outras palavras, dos corpos deles. Se nossa consciência também surgisse da mesma substância física, seria a mesma que a de nossos pais. Compartilharíamos a mesma experiência. Mas não é assim.

Desse modo, no caso de nosso corpo físico, podemos dizer que é similar à matéria inanimada, na medida em que ocorre com base em um *continuum* de substância física que retrocede no tempo. Mas temos que dizer que a consciência que depende desse corpo físico é diferente.

Se tentarmos apontar a origem exata da continuidade da matéria física, isso será extremamente problemático. Do mesmo modo, é muito difícil postular um começo exato para a consciência, que é definida pela clareza e pelo conhecimento, a capacidade básica para a experiência. Se fôssemos postular um começo para a matéria física ou para a consciência, é provável que vinculássemos sua origem a algo de natureza diferente. Ou a vinculássemos a uma origem sem causa. Ambas as possibilidades são insatisfatórias e improváveis de resistir à investigação lógica.

Quando aplicamos o rótulo de "ser vivo", o fazemos com base primeiramente na consciência. Os termos *ser humano* ou *animal* são usados para fazer uma distinção baseada a princípio no tipo de forma física. Mas, quando dizemos "ser vivo" ou "pessoa", estamos falando de uma coisa que tem capacidade de experienciar prazer e dor. Nossa noção de "eu" ou de individualidade pessoal relaciona-se inicialmente a nosso fluxo de consciência. Se apenas o corpo físico fosse a base desse senso de individualidade, bem poderíamos considerar objetos inanimados seres vivos. Portanto, é essa capacidade de sentir e perceber as coisas que separa os seres sencientes da matéria inanimada. É isso que faz a diferença.

No caso de um ser senciente, o "eu" ou senso de individualidade é identificado com o fluxo de consciência e, visto que não podemos postular um início para esse fluxo de consciência, não podemos igualmente falar de um começo do eu ou do indivíduo. Uma vez que nada é capaz de obstruir o fluxo de consciência, ele tampouco tem fim. De fato, o fluxo de consciência não tem começo nem fim. Assim, o indivíduo ou eu identificado com esse fluxo de consciência igualmente não tem começo nem fim.

Contudo, vemos que esse *continuum* dá espaço para um processo de transformação. O princípio é que existe uma continuidade, mas está sempre mudando. Tome-se como exemplo o corpo que temos nesta vida. Por certo que há uma continuidade, posto que se trata mais ou menos do mesmo corpo, independentemente da idade. Não obstante, tem lugar uma transformação. Dizemos que as pessoas são jovens; e, quando envelhecem e seus corpos mudam de aparência, dizemos que são velhas. Existem assim características que mudam, embora haja uma continuidade que nos permite juntar os diferentes estágios da vida de uma pessoa. Há ao mesmo tempo continuidade e transformação.

De modo semelhante, quanto ao fluxo de consciência, existe certa continuidade entre nossa juventude e nossa velhice. Ao mesmo tempo, há um estágio da vida em que não sabemos muita coisa e não aprendemos nada; depois um outro em que somos educados, e esse fluxo de consciência é enriquecido com conhecimento e experiência. Podemos, portanto, identificar diferentes estágios ou momentos no fluxo de consciência. De um ponto de vista mais amplo, podemos dizer que, assim como existe um estado de ignorância e um de conhecimento, pode haver também certas instâncias em que a consciência esteja ligada a um sustentáculo físico humano e outros estados em que esteja associada a outros tipos de forma física. Podemos falar também de diferentes estágios concernentes à qualidade do fluxo de consciência: pode estar obscurecido em graus variáveis e, de modo semelhante, a preocupação com emoções perturbadoras pode variar. Pode então haver estados de consciência, seja humana, animal ou de outros tipos, onde esses fatores mentais destrutivos vão diminuindo e desaparecendo lentamente, enquanto qualidades positivas e construtivas tornam-se predominantes. Portanto, é evidente que podemos ir de um estado para outro, do estado de ignorância e confusão que caracteriza os seres do mundo condicionado para um estado que se aproxima gradativamente da iluminação, até enfim atingirmos a iluminação – o conhecimento perfeito que caracteriza o estado de buda. Nossa consciência também manifesta a qualidade de continuidade e transformação.

CAPÍTULO 5

# Superando as causas do sofrimento

## As quatro nobres verdades

Existem duas observações que podemos fazer de nossa discussão até aqui:

• Existe uma discrepância entre nossa percepção e a realidade, posto que as coisas são naturalmente vazias de existência inerente e manifestam-se de modo dependente, conforme a lei da causalidade.
• Existe um eu ou indivíduo que é identificado com o fluxo de consciência e experiencia prazer e dor.

Essas duas observações conduzem-nos de forma bastante natural ao ensinamento do Buda sobre as quatro nobres verdades. O eu, identificado com o fluxo de consciência, tem capacidade de experienciar sensações – capacidade automaticamente acompanhada de aversão às sensações desagradáveis e desejo pelas prazerosas. Mas não basta simplesmente ter desagrado por dor e sofrimento, devemos removê-los ativamente e, pela eliminação do sofrimento, chegar à felicidade duradoura. As quatro nobres verdades mostram que é possível obter isso:

• A *verdade do sofrimento* refere-se a toda dor e sofrimento indesejados, que ocorrem como resultado de causas e condições e delas dependem. O que são essas causas e condições?

• Elas constituem o que referimos como a *origem do sofrimento*. Essa origem possui dois aspectos: (1) karma e (2) aflições mentais, ou emoções perturbadoras. *Karma* significa "ação"; emoções perturbadoras são estados da mente que motivam nossas ações, afligem-nos e invariavelmente impedem-nos de encontrar paz interior.

• Se eliminarmos esse tipo de sofrimento por completo, na *cessação do sofrimento* encontraremos felicidade verdadeira e duradoura.

• A felicidade genuína e duradoura, obtida ao nos livrarmos do que quer que tenha que ser eliminado, não é algo que vá acontecer por si. Só será efetuada pela criação das causas e condições certas ou, em outras palavras, pela aplicação de esforço. Como ela só pode ser obtida por meio de esforço, falamos sobre a *verdade do caminho*.

É assim que as quatro verdades são explicadas. Visto que dizem respeito à originação dependente, estão conectadas com a lei da causalidade: se buscarmos a meta da felicidade, precisamos identificar as causas que conduzirão à felicidade; se buscarmos evitar o sofrimento, precisamos identificar as causas que irão eliminá-lo. Quando dizemos que sofrimento é o *resultado* proveniente da origem que é sua *causa*, significa que é governado, como tudo o mais, pelas leis da originação dependente. Tudo acontece como resultado de causas e condições.

Portanto, a verdade sobre a origem do sofrimento possui dois aspectos – karma e emoções perturbadoras. Karma, ou ação, refere-se às ações executadas com uma motivação específica. Uma vez que existe o eu identificado com um fluxo de consciência, existem percepções e ideias e, com base nessas ideias, diferentes motivações. Os vários tipos de motivação criam suas causas e condições próprias e singulares; ações executadas com uma intenção particular criam novas condições adicionais elas mesmas, e estas então tornam-se parte do processo geral de causalidade. O essencial é que as ações desempenhadas com uma motivação particular influenciarão o processo da causalidade de uma maneira específica, e, porque a motivação por trás de uma ação é uma causa exclusiva dela mesma, diferentes tipos de motivação vão render diversos tipos de resultado.

Aquilo que motiva as ações que conduzem ao sofrimento são as aflições mentais.

## Superando as causas do sofrimento

### Três tipos de sofrimento

Quando discutimos o sofrimento no contexto da verdade do sofrimento, não estamos falando somente de sensações dolorosas. Sensações dolorosas são referidas como *sofrimento óbvio* ou *sofrimento do sofrimento*. Mas todos os nossos sentimentos maculados e ordinários de prazer ou felicidade são também, por sua própria natureza, sofrimento. Isso é conhecido como *sofrimento da mudança*. De onde vêm esses dois tipos de sofrimento? São os resultados do karma e das emoções perturbadoras, que os governam e controlam. Nossa escravidão ao karma e às emoções perturbadoras é conhecida como sofrimento difuso do condicionamento.

Todos esses tipos de sofrimento decorrem das ações samsáricas ordinárias positivas ou negativas. A propósito, existem também *ações imaculadas*, que não perpetuam a existência samsárica, mas formam uma categoria diferente. Se limitarmos nossa discussão às ações samsáricas ordinárias, elas encaixam-se em três tipos: não-meritórias, meritórias e as que são chamadas de *intransferíveis*.[21] Esses três tipos possíveis de ação funcionam como causas e condições, ditadas pela motivação particular com que são executadas.

Aqui, essa motivação é a origem do sofrimento – as três aflições de apego, aversão e ignorância. A raiz de tudo é a ignorância fundamental. Essa na verdade corresponde ao primeiro dos doze elos da originação dependente, *a ignorância que é confundida como natureza da realidade*. Essa ignorância é a base fundamental. Mas ainda por cima existe uma delusão adicional a respeito do mecanismo de causa e efeito, chamada de *ignorância confusa a respeito da causalidade*; é isso que nos leva a acumular ações *não-meritórias*, a seguir passar pelo sofrimento do sofrimento e por fim renascer nos reinos inferiores, onde essa forma de sofrimento é mais violenta e terrível.

Porém podemos ter algum entendimento sobre causa e efeito, de modo que estejamos livres da delusão adicional a respeito da causalidade, mas ainda vamos estar sob o poder da ignorância fundamental, que é confusa quanto à natureza da realidade em si. Nesse caso, podemos acumular ações *meritórias* ou *intransferíveis*, que enfim resultarão em renascimento nos reinos mais elevados de existência. Em outras palavras, tais ações vão ocasionar as condições maravilhosas dos reinos superiores; contudo, eles ainda estão dentro do domínio do sofrimento da mudança e, em particular, do sofrimento do condicionamento.

## IGNORÂNCIA CONFUSA QUANTO À NATUREZA DA REALIDADE

No fim, tudo isso acaba em ignorância ou delusão, significando a ignorância fundamental que é confusa quanto à natureza da realidade. A verdadeira natureza da realidade, ou "talidade", é o que anteriormente chamamos de *verdade absoluta*. Havíamos identificado dois níveis de verdade: o modo como as coisas parecem e o modo como elas verdadeiramente são. Aqui estamos falando não de como as coisas parecem, mas do jeito que são quanto à sua natureza última, absoluta. Assim, qual é a real natureza das coisas? Elas são vazias de existência intrínseca. Mas não é assim que as coisas nos parecem ou que as percebemos. Tudo – desde nossas experiências internas até os fenômenos do mundo exterior – parece-nos de algum modo existir de forma independente e por si. E a mente que os aceita pela aparência, como se possuíssem algum tipo de existência absoluta, é o que chamamos de *ignorância confusa quanto à natureza da realidade*.

Como vimos, esse apego deludido à existência verdadeira, que é a base fundamental para as aflições mentais, é um estado de mente equivocado. O modo como a mente percebe as coisas não é como elas são na realidade. Entretanto, não é uma simples questão de fracassar em reconhecer como as coisas realmente são. Embora na realidade as coisas sejam vazias de existência intrínseca, a mente ordinária percebe-as *como se elas tivessem* de fato alguma realidade intrínseca. Estamos lidando aqui com uma percepção que é completamente distorcida e equivocada.

Não poderia haver contraste mais marcante entre a mente de percepção equivocada que se agarra às coisas como se tivessem alguma realidade intrínseca e a mente que percebe a vacuidade da realidade intrínseca. São dois modos de percepção diametralmente opostos. Em geral, a tendência de perceber equivocadamente as coisas como reais está fortemente estabelecida em nossa mente, pois estamos muito familiarizados com ela. Parece quase natural ou instintivo. Mal vemos uma coisa, automaticamente pensamos: "Aquilo *está* realmente ali. Realmente existe". Mas é apenas nossa suposição. Quanto mais refletimos sobre a verdadeira natureza das coisas, menos claro esse tipo de suposição começa a parecer. E, quanto mais atentamente examinarmos as coisas, menos arraigada essa percepção equivocada ficará.

É verdade que reagimos quase que instantaneamente, dizendo a nós mesmos: "Claro que isso é real. Está aqui. De fato pode me fazer algum bem, ou mal. Funciona". Estamos simplesmente aceitando as coisas pela aparência e confiando no que parecem ser. Se essa fosse uma percepção acurada das coisas, quanto mais as investigássemos, mais clara se tornaria sua realidade. Mas não é esse o caso. Portanto, nossa percepção das coisas como reais ou existentes de modo inerente é fortificada unicamente pela familiaridade; uma vez examinada e posta à prova, não se sustentará. Pode apenas nos dar uma imagem de certeza, mas nunca uma convicção profunda e genuína.

A mente que percebe a ausência de realidade verdadeira nas coisas não estará de acordo com o modo como as coisas parecem, ao passo que, em contraste, a mente que toma as coisas como reais combina com a maneira como as coisas parecem. A despeito de que a percepção da ausência de realidade verdadeira simplesmente não pareça condizer com as aparências, quando se investiga e examina para ver se corresponde à real natureza das coisas, encontra-se uma certeza genuína. Assim, esses dois jeitos de perceber são fundamentalmente díspares entre si. Um deles é amparado por raciocínio válido, enquanto o outro não. E o que quer que seja amparado por raciocínio válido apenas ficará mais forte quanto mais nos acostumarmos a refletir sobre ele.

## Dois tipos de aflição, dois tipos de antídoto

Vamos voltar agora às aflições ou emoções perturbadoras. Podemos distinguir duas categorias separadas:

- aflições ligadas a visões distorcidas;
- aflições não associadas a visões ou crenças.

Raiva e desejo, por exemplo, estão entre as aflições que não se devem a visões distorcidas. A *visão do conjunto transitório*, visões extremas e visões erradas estão entre as aflições ligadas a visões distorcidas.[22] Elas também são, em seu conjunto, conhecidas como *inteligência deludida*, porque não têm o poder de engendrar um grau de certeza aparente sobre as coisas.

A divisão em dois tipos de aflição – as associadas com uma visão distorcida e as não ligadas especificamente à crença – naturalmente vai se refletir nos respectivos antídotos. Por exemplo, o antídoto para a raiva é a meditação sobre a bondade amorosa, e o antídoto para o desejo é a meditação sobre a repulsa. Ambas funcionam como antídotos porque são estados mentais completamente opostos às emoções perturbadoras em questão, e são o que chamamos de *antídotos confrontadores*. Quando meditamos sobre o amor como antídoto para a raiva, estamos suprimindo a raiva por meio do amor. É uma forma de confrontar a emoção, mas não é igual a um antídoto que elimine a emoção por completo.

Por consequência, são discriminados dois tipos diferentes de antídoto: antídotos que funcionam contra as emoções e antídotos que as eliminam. Nesse caso, o amor vai diminuir nossa raiva em certa medida, e por isso é um *antídoto confrontador*. Mas a raiz real de nossa raiva é a ignorância e a fixação na existência verdadeira, o que se resume à *inteligência deludida*. Por isso, para nos livrarmos da distorção de nossa própria inteligência e sabedoria, o antídoto que temos de aplicar é a sabedoria que é a realização do não-eu.

Nem a bondade amorosa, que é o desejo de que os seres possam ser felizes, nem a compaixão, que é o desejo de que possam ficar livres do sofrimento, são baseadas na realização do não-eu. É por isso que não podem erradicar os tipos de aflições conectadas às visões distorcidas.

## O POTENCIAL ILIMITADO DA MENTE

Ao mesmo tempo, existe outra dimensão que devemos entender. Amor, compaixão e realização do não-eu são todos qualidades da mente. São baseados na mente. Assim, são diferentes de vigor e força ou habilidades físicas, baseados no corpo. Ou, se considerarmos uma atividade como ferver água, o calor gerado baseia-se também em elementos materiais grosseiros. As qualidades da mente não dependem da matéria física grosseira. Isso significa que existe uma diferença importantíssima. Propriedades amparadas pela matéria física, como o calor da água ou nossa força e habilidades físicas, não podem ser desenvolvidas ao infinito, sendo restringidas pelas limitações da base física da qual dependem. Uma vez que a água seja tirada do fogo, esfria de novo e o calor desaparece; não continuará aumentando. Qualidades que dependem da consciência, de outro modo, podem ser desenvolvidas de forma infinita – o suporte em que se baseiam não se degenera e não tem começo nem fim. Isso significa que, se nos empenharmos e tentarmos cultivar certas qualidades da mente, elas vão persistir e continuar.

Claro que em nossa prática podemos desenvolver certas experiências positivas, mas, sem estabilizá-las por meio da familiaridade, não vão durar mais que uns poucos dias, semanas ou meses. Vão desaparecer como nosso vigor físico se não continuarmos treinando, ou como a água retirada do fogo. Mas, uma vez que consigamos obter alguma estabilidade, as qualidades que estamos tentando desenvolver em nosso treinamento se tornarão propriedades naturais de nossa mente, permanecendo então, mesmo sem qualquer esforço de nossa parte. É isso que significa desenvolver uma qualidade em sua plena extensão – chegar ao ponto em que uma propriedade tornou-se tão familiar que simplesmente está presente sem termos que aplicar qualquer esforço.

Nosso corpo físico envelhece e perde o vigor. A despeito de todos os cremes e pílulas anti-idade e tratamentos rejuvenescedores de todos os tipos, as rugas lentamente insinuam-se por nosso rosto e o cabelo fica grisalho. Independentemente do que fazemos para cuidar de nosso corpo, ele por fim envelhece, e nada podemos fazer para deter esse processo. No caso da consciência, existem certos estados da mente que se tornam familiares ao longo dos anos e prosseguem, mesmo que fiquemos velhos ou doentes. Se sempre fomos bem-dispostos e calmos, por exemplo, continuaremos a ser bem-dispostos e calmos mesmo na velhice. Assim, as qualidades do corpo físico um dia vão desaparecer, não importa quanto tentemos salvaguardá-las, mas as qualidades da mente, se realmente tivermos treinado e cultivado a familiaridade com elas, vão permanecer enquanto a mente em si perdurar. É por isso que dizemos que as qualidades da mente podem ser desenvolvidas infinita e ilimitadamente.

## IGNORÂNCIA E AFLIÇÕES SÃO PURIFICÁVEIS

A consciência em si, definida como "mera claridade e conhecimento", é inteiramente isenta de qualquer tipo de defeito ou falha. Quando ocorrem pensamentos discursivos, surgem apego e aversão em relação a objetos que vemos como bons ou maus. Mas o que está por baixo desses pensamentos é a mente que acredita que os objetos sejam reais como parecem ser. É aí que jaz o defeito.

Entretanto, a atitude de agarrar-se às coisas como reais não é uma propriedade inerente da mente. Se fosse, então a mente jamais poderia ficar livre de apego, aversão e ignorância. Mas não é esse o caso. A essência da mente, que é a capacidade de cognição e percepção, jamais é maculada por essas falhas. Como se diz: "A natureza da mente é clara luz".[23]

Por conseguinte, podemos dizer duas coisas:

- a natureza da mente é clara luz;
- as falhas são apenas temporárias.

Aqui, "temporárias" não implica que essas falhas não estivessem ali antes e tenham aparecido de repente. Significa que podem ser removidas pelo uso de antídotos poderosos e que de maneira alguma maculam a consciência no nível da capacidade básica de cognição e percepção.

O ponto-chave aqui é que a ignorância fundamental é purificável. Podemos dar fim a ela. E, dando fim à causa, isto é, à origem, também poremos fim ao resultado, que é o sofrimento. Em outras palavras, por termos estabelecido que a ignorância fundamental pode ser eliminada pela aplicação de um antídoto poderoso, isso implica que todo sofrimento indesejado que ela causa também pode ser eliminado. Basicamente, a sabedoria que realiza o não-eu é o antídoto poderoso para a ignorância que é a causa do karma e das aflições e de tudo que estes por sua vez produzem.

Em certo sentido, importa menos quais possam ser os efeitos de alguma coisa quando podemos empregar alguma força poderosa para destruir sua causa-raiz e assim eliminar os efeitos. Por quê? Porque os efeitos só podem ocorrer na dependência da causa. Aplicar um antídoto poderoso à causa vai livrar-nos dela e, uma vez que a causa seja eliminada, os efeitos devido a tal causa também vão cessar. É por isso que essa pode ser chamada de *a verdade da cessação*.

Em geral, a verdade da cessação está dentro de nosso fluxo mental; em particular, refere-se à maravilhosa qualidade de liberdade advinda da erradicação das aflições e das emoções perturbadoras. Afinal de contas, não queremos sofrer e, quando usamos um antídoto para nos livrarmos da causa do sofrimento, a liberdade que ele nos dá de fato é uma qualidade maravilhosa. É preciso, exatamente como acontece quando nos livramos de algo que realmente não queremos. É um bom sinal. Pode não ser o que chamaríamos de uma verdadeira sensação de prazer, mas de fato é a felicidade verdadeira e duradoura.

## AS QUALIDADES DE LIBERDADE E REALIZAÇÃO

Mencionamos antes que a qualidade de cessação e o caminho que a efetua são o que constitui *a joia do Dharma*. Progressivamente, em estágios, nos livramos dos obscurecimentos, começando com os mais grosseiros ou mais aparentes e aplicando antídotos mais poderosos regularmente. Primeiro, dirigimos os antídotos para quaisquer falhas que tenhamos em nossa mente, de modo que por fim não surjam mais. A seguir nos livramos até mesmo das tendências latentes dessas aflições. Desse modo, desenvolvemos gradualmente as qualidades de liberdade desses obscurecimentos, junto com suas sementes. Até conseguirmos todas as qualidades por termos nos livrado das aflições e de tudo que precisa ser eliminado, temos que continuar treinando em caminhos cada vez mais elevados.

Isso significa que existe um "estágio de treinamento" e por fim um "estágio sem treinamento adicional", quando eliminamos tudo que era preciso e realizamos uma das várias formas de despertar, sem necessidade de qualquer treinamento adicional. Conforme o Mahayana, quando atingimos a liberdade última não só das emoções perturbadoras, mas também dos obscurecimentos cognitivos sutis e das tendências habituais deixadas pelas emoções perturbadoras, este é o nível do estado de buda. Até esse estágio ser atingido, vocês têm que praticar, livrando-se dos obscurecimentos, começando com os mais grosseiros e mais aparentes, de modo que a liberdade dos obscurecimentos aumente desde aquilo que de início é uma leve liberdade até uma liberdade cada vez maior. E, a partir do momento em que efetivam pela primeira vez a verdade do caminho para ocasionar a cessação genuína de uma falha específica, vocês passam a ser considerados membros da "comunidade da Sangha daqueles em treinamento".

Assim, a união dessas duas correntes – a joia da Sangha, que são aqueles em treinamento, e a joia dos Budas, ou seja, aqueles que estão além do treinamento – provém do Dharma, significando os dois aspectos da cessação e do caminho. Quando falamos sobre a joia da Sangha e a joia dos Budas, não estamos fazendo uma distinção baseada em como eles parecem esplêndidos, ou quem está sentado no trono mais alto, ou mesmo em como os chapéus deles são elegantes! A joia da Sangha e a joia dos Budas são definidas quanto às qualidades imaculadas manifestadas em seus fluxos mentais. Portanto, a joia do Dharma é de fato a mais importante de todas. Pois, se existe a joia do Dharma, pode haver a joia da Sangha em treinamento e, se existe uma Sangha em treinamento, pode haver uma Sangha daqueles além do treinamento.

Se realmente pensarmos sobre isso, podemos vir a entender que a joia do Buda não se refere simplesmente a um grande personagem histórico, mas que deve ser definida quanto às qualidades: as qualidades de liberdade do que precisa ser eliminado e as qualidades de realização. Este é um entendimento-chave. É à luz disso que podemos ver que a joia do Dharma é a mais importante de todas. Baseada no Dharma, a Sangha vem a existir e, uma vez que o treinamento esteja completo e a liberação última seja atingida, cria-se a joia da Sangha além do treinamento ou, em outras palavras, a joia dos Budas.

Se fôssemos explicar o Buda simplesmente em termos do esplendor de sua aparência, ele tem uma protuberância na coroa, que é algo que nos falta. No resto, o Buda Shakyamuni era apenas um simples monge, como Nagarjuna, Aryadeva e seus seguidores. Assim, eles não pareceriam tão especiais comparados a muitos lamas de hoje, que de fato têm uma aparência muito esplêndida. Muitas vezes eu brinco que no passado recente do Tibete as pessoas costumavam julgar um lama ou um *tulku* conforme o número de cavalos e serviçais que tivesse em sua comitiva. Sempre que um lama chegava seguido por uma grande procissão, todo mundo pensava que deveria ser um grande mestre ou uma encarnação importante, ofereciam incenso e todos os tipos de presente e faziam grande estardalhaço. Mas, se aparecesse um simples peregrino, alguém verdadeiramente instruído e consumado, como Dza Patrul Rinpoche,[24] receberia no máximo um punhado de farinha de cevada tostada, mas no mais ninguém prestaria nenhuma atenção a ele. Porém, uma vez que ele tivesse partido para prosseguir seu caminho, se as pessoas dessem falta de alguma coisa, diriam: "Oh, aquele peregrino deve ter pego! Ele parecia furtivo!".

## As características do Dharma

Quando falamos das Três Joias – os três objetos de refúgio –, em geral as mencionamos na seguinte ordem: Buda, Dharma e Sangha. Isso reflete a ordem cronológica de aparecimento. O Buda, mestre dos ensinamentos, foi o primeiro a aparecer. Após atingir a iluminação, ele girou a roda do Dharma, de modo que ali apareceu o Dharma da transmissão. Seus discípulos puseram os ensinamentos em prática e manifestaram o Dharma da realização. À medida que gradativamente alcançavam a verdade do caminho dos sublimes, dos *aryas*,[25] a joia da Sangha veio a existir. Por isso falamos de Buda, Dharma e Sangha.

Quando dizemos Dharma, ou o ensinamento do Buda, entendemos que se refere principalmente ao *nirvana*, ou iluminação. De fato, poder-se-ia dizer que a característica que define o Buddhadharma é o nirvana, descrito como "a paz de passar para além da dor, a suprema liberdade das paixões". As práticas dos três treinamentos superiores de disciplina, meditação e sabedoria, que nos permitem alcançar o nirvana, também fazem parte do que vemos como Buddhadharma, mas nossa meta mais alta é atingir a liberação e o que se denomina bondade definitiva. Embora este permaneça nosso objetivo último, a fim de atingi-lo também buscamos obter um renascimento favorável nos estados mais elevados de existência,[26] mas este é apenas um objetivo temporário, um meio de obter condições que conduzam à meta última da bondade definitiva.

Como a obtenção desses três estados superiores é um objetivo temporário no caminho, os métodos para atingi-lo aparecem nos ensinamentos do Buda. Mas não acho que sejam o que realmente caracteriza o budismo. Em primeiro lugar, ensinamentos semelhantes sobre a obtenção de reinos superiores também podem ser encontrados em outras religiões. Tome-se, por exemplo, a instrução sobre abster-se de tirar a vida, incluída nos ensinamentos budistas na disciplina para evitar as dez ações negativas. É ensinado que devemos nos abster de tirar a vida dos outros, evitar pegar o que não nos foi dado, evitar má-conduta sexual e outras. Mas a abstenção de tirar a vida não faz parte apenas da prática budista. A injunção contra matar é encontrada em muitas outras religiões e até mesmo em leis seculares que não têm nada a ver com religião ou espiritualidade. Lembrem-se de que o Buddhadharma diz respeito, sempre e antes de mais nada, à liberação. Se vocês estão observando a disciplina sobre evitar as dez ações negativas de modo a conseguir um renascimento favorável, mas estão fazendo isso especificamente a fim de atingir a liberação, então torna-se Buddhadharma. É por isso que afirmo que o Buddhadharma diz respeito basicamente ao nirvana.

O que então é o nirvana? Quando dizemos que nirvana significa passar além da dor ou transcendê-la, isso indica basicamente transcender as causas de sofrimento, que são as aflições. Como vimos, todos os fenômenos são destituídos de existência verdadeira; agarrar-se a eles como reais é a ignorância que jaz na raiz do samsara e nos mantém dando voltas dentro da existência cíclica. A base ou fundação da liberação completa do samsara é o *nirvana natural*, que é o fato de todos os fenômenos serem *naturalmente* vazios de existência inerente. Desse modo, o motivo pelo qual é possível atingir o nirvana é que ele está de acordo com a real natureza das coisas, que chamamos de *nirvana natural*. Podemos conquistar liberdade completa do ciclo de existência samsárica, visto que o motivo de estarmos aqui é nossa delusão sobre a real natureza das coisas.

Devido ao nirvana natural, os outros tipos de nirvana são possíveis – o nirvana menor, tratado como *nirvana com resíduo* ou *nirvana sem resíduo*, e o nirvana maior ou chamado de *nirvana não-permanente*, que significa transcender tanto a existência samsárica quanto a quietude limitada do nirvana menor.[27]

Como vimos, podemos nos livrar das aflições pela aplicação de antídotos, o que significa que também podemos usar antídotos para nos livrar das tendências habituais deixadas pelas aflições.

A obtenção do nirvana também pode ser denominada *vitória sobre os quatro maras ou forças obstrutivas*, isto é, aflições, agregados, morte e desejo.[28] Quando nos referimos ao Buda como *Bhagavan* em sânscrito, ou *Chomdendé* em tibetano, isso se relaciona ao fato de que ele "subjugou (*chom*) os quatro e possui (*den*) as seis".[29] O ponto mais importante é que ele derrotou as forças obstrutivas. De fato, o Buda Bhagavan subjugou tanto as formas grosseiras quanto sutis das quatro forças obstrutivas. Os *arhats*, De outro modo, derrotaram somente as formas mais grosseiras dos quatro *maras*. Entre as quatro forças obstrutivas, a mais formidável de todas é a força obstrutiva das aflições. É basicamente por causa dela, por exemplo, que ficamos sob o controle da força obstrutiva do Senhor da Morte.

Portanto, reconhecer as aflições como nosso inimigo real, aplicar antídotos para elas e vê-las não como algo a que se entregar, mas algo a superar – estas são as características marcantes do Buddhadharma. Isso é budismo. Alguém que não considera as aflições inimigas, mas entrega-se a elas, não pode ser classificado como praticante genuíno do Buddhadharma.

Em todos os diferentes veículos dos ensinamentos – "os veículos que conduzem a partir da origem", "os veículos do ascetismo védico" e "os veículos dos supremos e poderosos métodos transformadores"[30] –, temos que aplicar antídotos para as aflições. Existe uma diferença na maneira como esse antídoto é aplicado: ou as emoções são confrontadas diretamente, ou transformadas por meios hábeis para ajudar na efetivação do bem-estar dos outros, ou liberadas pelo reconhecimento de sua natureza. Porém todas as várias abordagens são parecidas ao considerar as aflições algo a ser superado pelo uso de antídotos.

Assim, como podemos ver, o Buddhadharma diz respeito primeiramente a reconhecer as aflições como nosso inimigo real e aplicar antídotos para elas. Pois, quando dizemos que o Buddhadharma tem a ver com a obtenção do nirvana, o que nos impede de atingir o nirvana? As aflições. Por isso elas têm que ser derrotadas e superadas. Ao dizermos que o nirvana é o objetivo último, devemos não só reconhecer as aflições que nos impedem de alcançá-lo, mas também ficar peritos em como elas funcionam. Assim, aplicando esse entendimento recém-descoberto sobre seu funcionamento, devemos tomar cuidado para não sucumbir ou ceder a elas de jeito nenhum.

## Três estágios de superação das aflições

O modo de treinar enquanto se está no caminho foi explicado pelo grande mestre Aryadeva, principal discípulo de Nagarjuna, em seus *Quatrocentos versos sobre o caminho do meio*:

> De início, afaste-se da não-virtude,
> No meio, dissipe concepções equivocadas sobre o eu,
> Finalmente, vá além de todas as visões –
> Aquele que entende isso de fato é sábio.[31]

### 1. AFASTANDO-SE DA NÃO-VIRTUDE

Nosso foco primário é a obtenção da bondade definitiva, mas o que nos impede de atingi-la são os obscurecimentos emocionais. Contudo, não podemos simplesmente aplicar os antídotos a essas aflições e removê-las de imediato. Precisamos praticar vida após vida a fim de conquistar total liberdade; assim, a primeira coisa que precisamos é assegurar um renascimento positivo como base para a prática. É por isso que começamos pela prática da disciplina de evitar as dez ações insalubres, como meio de alcançar os estados superiores de existência. A "não-virtude" da primeira linha da citação significa as dez ações negativas ou insalubres. Devemos nos afastar dessas ações não-meritórias, o que significa evitar a conduta negativa motivada pelas aflições. Como resultado, renasceremos nos estados superiores de existência. Este é o primeiro estágio.

### 2. DISSIPANDO CONCEPÇÕES SOBRE UM EU

No segundo estágio, visto que a liberação é conquistada pela aplicação de antídotos para as aflições, precisamos nos tornar hábeis em lidar com as aflições. Claro que existem muitos tipos diferentes e poderíamos aplicar um antídoto específico para cada um. Como vimos antes, existem antídotos que desafiam as emoções frontalmente, esmagando-as ou reduzindo sua intensidade por um tempo, mas não nos permitem erradicar as aflições por inteiro. Se olharmos para o que realmente jaz na raiz de uma aflição, aplicarmos o antídoto a essa causa fundamental subjacente e a removermos, vamos verificar então que o mesmíssimo antídoto pode automaticamente obstar todas as outras aflições, sejam grosseiras ou sutis. Portanto, na raiz de nossas aflições está nossa fixação deludida na existência verdadeira, e o texto diz: "No meio, dissipe concepções equivocadas sobre o eu". Em outras palavras, temos que eliminar a fixação no eu meditando sobre a sabedoria que realiza o não-eu.

### 3. INDO ALÉM DE TODAS AS VISÕES

A terceira linha de Aryadeva – "Finalmente, vá além de todas as visões" – indica que devemos nos livrar não somente das aflições, mas também das tendências habituais que elas criam. Livrar-nos apenas das aflições é o bastante para alcançar o nível de bondade definitiva que é a liberação, mas não basta para atingir o nível último de bondade absoluta, que é a onisciência completa. Para alcançar a onisciência, precisamos limpar os obscurecimentos que obstruem o conhecimento de tudo que é para ser conhecido. É por isso que o verso diz "vá além de todas as visões", significando que devemos cultivar a visão da vacuidade, acompanhada por uma vasta acumulação de mérito, como antídoto para os obscurecimentos cognitivos. Significa que devemos eliminar por completo todas as visões distorcidas, junto com suas tendências habituais. Finalmente, Aryadeva diz que, se você pratica dessa maneira, "de fato é sábio".

## Veículos maiores e menores

Portanto, existem dois tipos de obscurecimentos que precisamos eliminar: emocionais e cognitivos. A abordagem que enfoca o abandono apenas dos obscurecimentos emocionais – quando você se liberta deles e, com isso, atinge a liberação em nível de *arhat* unicamente para si mesmo – é conhecida como *Veículo Menor*. Corresponde ao veículo dos shravakas e ao veículo dos pratyekabuddhas. Esta é a abordagem que prioriza a busca da liberação apenas para si mesmo e é o caminho chamado de Hinayana.

Existe outra abordagem, que toma essa primeira abordagem como base, mas vai além e aplica o antídoto para os obscurecimentos cognitivos, incluindo as tendências habituais deixadas pelos obscurecimentos emocionais. Esta é a abordagem que busca o nível último de onisciência e o estado de buda e é chamada de *Veículo Maior*, ou Mahayana. Em ambos os casos, a palavra veículo implica um meio para se percorrer o caminho.

Quando falamos de veículos maior e menor, isso se baseia na escala de motivação envolvida, na extensão da conduta a ser praticada e na magnitude do resultado a ser obtido. O termo *veículo menor* não é usado nos ensinamentos do Veículo Menor em si; ocorre apenas nos textos do Veículo do Bodhisattva, por causa das diferenças deste quando comparado com o Veículo Básico – a vastidão da motivação, a vastidão de condutas como a generosidade e a vastidão de seu resultado. É por parecer menor mediante a comparação que o Veículo Básico é chamado de Veículo Menor.

Entretanto, o termo *veículo menor* não pretende ser derrogatório de maneira alguma. Às vezes pode parecer que nós, como seguidores do Veículo Maior, estamos alegando superioridade e menosprezando o Veículo Básico como inferior.

As pessoas até podem fazer esse tipo de julgamento a respeito da escola Theravada. Mas a questão não é essa em absoluto. O Theravada deriva do Sthaviravada, um dos principais grupos em que as 18 escolas originais budistas se dividiram.³² Seria um erro grave ver essa escola como inferior sob qualquer aspecto. De fato, o caminho ensinado nas escrituras do Veículo Básico é a fundação para o caminho ensinado nos textos do Veículo do Bodhisattva. A abordagem Mahayana é baseada nos ensinamentos dos shravakas; de modo algum é um caminho inteiramente separado.

De acordo com sua classificação, existem três veículos: dos shravakas, dos pratyekabuddhas e dos bodhisattvas. Mais simplesmente, pode-se identificar dois veículos: o Veículo Básico e o Mahayana. Dentro do Mahayana, existem o veículo causal das perfeições transcendentes e o veículo *vajra* resultante do mantra secreto, ou Vajrayana. No Tibete, a Terra das Neves, encontrava-se o espectro completo dos ensinamentos do Buda, ou seja, o Veículo Básico, o Mahayana e o Vajrayana.

Conforme diz o texto do *Guhyasamaja Tantra*:

> Externamente, mantenha a disciplina dos shravakas,
> Enquanto internamente deleite-se na prática do Guhyasamaja.

Como indica a citação, existe a tradição de aderir à disciplina do Vinaya na conduta externa, seguindo o caminho do bodhisattva internamente e aplicando o Vajrayana secretamente. Dessa maneira, um indivíduo pode praticar o Veículo Básico, o Mahayana e o Vajrayana ao mesmo tempo.

## AS TRÊS SABEDORIAS

Ao reunirmos os três níveis dos ensinamentos dessa forma, devemos combinar também os caminhos de estudo e prática. É como se diz:

> Erudição não garante santidade,
> Nem santidade garante erudição.

Isso significa que devemos começar pelo estudo, de modo que, sabendo as características do caminho que pretendemos praticar, estejamos preparados para quaisquer ciladas em potencial e tenhamos um entendimento claro e cabal de tudo que ele acarreta. Isso decorre de estudar os textos e receber ensinamentos e explicações de nossos professores e amigos do Dharma, de modo a desenvolver a *sabedoria nascida do estudo*. Então podemos usar essa percepção ou inteligência para refletir sobre o que aprendemos. Foi Tsongkhapa que assinalou:

> Examinando por completo, dia e noite,
> Com raciocínio quádruplo, o significado daquilo que ouvi,
> Possa eu banir qualquer dúvida com o discernimento perspicaz
> Nascido de tal contemplação.[33]

Quando investigamos e pensamos profundamente sobre o que ouvimos, depois de um tempo começamos a entender por nós mesmos os pontos principais dos ensinamentos e adquirirmos confiança em sua verdade e validade. Essa confiança baseia-se em nosso próprio processo de reflexão e no que entendemos por nós mesmos. É bastante diferente de um conhecimento teórico e de uma confiança incondicional no que é dito nos textos e ensinamentos. É nesse ponto que começamos a nos dizer: "Ah, isso é realmente verdade. É assim mesmo". Isso é conhecido como *sabedoria nascida da reflexão*.

Se nada temos além da sabedoria nascida do estudo, podemos ter algum entendimento, mas esse entendimento não será estável. Por exemplo, se ouvirmos algo que não tínhamos ouvido antes, ficaremos confusos. Contudo, uma vez que a sabedoria do estudo tenha evoluído para a sabedoria nascida da reflexão, teremos mais confiança e certeza por termos pensado profundamente por nós mesmos. Então, mesmo quando ouvirmos algo que não tenhamos ouvido antes, estaremos em condição de refletir a respeito e comparar com nosso entendimento pessoal. Não seremos imediatamente jogados em um estado de confusão nem começaremos a duvidar de tudo que ouvimos antes. Se tivermos realmente pensado sobre os pontos principais dos ensinamentos e chegado a algum entendimento sobre eles, seremos capazes de refletir sobre qualquer outra coisa que ouçamos à luz desse entendimento. Seremos capazes de colocar à prova o que quer que ouçamos e de julgar por nós mesmos se é válido ou equivocado. Teremos confiança para fazer isso. É o que chamamos de *sabedoria nascida da reflexão*.

À medida que meditamos mais e mais sobre os tópicos de reflexão que entendemos serem verdadeiros, nosso entendimento cresce em clareza, até que por fim torna-se uma confiança e certeza inabaláveis. Esta é a *sabedoria nascida da meditação*.

Isso mostra a importância de combinar estudo, reflexão e meditação. Primeiro devemos estudar os textos; isso é vital. Depois precisamos pensar profundamente sobre o que estudamos. Por fim, devemos integrar nosso entendimento em nossa experiência por meio da prática, de modo que realmente nos toque e tenha um efeito profundo. Assim é a tradição conforme era praticada no Tibete no passado.

## Níveis de experiência aprofundados

Também podemos ver como esse processo resulta em níveis de experiência cada vez mais profundos. Primeiro, refletimos repetidamente sobre o que estudamos. Depois, à medida que adquirimos certa confiança estável em nosso entendimento pessoal por meio do processo de reflexão, em algum momento percebemos que, familiarizando-nos com esse entendimento por meio da meditação, seremos capazes de transformar nossas mentes. Dizendo de outra forma, damo-nos conta de que meditando seremos capazes de adquirir por nós mesmos as qualidades de realização mencionadas nos ensinamentos. Isso é conhecido como *dominar experiências*.

Ao continuarmos no processo e nos familiarizarmos progressivamente com esse entendimento, chegaremos a um ponto em que, ao praticarmos bem, seremos capazes de transformar nossa mente, de modo a realmente experienciar o que é mencionado nos textos. Contudo, sempre que não nos aplicarmos deliberadamente à prática, essas qualidades já não estarão ali. Esse é conhecido como o estágio da *experiência por meio do esforço*.

Por fim, ao continuarmos a integrar nosso entendimento por meio da prática repetida e da reflexão cada vez mais profunda, chegaremos a ponto em que nossa mente poderá ser transformada de modo automático, sempre que formos confrontados com as condições apropriadas, sejam boas ou más. É o estágio onde desfrutaremos da *experiência livre de esforço*.

## Dissipando concepções equivocadas

Além disso, podemos pensar que nesse processo também podemos dissipar concepções equivocadas. Bem no início temos uma convicção precisa do que na verdade é um ponto de vista errôneo e deludido. Mas nem sequer a questionamos. Apenas acreditamos que seja assim. Contudo, se começarmos a questionar esse ponto de vista, nossa convicção se reduzirá e começaremos a duvidar. De fato, existem três tipos de dúvida: dúvida incorreta, dúvida incerta e dúvida correta. A primeira envolve começar a pensar sobre a verdade, mas ainda duvidando de que esteja correta. A segunda é mais aberta, mas ambivalente e insegura quanto ao que é correto ou incorreto. A terceira é quando começamos a acreditar na verdade.

O estágio seguinte, além da dúvida, é atingido quando adquirimos algum entendimento por meio de análise e investigação. Começamos a acreditar realmente na verdade. Mas ainda não temos a confiança que vem da contemplação usando lógica genuína. Contudo, aplicando raciocínio lógico, por fim chegaremos à cognição válida por meio do que é conhecido como *inferência válida*. Isso ocorre quando olhamos algo de todos os ângulos concebíveis e, tendo excluído qualquer alternativa possível, chegamos à firme conclusão de que "é isso aí", aquela é a única possibilidade. Com isso, adquirimos confiança completa na validade de nossa conclusão. Se continuarmos a meditar sobre tal entendimento, ele se transformará em uma experiência clara, não-conceitual, e é o que chamamos de *percepção válida direta*.

# PARTE 2

# ENCONTRANDO CONFORTO E SOSSEGO NA MEDITAÇÃO SOBRE A GRANDE PERFEIÇÃO

CAPÍTULO 6

# A ANTIGA TRADIÇÃO DOS NYINGMAPAS

Todo o espectro dos ensinamentos budistas, consistindo no Veículo Básico, Mahayana e Vajrayana, existiu no Tibete. Ao longo do tempo, conforme as épocas históricas e a localização geográfica específica, diferentes tradições vieram gradativamente a existir. Todos os mestres dessas tradições transmitiram o ensinamento completo do Buda, mas, à medida que as tradições se espalharam, desenvolveram-se leves diferenças de ênfase. Com base na época de seu surgimento, falamos das tradições antiga (*nyingma*) e posteriores (*sarma*). Estas últimas incluem diversas escolas: as velhas Kadampas, Sakyapas, Kagyupas, Jonangas e Novas Kadampas, também conhecidas como Gelukpas. Cada uma dessas escolas incorpora os ensinamentos completos do Veículo Básico, Mahayana e Vajrayana; é comum a todas combinar a abordagem de sutra e tantra; e todas seguem a tradição filosófica do Caminho do Meio, ou Madhyamaka.

O texto que estamos prestes a abordar, e com o qual estabeleceremos uma conexão, pertence à escola da tradução antiga Nyingma. Originalmente eu não pretendia basear meu ensinamento em um texto, pois pensei que seria melhor falar de modo mais geral sobre Dzogchen e Mahamudra. Mas, pensando bem, decidi que, no fim das contas, poderia ser melhor e mais completo se ensinasse a partir de um texto. O que escolhi foi composto pelo onisciente Longchen Rapjam. Ele foi um autor prolífico, e suas obras, como *Os sete tesouros*, vão desde o muito detalhado e elaborado até o marcadamente sucinto. *Encontrando confor-*

*to e sossego na meditação*, que pertence à *Trilogia sobre encontrar conforto e sossego*, é uma de suas obras mais concisas. Meu plano é receber de Kyapjé Trulshik Rinpoche as transmissões de todos os *Sete tesouros* de Longchen Rapjam neste inverno, mas no momento estou recebendo a transmissão de *Encontrando conforto e sossego na meditação*, e achei que seria apropriado compartilhar uma explicação do texto com vocês.

Como mencionei antes, visto que erudição não é garantia de santidade, e ser santo não é garantia de erudição, em todas as tradições tibetanas – Sakya, Geluk, Kagyu e Nyingma – afirma-se que uma pessoa santa deve corporificar as três qualidades de erudição, disciplina e bondade.[34] Ao longo da história tibetana, invariavelmente todos os maiores mestres, santos e eruditos de todas as escolas – que deram uma contribuição destacada aos ensinamentos – combinaram em si tanto a erudição quanto a realização. Se tomarmos a escola Nyingma, um exemplo é Rongzom Chökyi Zangpo, um mestre inacreditavelmente culto. Foi um erudito extraordinário, que cresceu mais ou menos na época em que o Senhor Atisha foi ao Tibete.[35] Recebi a transmissão de seu comentário para *O tantra da essência secreta*, chamado *Entrada para o caminho do Mahayana*. Rongzom Chökyi Zangpo foi um dos maiores eruditos e, ao mesmo tempo, era excepcionalmente culto e realizado.

De modo semelhante, o onisciente Longchen Rapjam, que viveu antes de Tsongkhapa e na mesma época que Butön Rinchen Drup,[36] também era extremamente instruído, como se pode ver pelo *Sete tesouros*. A obra revela notável amplitude de saber, englobando todos os aspectos dos ensinamentos, desde o sutrayana e campos ordinários do conhecimento até os mais elevados níveis do tantra. Poucos séculos depois veio o onisciente Jikmé Lingpa, que, ao que parece, pode não ter estudado tanto em termos formais, mas possuía naturalmente muitas qualidades nobres e pela prática fez com que sua sabedoria e inteligência inatas aflorassem. Compôs *O tesouro das qualidades preciosas* e seus dois autocomentários, conhecidos como "as duas carruagens" – *A carruagem para a onisciência* e *A carruagem das duas verdades*, que incluem numerosas referências às escrituras clássicas.

Houve muitos mestres cultos na tradição Nyingma, e nos tempos recentes, especialmente no leste tibetano, apareceram alguns professores verdadeiramente destacados. Mipham Choklé Namgyal[37] é, claro, bem conhecido por todo mundo, mas aquele que tenho em alta consideração de uma forma especial é Dodrup Jikmé Tenpé Nyima. Acho suas obras simplesmente estarrecedoras. São realmente incríveis. Não enchem muitos volumes, mas são de um padrão muito elevado. Na minha opinião, possivelmente são maiores até que as obras do onisciente Mipham na maneira de explicar as sutilezas dos ensinamentos e deslindar os pontos difíceis. Dodrup Jikmé Tenpé Nyima era simplesmente espantoso!

Entre seus estudantes havia um grande professor chamado Tulku Tsullo, ou Tsultrim Zangpo, monge plenamente ordenado e erudito notável. Escreveu um extenso comentário deveras excepcional sobre a *Verificação dos três votos*, de Ngari Panchen Pema Wangyal, bem como manuais de instrução sobre o Dzogchen e um comentário sobre *A prece de aspiração de Kuntuzangpo*.[38] Parece que muitas de suas obras mal haviam sido concluídas quando começaram os problemas no Tibete e, embora tenham sido feitas fôrmas de impressão, elas foram trocadas de ordem. Apenas recentemente recebi uma cópia do conjunto de suas obras contendo o que havia sido recuperado até então e compilado em uma coisa só.[39] O fato é que houve muitos praticantes extraordinariamente cultos na escola Nyingma das antigas traduções no Tibete.

## Equilibrando estudo e prática

Às vezes encontra-se a ideia de que os praticantes Kagyüs do Mahamudra ou os praticantes Nyingmas do Dzogpachenpo não necessitam estudar os grandes tratados clássicos. Existe uma noção de que isso é mais da alçada dos Sakyapas e Gelukpas. As pessoas tendem a pensar que a prática principal para praticantes de Mahamudra e Dzogchen é apenas sentar em meditação e parecer, como o Quinto Grande Dalai Lama observou, uma estátua inanimada. Mas isso é incorreto. Seria igualmente incorreto pensar que as abordagens Sakya e Geluk não tratam de nada além de estudo. Pois estudo apenas não basta; é essencial integrar o que quer que se tenha aprendido aplicando-o na prática. Do contrário, como brinco muitas vezes, existe o perigo de se acabar como o geshe da famosa história, que era muito culto em debate, mas não permitia que os ensinamentos penetrassem em seu caráter básico. Ele acabou renascendo como um fantasma com cabeça de jumento! Assim, uma abordagem escolástica por si só não é suficiente; precisamos integrar o significado do que quer que tenhamos aprendido.

Conforme disse Gungthang Tsang:[40]

> Instruído, graças ao estudo de muitos ensinamentos e investigação destes em grande detalhe,

Venerável, graças à aplicação do significado do que aprendeu ao seu fluxo mental,
Bondoso, graças à dedicação de tudo isso em favor dos ensinamentos e dos seres.

De acordo com o que isso indica, é importante combinar as três qualidades – erudição, disciplina e bom coração. E Tsongkhapa escreveu:

Destituído do Dharma, embora você tenha ouvido muitos ensinamentos –
Esse é o equívoco de não prestar atenção aos ensinamentos como um conselho pessoal.[41]

Conforme ele destaca, precisamos nos aplicar com diligência à prática, tomando todos os ensinamentos como conselho pessoal, em vez de simplesmente deixar tudo no nível da teoria acadêmica.

Claro que a história fala de grandes praticantes dos ensinamentos do Mahamudra e do Dzogchen que não estudaram nada dos textos clássicos e não obstante, devotando-se à prática de meditação com excepcional diligência e "erguendo a bandeira da vitória da prática espiritual", atingiram níveis muito altos de realização. Tais praticantes eminentes de fato existiram, mestres como Milarepa, o grande senhor dos yogues. Mas foram indivíduos que já haviam treinado no passado e cujas predisposições kármicas então despertaram. Não eram como nós, que mal fizemos qualquer coisa até agora! Se tentássemos praticar e fazer o mesmo progresso que eles sem, como se diz, "acender a lamparina do estudo", acho que seria extremamente difícil.

## As abordagens geral e individual

Alguns eruditos traçaram uma distinção entre a abordagem mais geral relacionada aos ensinamentos como um todo e a abordagem que é mais específica de certos indivíduos. De um ponto de vista mais geral, é de vital importância adquirir algum entendimento dos ensinamentos como um todo estudando as obras de mestres como *Os seis ornamentos* e *Os dois supremos*.[42] Como um exemplo de ensinamentos dados para indivíduos específicos, podemos pensar em Milarepa e em como ele ensinava seus discípulos que já haviam atingido um alto nível de realização, com uma instrução em poucas palavras que despertava o potencial deles.

Para um mestre como Milarepa, que possuía a habilidade de ler a mente dos outros, não havia necessidade de apresentar as coisas de forma mais geral. De modo direto, ele podia dar uma instrução talhada especificamente para um indivíduo particular. Muitas de suas canções de realização são assim, condensam uma instrução em poucas palavras e conseguem transmitir a experiência em si diretamente, sem necessidade de uma explicação elaborada.

Quando um tal conselho curto e grosso é dado conforme as necessidades específicas de um estudante, ele pode facilmente ocasionar experiência e realização genuína em sua mente. Saraha e muitos dos grandes siddhas da Índia ensinavam exatamente dessa forma, por meio de canções de realização, ou *dohas*. Essas canções enquadram-se melhor na categoria de ensinamentos para indivíduos específicos, enquanto as obras de Nagarjuna e Aryadeva, Asanga e Vasubandhu, Shantideva, Dignaga, Dharmakirti e outros representam apresentações mais gerais dos ensinamentos em sua totalidade, que pretendem instilar um entendimento global.

Esse mesmo princípio é válido para todas as quatro escolas do budismo tibetano. Cada uma tem um método mais geral, que apresenta os ensinamentos como um todo, e um método específico que atende o indivíduo. Se considerarmos a escola Kadam, por exemplo, esta possui três tradições de ensinamento: Kadam escritural, caminho gradativo Kadam e instrução essencial Kadam. Creio ser possível dizer que a instrução essencial Kadam está mais relacionada à abordagem específica para o indivíduo, ao passo que a Kadam escritural, baseada nas instruções retiradas dos grandes textos clássicos, permanece mais na abordagem geral dos ensinamentos.

O que acabei de explicar é um ponto importante e que precisa ser entendido. Do contrário, podemos dizer coisas como: "Sou um Kagyüpa, sou um Nyingmapa, não preciso tanto de estudar livros, vou apenas me concentrar em adquirir os resultados da prática, os siddhis, agora mesmo". Claro que é possível que alguém possa adquirir resultados com uma atitude assim, mas vocês precisam tomar o maior cuidado possível. Do contrário, há o perigo de não fazerem ideia de como esses resultados vão aparecer.

De outro modo, podemos estudar os grandes textos clássicos e ficar totalmente perdidos em palavras, de maneira que, na verdade, não tiramos nenhum benefício deles, mas em vez disso ficamos orgulhosos de nós mesmos e nos sentimos competitivos em relação aos outros. E, quando não sabemos muita coisa, não é o momento de nos lançarmos contra os outros ou ficarmos convencidos. Só quando realmente sabemos algo com certeza podemos nos dar ao luxo de sentir um pouco de orgulho de nós mesmos! Caso contrário, não há motivo para ser presunçoso. Contudo, isso acontece; quando as pessoas pensam que sabem algo, podem ficar muito cheias de si. Isso é conhecido como "rebaixar os deuses ao nível dos demônios"[43] ou transformar remédio em veneno.

Voltando ao que disse antes: erudição não é garantia de santidade, assim como ser santo não é garantia de erudição; portanto, nossa prioridade deve ser combinar as três qualidades de erudição, disciplina e bom coração.

# CAPÍTULO 7

# A SINGULARIDADE DA GRANDE PERFEIÇÃO

## ENCONTRANDO CONFORTO E SOSSEGO NA MEDITAÇÃO SOBRE A GRANDE PERFEIÇÃO

Chegamos agora a *Encontrando conforto e sossego na meditação sobre a Grande Perfeição*, do onisciente Longchen Rapjam. Tradicionalmente, dizemos que houve três emanações de Manjushri, o Buda da Sabedoria, no Tibete: Longchen Rapjam, Sakya Pandita e Tsongkhapa. No início da década de 1960, época em que apenas uns poucos mosteiros haviam sido reconstruídos na Índia, um pequeno templo foi erguido por Drakyap Rinpoche[44] em Bylakuppe, no sul da Índia. Ele me contou que dentro do templo havia colocado estátuas daquelas três emanações de Manjushri. Achei maravilhoso, porque Longchen Rapjam, Sakya Pandita e Tsongkhapa são universalmente reconhecidos entre os maiores eruditos da tradição tibetana.

O título desse texto é *Encontrando conforto e sossego na meditação sobre a Grande Perfeição*. O título é dado primeiro em sânscrito: *Mahasandhi Dhyana Vishranta Nama*. O texto não é originário da Índia, foi composto por Longchen Rapjam em tibetano, mas, ao fornecer o título em sânscrito, ele está indicando que os ensinamentos têm origem nos sutras, tantras e ensinamentos dos grandes mestres indianos do passado.

A respeito do título, *Encontrando conforto e sossego na meditação sobre a Grande Perfeição*, existem muitas maneiras de explicar a Grande Perfeição,

Dzogpachenpo. Uma delas, por exemplo, é por meio da base, caminho e fruição do Dzogpachenpo. Entretanto, a forma mais importante de entender a Grande Perfeição é em termos de "essência, natureza e energia compassiva", pela qual a essência é pureza primordial e a natureza é presença espontânea. Muito simplesmente, isso se refere ao fato de que todos os fenômenos do samsara, nirvana e do caminho são, por sua própria natureza, a percepção de rigpa, que é o Buda Primordial Samantabhadra e jamais estão fora da vastidão primordial do estado de buda. A percepção de rigpa, que é Samantabhadra, é a mente inata e fundamental de clara luz.

## TOMANDO A SABEDORIA PRIMORDIAL COMO CAMINHO

Na tradição Nyingma, ensina-se uma sequência de nove veículos: os veículos dos (1) shravakas, (2) pratyekabuddhas e (3) bodhisattvas; os três tantras externos de (4) kriya, (5) upa e (6) yoga tantra; e os três tantras internos de (7) mahayoga, (8) anuyoga e (9) atiyoga. Os primeiros oito veículos, até anuyoga, são sistemas baseados na mente ordinária. É dito que tomam a mente ordinária como caminho. O nono veículo, atiyoga, que corresponde ao Dzogpachenpo, toma a sabedoria primordial como caminho.

Existem muitas maneiras de interpretar o termo *sabedoria primordial*. Pode-se entender que signifique, por exemplo, "a sabedoria imaculada dos aryas".[45] Entretanto, aquilo a que nos referimos aqui quando dizemos "tomar a sabedoria primordial como caminho" é a percepção inalterável de rigpa, que é "mais tarde exatamente a mesma que era antes".[46] Essa rigpa inalterável é Samantabhadra, o Buda Primordial. Mesmo enquanto permanecemos no samsara, essa base, ou natureza fundamental, jamais é maculada pelas nódoas transitórias do pensamento discursivo. Nem os fenômenos do samsara nem suas causas, os ventos kármicos e os padrões de pensamento ordinários, jamais mancham ou sujam a pureza de rigpa.

Embora possamos desejar atingir a iluminação com nossa mente ordinária, se pensarmos sobre isso profunda e cuidadosamente, perceberemos que o nível grosseiro de nossa consciência ordinária não continua até o estado de buda. Apenas a mente inata e fundamental de clara luz está presente no nível de onisciência, e aquilo de que se fala no Dzogchen como percepção de rigpa, o buda primordial Samantabhadra, é de fato para ser entendido como essa mente inata e fundamental de clara luz. Ela é a base para o surgimento de todo samsara e nirvana e sempre foi primordialmente livre. É a sabedoria primordial que o Dzogpachenpo toma como caminho. Assim, o texto de *Encontrando conforto e sossego na meditação sobre a Grande Perfeição* inicia-se com:

## Homenagem ao glorioso Samantabhadra!

Quando dizemos que os primeiros oito veículos são sistemas baseados na mente ordinária, o sétimo e o oitavo veículos – mahayoga e anuyoga – são de fato abordagens que trabalham com a mente inata e fundamental de clara luz. Não obstante, fazem-no de modo indireto, usando técnicas a fim de tornar a clara luz manifesta, tais como a yoga da deidade da fase de geração ou a yoga dos canais, energias dos ventos e essências. No *Guhyasamaja Tantra*, por exemplo, que é seguido pela tradição da nova tradução, existem explicações sobre como trabalhar principalmente com a energia do vento, ou *prana*, como método de efetivar o surgimento da mente inata e fundamental de clara luz. O *Kalachakra Tantra* ensina como enfocar os pontos vitais nos canais, nas energias dos ventos e nas essências a fim de tonar manifesta "a sabedoria coemergente da grande bem-aventurança inalterável". E o *Chakrasamvara Tantra* é semelhante. Todos os yogas tantras superiores da tradição da nova tradução do tantra de fato seguem esse mesmo princípio. São abordagens que tomam a mente inata e fundamental de clara luz como caminho, mas usam técnicas baseadas na mente grosseira ordinária para tornar manifesta a mente inata e fundamental de clara luz. Em contraste, o Dzogpachenpo não emprega nada além da mente inata e fundamental de clara luz, que está presente até o estado de buda. Não emprega a mente grosseira ordinária e adventícia de modo algum.

A mente grosseira ordinária e adventícia perdura até as três aparências – aparência, aumento e obtenção – se dissolverem. Ela não prossegue até a iluminação. Se explicarmos usando a terminologia do *Guhyasamaja*, no momento em que alguém realizou a verdadeira clara luz, depois de ter cruzado as três aparências dos estágios de dissolução e as três aparências do processo reverso, as três aparências nunca mais poderão surgir. Conforme o mestre Nagabodhi explica em *Análise da ação*,[47] até as três aparências serem purificadas, não importa quanto pratiquemos generosidade, doando até nossos membros ou cabeça, ou quanto observemos a disciplina ou treinemos em qualquer outra prática, não teremos condições de atingir a iluminação. Mas, uma vez que as três sejam purificadas, não resta dúvida de que alcançaremos o estado de buda. Com a cessação dos estados de mente grosseiros e adventícios – que continuam enquanto as três aparências durarem –, a sabedoria da onisciência desponta. Portanto, o nível de consciência que prossegue até o nível da onisciência só pode ser a mente inata e fundamental de clara luz.

A maioria dos caminhos opera com base na reversão do surgimento das três aparências, mas a singularidade do Dzogchen é que se baseia exclusivamente na mente inata e fundamental de clara luz. Esta é a característica singular e profunda do Dzogchen. Os ensinamentos do Dzogchen também são muito exatos ao falar sobre rigpa e categorizá-la em muitas distinções sutis. Assim, fala-se de "rigpa essencial", "rigpa da base", "rigpa da presença espontânea todo-abrangente que é o estado último de liberdade" e "rigpa fulgurante". É feita uma distinção entre a base da existência e as aparências da base; a rigpa fulgurante que está presente nas aparências que surgem da base não é realmente a mesma que a rigpa essencial.[48] Não obstante, essas instâncias de rigpa são todas semelhantes no sentido de que, na essência, não são enodoadas por pensamentos adventícios.

Portanto, o método para tornar manifesta a mente inata e fundamental de clara luz é chegar à rigpa essencial por meio da *rigpa* fulgurante, que é a mesma que a rigpa da base na essência. Isso baseia-se no fato de que todos os níveis de consciência, incluindo o nível mais grosseiro da mente ordinária e confusa, são permeados por um aspecto de rigpa, ou clara luz, e isso nos pode ser mostrado por um mestre experiente em quem tenhamos fé e devoção. Quando as circunstâncias coincidem desse jeito certo e realmente reconhecemos a natureza de rigpa, podemos tomar rigpa, e somente rigpa, como base de nossa prática e usar a rigpa última da base como nosso caminho. É isso que se quer dizer com "tomar a sabedoria primordial como caminho".

Desse modo, não ficamos confinados no nível da mente ordinária, grosseira e confusa, nem tampouco esse é um método que use a mente ordinária a fim de tornar manifesta a mente inata e fundamental de clara luz. Em vez disso, utiliza a experiência de um aspecto da mente inata e fundamental de clara luz *em si* para tornar a experiência da clara luz da base progressivamente mais clara. É por isso que é mais profundo que as abordagens de mahayoga e anuyoga.

Quer falemos dos tantras da tradição da nova tradução ou de mahayoga e anuyoga, o método para tornar manifesta a mente inata e fundamental de clara luz é fazer cessar os padrões de pensamento ordinários. Enquanto a mente inata e fundamental de clara luz é experienciada, os pensamentos ordinários jazem dormentes. De modo contrário, enquanto os pensamentos ordinários se manifestam, a mente inata e fundamental de clara luz permanece dormente. Mas no

Dzogchen, muito embora a rigpa da base possa estar dormente de modo semelhante, podemos reconhecer rigpa fulgurante mesmo em meio ao turbilhão de pensamentos e emoções – isto é, se tivermos alguma experiência e, portanto, formos capazes de distinguir corretamente. Existe um modo de desnudar nossa rigpa, de forma que não seja levada de roldão pelos pensamentos ordinários. Em resumo: ficando isentos de nódoas por fixação e sem permitir que a percepção vá no encalço de objetos de pensamento, podemos descobrir ou desnudar nossa rigpa e deixá-la encontrar sua própria estabilidade. É isso que significa "tomar a sabedoria primordial de rigpa como caminho". E esta é a característica especial e profunda do Dzogchen.

## UM PONTO PROFUNDO E CRUCIAL DO DZOGPACHENPO

Em termos simples, o espaço básico no qual os três *kayas* ou quatro *kayas* do estado de buda[49] são realizados é a mente inata e fundamental de clara luz. Como nas outras abordagens, o Dzogchen torna manifesta a mente inata e fundamental de clara luz. Entretanto, o modo como faz isso não é pela utilização da mente ordinária grosseira, mas trabalhando com e experienciando o aspecto desperto da mente inata e fundamental de clara luz. Esta é a característica extraordinária, profunda e singular do Dzogchen.

O Grande Quinto Dalai Lama, em *Palavras dos Vidyadharas*,[50] diz:

> As asserções vazias de alguns eruditos orgulhosos,
> Que esperam pelo estado de buda fora deles mesmos,
> São como rituais no oeste para exorcizar demônios a leste.
> Vendo isso, o grande segredo para liberar os agregados contaminados em um corpo de luz
> É uma característica especial da Antiga Tradição.[51]

Os canais, energias dos ventos e essências do corpo existem em formas grosseiras, sutis e extremamente sutis. Enfocando e penetrando os pontos vitais dos canais, energias dos ventos e essências extremamente sutis podemos fazer com que o corpo físico grosseiro de carne e sangue dissolva-se sem deixar restos físicos para trás.

Não se trata meramente de história antiga. Há apenas dois anos, na província de Nyarong, no Tibete oriental, um grande lama chamado Khenpo Achung efetuou isso. Ele foi para Lhasa em tenra idade e passou vários anos estudando no mosteiro de Sera, onde pode ter recebido alguns ensinamentos sobre Vajrayogini de Trijan Rinpoche. Sua prática principal, porém, era o Dzogchen, que praticou desde muito jovem. Também era praticante de Vajrakilaya e foi reconhecido como um dos guardiões dos ensinamentos de Dudjom Rinpoche sobre Vajrakilaya. Posteriormente, com os distúrbios no Tibete, parece que passou a maior parte do tempo simplesmente recitando mantras mani. Então, há dois anos, em Nyarong, ele faleceu em sua residência. Antes de falecer, envolveu-se em seus mantos e instruiu seus seguidores para não tocarem seu corpo até sete dias depois que morresse. Transcorrido o tempo estipulado, quando foram olhar, tudo o que restava eram os mantos. Não havia nada mais. Até o cabelo e as unhas desapareceram. Isso definitivamente aconteceu. Um dos alunos dele foi me ver na Índia e contou exatamente o que havia acontecido. E seu amigo no Dharma, cujo nome creio que seja Nyarong Lama Drimé Özer, também confirmou o ocorrido.[52]

Assim, não se trata apenas de história antiga, e não são apenas fábulas. É algo que as pessoas realmente viram com seus olhos. Contudo, não é facilmente executado; implica uma vida inteiramente devotada à prática com esforço planejado e unidirecionado, com a desistência dos interesses ordinários e dos assuntos mundanos. Jamais pensem que atingir a iluminação no corpo de arco-íris da Grande Perfeição é algo que possam alcançar facilmente. É extremamente difícil.

O Quinto Dalai Lama continua:

> Isso não é uma tentativa de produzir liberação enganando os outros,
> Oferecendo explicações engenhosas inventadas após simplesmente dar uma olhada nos textos,
> Como que tentando verter de um vaso vazio para outro.
> Pois eu tenho certa medida de confiança e experiência
> A partir da aplicação direta das instruções puras à minha mente.
> Isso não foi composto com uma mente aflita por causa das preocupações mundanas,
> Mas com uma nobre intenção, tão límpida quanto a lua de outono –
> O desejo de que essas instruções profundas possam permanecer tanto quanto o Buddhadharma,
> A fim de beneficiar os afortunados que tiverem fé assim como eu tenho.[53]

Eu realmente aprecio e me regozijo com os feitos extraordinários do Quinto Dalai Lama e igualmente de todos os grandes mestres de todo o Tibete que detiveram, preservaram e espalharam os ensinamentos a partir de diferentes tradições sem qualquer preconceito. Embora possamos sentir que não somos capazes de dar continuidade ao legado deles, ainda assim podemos considerar que estamos tentando seguir suas pegadas e fazer todo esforço para tal.

Nesse texto, ele também fala sobre pureza primordial e perfeição espontânea. Diz que *primordialmente pura* significa jamais ter sido enodoada por defeitos e *espontaneamente perfeita* significa que as qualidades iluminadas sempre estiveram completas.[54]

Parece haver duas maneiras de explicar a pureza primordial, que o Quinto Dalai Lama diz "jamais ter sido enodoada por defeitos". A primeira é conforme a visão do Caminho do Meio, que é comum ao sutra e ao tantra, em cujo contexto significa liberdade de todas as construções conceituais, tais como os oito extremos.[55] A outra explicação é a que se refere à pureza da mente inata e fundamental de clara luz, que jamais é enodoada pelos pensamentos ordinários e adventícios.

Quando o texto explica perfeição espontânea como significando "as qualidades iluminadas que sempre estiveram completas", indica que o potencial para efetuar os quatro kayas está completo na mente inata e fundamental de clara luz, assim como o potencial para conhecer objetos é parte inerente da mente ordinária, "que é clara e conhecedora". Esta é simplesmente sua natureza. Rigpa ainda estará presente quando os quatro kayas forem atingidos, uma vez que todos os padrões ordinários habituais do samsara associados às três aparências tenham cessado. E é isso que o texto indica ao dizer que "as qualidades iluminadas sempre estiveram completas".

Isso significa que os quatro kayas na verdade vão se manifestar quando o potencial que já está ali houver sido plenamente preenchido – quer dizer, não precisam ser criados como algo novo. Contudo, isso não significa que os kayas realmente estejam presentes em nossa mente nesse momento. Eles são o que chamamos de qualidades do espaço básico, em oposição às qualidades da fruição. O potencial para os quatro kayas, que fica completo com a natureza de buda, ou sugatagarbha, corresponde ao que é denominado qualidades do espaço básico. Quando as qualidades do espaço básico ficam perfeitas, tornam-se as qualidades de fruição. E assim "as qualidades iluminadas sempre estiveram completas".

O Grande Quinto Dalai Lama prossegue dizendo:

> Visto que todos os fenômenos do samsara e nirvana são perfeitos nesse veículo da perfeição naturalmente espontânea, ele é chamado de

a *Grande Perfeição natural*. Essa condição natural, que jamais foi enodoada pelos defeitos de pensamentos e emoções, é apontada de modo direto. Um ponto profundo e crucial da Grande Perfeição, uma característica singular que não se encontra nas tradições de vacuidade intrínseca ou vacuidade extrínseca do Madhyamaka,[56] nem no Mahamudra, e nas demais, é a terminologia secreta que traça distinções claras e precisas a respeito da realização direta e nua e não confunde a mente ordinária com rigpa. Isso não é apenas um ponto crucial e profundo: se você entendê-lo cabalmente, é também nada menos que a intenção última dos tantras da nova tradução.

O que está implicado aqui é que rigpa é o equivalente do estado que surge quando, seguindo a tradição do tantra da nova tradução, consegue-se fazer cessar todos os ventos kármicos e estados de pensamento ordinários e impuros, grosseiros, sutis e extremamente sutis associados às três aparências.

O Quinto Dalai Lama continua citando o *Kalachakra Tantra Conciso*:

Espaço permeante, o vajra do espaço, destituído de objeto e característica,
Também permanece no centro do corpo.

E a seguir do *Hevajra tantra*:

Suprema sabedoria habita o corpo.
Aqueles que estão obscurecidos pelas trevas da ignorância
Sustentam que o estado de buda jaz em algum lugar separado do corpo,
Mas ele reside dentro do corpo, embora não seja causado pelo corpo.

## VACUIDADE DOTADA DE TODOS OS ATRIBUTOS SUPREMOS

O texto do Quinto Dalai Lama menciona vacuidade intrínseca, o que precisa ser entendido de maneira correta. Como eu disse antes, quando falamos sobre os fenômenos serem vazios, isso não significa que sejam vazios de alguma outra coisa, como uma coisa ser vazia de outra, mas sim que são vazios de existência real graças à sua própria natureza. Em suas obras, o glorioso Chandrakirti cita a seguinte linha do *Sutra da profusão de joias*:

Vacuidade não torna os fenômenos vazios. Os fenômenos em si são vacuidade.[57]

Assim, não é o caso de uma coisa ser vazia de outra, mas das coisas serem vazias por sua própria natureza. Em outras palavras, não é a ausência de um objeto de negação que é separado da base para a negação, mas o fato de que o objeto de negação não é encontrado na própria base. Se considerarmos isso cuidadosamente, poderemos ver que a genuína visão da vacuidade intrínseca, a visão do Caminho do Meio, comum ao sutra e ao tantra, é o antídoto direto que remove os obscurecimentos tanto no Veículo Básico quanto no Mahayana. Entretanto, quando chegamos ao atingimento real da onisciência, a vacuidade é explicada como na citação do *Kalachakra Tantra*:

> Os agregados, quando analisados, são verificados como vazios,
> Destituídos de qualquer substância, como uma bananeira oca,
> Mas essa forma de vacuidade não é como a vacuidade
> Dotada de todos os atributos supremos.[58]

Existem diferentes maneiras de explicar as duas primeiras linhas, mas, conforme Khedrup Norzang Gyatso,[59] elas se referem ao processo de analisar os agregados com o uso de argumentos lógicos, tais como "nenhum dos dois, nem muitos", e reconhecendo a vacuidade que é apenas a negação da existência verdadeira. Meditarmos sobre isso funciona como antídoto para a percepção das coisas como reais e pode nos ajudar a superar o apego à realidade.

Contudo, apenas a meditação sobre essa vacuidade não pode trazer-nos a fruição última da onisciência. Para obtê-la, precisamos cultivar a "vacuidade dotada de todos os atributos supremos". Os ensinamentos sobre o *Kalachakra Tantra* explicam que a mente que medita sobre vacuidade precisa ser inundada de "bem-aventurança inalterável". Não só isso, mas também precisamos meditar sobre a "vacuidade dotada de atributos". "Vacuidade destituída de características" por si só não basta. Precisamos combinar vacuidade com características e vacuidade sem características a fim de atingir a onisciência.

Por isso, quando o texto diz "vacuidade intrínseca", mesmo a visão genuína da vacuidade intrínseca não basta para chegar à onisciência. Vamos concluir revendo as palavras do Quinto Dalai Lama:

> Um ponto profundo e crucial da Grande Perfeição, uma característica singular que não se encontra nas tradições de vacuidade intrínseca

ou vacuidade extrínseca do Madhyamaka, nem no Mahamudra, e nas demais, é a terminologia secreta que traça distinções claras e precisas a respeito da realização direta e nua e não confunde a mente ordinária com rigpa.

## Homenagem à natureza primordial

Em *Encontrando conforto e sossego na meditação sobre a Grande Perfeição* segue-se esse verso de homenagem:

**Homenagem à natureza primordial, esfera de pureza, equivalente ao espaço,**
**Dharma supremo, isento de flutuação, inteiramente livre de elaboração conceitual,**
**A clara luz da natureza da mente, essência do despertar,**
**A base perfeita, além de qualquer transição ou mudança!**

Aqui, "natureza primordial" significa que a mente inata e fundamental de clara luz não é algo novo e criado, mas nossa natureza original. "Esfera de pureza, equivalente ao espaço" refere-se ao aspecto da essência vazia, a base para o surgimento de todos os fenômenos do samsara e do nirvana. A comparação com o espaço é feita porque o espaço é o mais fundamental dos elementos, de onde surgem todos os outros. Primeiro há o espaço, depois vento, fogo, água e terra. Quando os elementos dissolvem-se, fazem-no em ordem reversa: terra, água, fogo, vento e por fim espaço. Por isso, penso que a analogia aqui é que, assim como o espaço é a base para o surgimento de todos os outros elementos, é a base para o surgimento de todos os fenômenos do samsara e do nirvana. É chamado de "esfera de pureza", visto que, muito embora possam surgir fenômenos impuros, sua essência jamais é enodoada por essas impurezas.

"Isento de flutuação" significa que está além da mudança. Entretanto, não é exatamente o mesmo que ser permanente. A mente inata e fundamental de clara luz às vezes é denominada "não-composta". Quando se diz *clara luz não-composta*, Dodrupchen Jikmé Tenpé Nyima e muitos outros eruditos concordam que significa que não é algo novo e criado pela reunião de causas e condições. É não-composta não no sentido de permanente e estática, mas sim por não ser nova e criada por causas e condições. Não obstante, é permanente no sentido de ser uma continuidade permanente que esteve sempre ali primordialmente, desde tempos sem princípio. É por isso também que usamos o termo *permanente* para a atividade iluminada dos budas, porque exibem essa continuidade perene.[60]

A frase "inteiramente livre de elaboração conceitual" pode referir-se primeiramente à liberdade das elaborações conceituais que devem ser negadas. Quando dizemos *união de percepção e vacuidade*, significa que a sabedoria de rigpa é vazia por sua própria natureza. Visto que é vazia por sua própria natureza, está além de todas as elaborações conceituais e imputações mentais que devem ser negadas. De modo alternativo, poderíamos dizer que, quando a mente inata e fundamental de clara luz é realizada, no momento em que a rigpa da base se manifesta, todas as elaborações conceituais "das aparências a partir da base" são naturalmente pacificadas.

Essa clara luz é a natureza da mente, de essência intocada por qualquer nódoa. Para resumir, quando todas as elaborações conceituais das aparências da base amainam, a base em si vem para o primeiro plano e fica evidente. E quando, assim, alaya[61] é completamente purificado, as duas verdades são entendidas em um só instante e os estados de meditação e pós-meditação fundem-se.

Conforme diz o verso, é o que chamamos de "clara luz" e é "a natureza da mente", visto que é a natureza básica por baixo de todos os estados adventícios de mente. É chamada de "a essência do despertar" porque, em última análise, "despertar" refere-se à mente inata e fundamental de clara luz. É "a base perfeita, além de qualquer transição e mudança".

## A SABEDORIA DA PERCEPÇÃO AUTOCONHECEDORA PESSOAL

Após a homenagem vem um verso expressando a intenção do autor e o motivo para ter escrito o texto.

> **A fim de que você possa realizar a sabedoria de sua percepção autoconhecedora pessoal,**
> **A mente de sabedoria extraordinariamente assombrosa de todos os vitoriosos,**
> **Reuni a quintessência dos tantras, transmissões orais e instruções essenciais**
> **E ofereço essa explicação de acordo com a maneira como é praticada. Por isso escute direito!**

O termo *sabedoria da percepção autoconhedora pessoal* é encontrado nos sutras e nos tantras, mas parece haver leves diferenças sobre como deve ser entendido nos vários textos. O significado comum ao sutra e ao tantra é a mente iluminada dos budas, a sabedoria na qual a natureza da realidade é verificada de modo direto. Isso é descrito como "a mente de sabedoria extraordinariamente assombrosa de todos os vitoriosos". O entendimento incomum de *sabedoria da percepção autoconhecedora pessoal*, que é específico aos tantras interiores, é que se refere ao estado último do Dzogpachenpo, a sabedoria da mente inata e fundamental de clara luz. Longchenpa diz que, a fim de realizarmos a sabedoria de nossa percepção autoconhecedora pessoal, ele reuniu a quintessência dos tantras, transmissões orais e instruções essenciais, significando que juntou os pontos essenciais do mahayoga, anuyoga e atiyoga respectivamente. Ele explica que não fez isso como exercício teórico, mas de modo que possa ser posto em prática. Nesse verso ele não apenas afirma sua intenção ao compor o texto, como também encoraja os alunos adequados a estudar os ensinamentos.

Pode-se dizer que a sabedoria de nossa percepção autoconhecedora pessoal, conforme explicada na interpretação comum ao sutra e ao tantra, refere-se à perfeição da sabedoria transcendente, *prajnaparamita*, que é a "mãe" que dá à luz os quatro tipos de prole "sublime" – os shravakas, pratyekabuddhas, bodhisattvas e budas –, conforme mencionado na homenagem de *O ornamento da realização clara*:

> Homenagem a você, mãe dos budas e de todos os ouvintes e bodhisattvas.

Mesmo para realizar o despertar de um shravaka ou de um pratyekabuddha, é necessário ter a visão da vacuidade e reconhecer a sabedoria da percepção autoconhecedora pessoal. Se tomarmos o estado de liberação, ele é livre dos laços das emoções perturbadoras. A raiz das emoções perturbadoras é a delusão de se agarrar às coisas como reais. E o antídoto direto para isso é estimular na mente a sabedoria que realiza a vacuidade. Quando a sabedoria que realiza a vacuidade de modo direto torna-se plenamente desenvolvida, funciona como antídoto para todas as formas de autofixação.

Essa é a autêntica visão do Caminho do Meio do ponto de vista do sutra e do tantra. Mas isso apenas não é capaz de contrapor-se aos obscurecimentos cognitivos mais sutis. Do ponto de vista dos ensinamentos do yoga tantra superior, mesmo a sabedoria que realiza a vacuidade dotada de todos os atributos supremos, dos meios hábeis e das seis perfeições transcendentes motivadas por bodhicitta ainda não é capaz de funcionar como antídoto para os obscurecimentos cognitivos mais sutis. A fim de superar esses obscurecimentos mais sutis ou as tendências habituais de transferência das três aparências, é necessário haver a realização da mente inata e fundamental de clara luz, que está além das três aparências. A clara luz é o único antídoto para as formas mais sutis de obscurecimento cognitivo. Portanto, a fim de obter a sabedoria da onisciência, precisamos tornar manifesta a rigpa que é Samantabhadra, a mente inata e fundamental de clara luz. Parece ser essa a maneira como é explicada em todas as tradições antigas e novas do tantra.

Longchenpa continua:

> **No cume de montanhas, em florestas isoladas, em ilhas e locais desse tipo,**
> **Lugares agradáveis à mente e bem adequados à estação,**
> **Cultive o samadhi tranquilo, que é unidirecionado e firme –**
> **A clara luz, que é livre da mais leve elaboração conceitual.**
>
> **Isso é atingido naturalmente quando os três fatores puros se reúnem:**
> **O local ideal, o indivíduo e o Dharma a ser praticado.**

Estas são as três divisões principais de *Encontrando conforto e sossego na meditação sobre a Grande Perfeição*:

- o local onde a prática é executada;
- o indivíduo que faz a prática;
- o Dharma que é praticado.

CAPÍTULO 8

# O AMBIENTE E OS LOCAIS CONVENIENTES PARA MEDITAÇÃO

Quando começamos a meditar, nossas circunstâncias externas, tais como local e companhia, podem ter influência significativa e ajudar ou atrapalhar nossa prática. Quando ficamos mais familiarizados com a prática e adquirimos certa medida de estabilidade e segurança é que as condições externas não mais nos afetam. Por ser tão importante para iniciantes é que o ambiente para a prática é explicado aqui com certos detalhes.

Longchenpa começa, portanto, explicando os locais para prática:

> Antes de mais nada, o lugar deve ser isolado e agradável,
> Um local conveniente para a prática espiritual nas diferentes estações.

Primeiro, ele descreve os locais quanto às quatro estações:

> No *verão*, medite em habitações mais frescas e locais mais frescos;
> Em lugares perto de geleiras, ou no cume de montanhas e lugares desse tipo,
> Em habitações simples feitas de junco, bambu ou palha.

> No *outono*, ajuste sua dieta, sua vestimenta e sua conduta,
> E permaneça em uma região e habitação de temperatura moderada,
> Como uma floresta, ou a encosta de uma montanha, ou um prédio feito de pedra.
>
> No *inverno*, permaneça em algum lugar mais quente, em uma altitude mais baixa,
> Como uma floresta, uma caverna rochosa, ou um buraco na terra,
> E ajuste sua dieta, vestimenta, roupa de cama e o restante.
>
> Na *primavera*, fique nas montanhas ou às margens de uma floresta,
> Em uma ilha deserta ou em prédios com temperatura amena e constante,
> Com dieta, vestimenta e conduta, tudo adequadamente harmonizado – isso é de crucial importância.

A seguir ele explica os motivos do benefício de certos locais específicos.

> Existe uma importante interconexão entre interior e exterior,
> Por isso, mantenha-se em locais inspiradores e isolados que considere enlevantes.

Isso faz lembrar de um ditado mais genérico: "Um bom lugar, com boas companhias...". Ou seja, vocês precisam de um local que seja atraente e agradável, onde fiquem longe de distração e os arredores os deixem confortáveis e à vontade.

> No alto, em meio às montanhas, a mente fica clara e se expande,
> O local perfeito para trazer frescor quando embotado e para praticar a fase de geração.

De fato, dizem que, quando praticamos em locais nas alturas, como cumes de montanhas, nossa mente fica clara e ampla. Podemos ver por nós mesmos quando vamos a lugares com vasta vista panorâmica; definitivamente deixam nossa mente mais ampla, aberta e lúcida. Claro que, quando se aconselha praticar no topo de montanhas, vocês não devem ir alto demais ou podem acabar com dor de cabeça ou mal-estar pela altitude!

## O AMBIENTE E OS LOCAIS CONVENIENTES PARA MEDITAÇÃO

Tais lugares, dizem, são particularmente bons para evitar o embotamento mental. Isso significa falta de brilhantismo e entusiasmo. Existem, é claro, diferentes níveis de embotamento, grosseiros e sutis. Às vezes equivale a um estado de desalento. Pode assumir a forma de falta de entusiasmo e inspiração, apatia e letargia, ausência de frescor ou vivacidade. Dizem que locais montanhosos são bons para dissipar tais estados de embotamento.

O texto então continua:

> **Regiões nevadas ajudam a deixar o samadhi claro e a percepção brilhante e lúcida,**
> **Ideal para cultivar vipashyana, e onde os obstáculos são poucos.**
>
> **Florestas trazem tranquilidade de mente e nos ajudam a desenvolver estabilidade mental,**
> **Por isso são ideais para cultivar shamata com um senso de facilidade.**
> **Sob penhascos rochosos desponta um vívido senso de impermanência e desencanto,**
> **Claro e inspirado, ajudando-nos a alcançar a união de shamata e vipashyana.**
>
> **Às margens de um rio, nossa atenção fica bem focada,**
> **E o desejo de escapar do samsara vem rápido novamente.**
>
> **Ossários e cemitérios são locais poderosos para veloz consumação,**
> **Ideais para as fases de geração e perfeição, segundo dizem.**

Ossários e cemitérios são poderosos porque nos levam a sentir apreensão e medo, e podemos fazer uso da experiência do medo para entender melhor a natureza da mente. Torna-se uma espécie de catalisador do progresso de nossa prática.

> **Aldeias, mercados, casas vazias, árvores solitárias e locais desse tipo,**
> **Que são frequentados por humanos e demônios não humanos,[62]**
> **Causam distração nos iniciantes e podem trazer muitos obstáculos,**
> **Mas para praticantes estáveis são um apoio considerado supremo.**

Para iniciantes, lugares cheios e lúgubres como esses são uma fonte de distração e por isso causam obstáculos. Mas para alguém que atingiu um nível de estabilidade na prática tais locais podem proporcionar um desafio e agitar as coisas, o que pode ajudar a aprofundar a experiência e a realização.

Templos e santuários, habitados por espíritos *gyalpo* e *gongpo*,
Podem perturbar a mente e incitar pensamentos de raiva e aversão.
Cavernas na terra e lugares assim, assombrados por demônias *senmo*,
Fazem surgir desejo apaixonado e trazem embotamento e agitação excessivos.

Árvores solitárias e outros locais habitados por *mamos* e *dakinis*,
Bem como rochedos e contrafortes de montanhas, onde residem *mutsen* e *theu'rang*,
Contribuem, acredita-se, para o turbilhão mental e trazem todo tipo de obstáculos.

Os territórios dos párias, *nagas*, *nyen* e espíritos locais,
Às margens de lagos, ou em campinas, florestas e lugares desse tipo,
Adornados com lindas flores, plantas e árvores,
São bastante agradáveis de início, mas depois mostram-se disruptivos.

Em resumo, todas as áreas e locais de habitação que pareçam agradáveis de início,
Mas nem tanto uma vez que você os conheça, são sítios de menor resultado.
Ao passo que aqueles que parecem amedrontadores e desagradáveis de início,
Mas provam-se agradáveis uma vez que você tenha se acostumado com eles,
São poderosamente transformadores, trazendo grandes resultados sem obstáculo.
E qualquer lugar no meio disso é neutro, nem benéfico, nem prejudicial.

## O ambiente e os locais convenientes para meditação

**Como nossa mente é afetada pelos lugares onde ficamos,
Isso pode fazer nossa prática ficar mais forte ou deixá-la mais fraca;
Por isso dizem que examinar os locais é de crucial importância.**

Este é o principal motivo para fazermos peregrinações, por exemplo. Todos os lugares onde nosso bondoso professor, o Buda, executou suas ações iluminadas, ou locais onde os grandes mestres do passado, realizados, instruídos e consumados puseram os pés e praticaram foram abençoados e tornaram-se sagrados. A respeito disso, o *Ornamento da realização clara* diz:

Despertar e locais dignos de veneração.[63]

Isso significa que qualquer lugar habitado por bodhisattvas que atingiram o estágio do caminho da meditação torna-se sagrado. Isso é conhecido como "um indivíduo transmitindo bênçãos para um lugar", e lugares também podem transmitir bênçãos para indivíduos. Primeiro, um local é sacralizado por um ser espiritualmente realizado que ali transmite suas bênçãos. Então, um tempo depois, quando iniciantes como nós vão àquele local, podemos receber bênçãos dele. E, devido ao poder de que o local foi investido, quaisquer ações virtuosas que realizemos ali tornam-se mais poderosas.

**Além disso, existem quatro tipos de locais baseados nas quatro atividades:
Locais *pacíficos*, onde a mente fica naturalmente focada e
quieta,
Locais *expansivos*, deleitando a mente, que são impressionantes e
inspiradores,
Locais *magnetizantes*, onde a mente sente-se cativada e desenvolve
apego,
E locais *irados*, onde a mente é perturbada por sensações de medo
e pavor.**

Isso se refere a quando precisamos desempenhar um tipo específico de atividade: pacífica, expansiva, magnetizante ou irada. Se desempenharmos a atividade no local correspondente, é mais provável que seja efetivada.

> Podem ser feitas divisões adicionais, incontáveis e ilimitadas,
> Mas nesse contexto, para samadhi, locais pacíficos são os melhores,
> E assim, temendo um excesso de palavras, não vou me alongar mais.

Agora o texto aborda o tipo de local para habitação, ou cabana de meditação, em que se deve ficar.

> Em tal local pacífico, a residência para meditação deve ser isolada,
> Pois que isso será adequado ao desenvolvimento da concentração na mente.
> A residência ideal é aquela aberta nas laterais e com uma vista clara.

Aqui é feita uma distinção entre prática diurna e noturna; esta última pode referir-se também a um retiro em escuridão total.

> Para a yoga noturna, pratique dentro de uma "casa escura" circular,
> Em local elevado, e no meio de uma peça central,
> Com seu travesseiro para o norte, deitando-se na posição do nirvana.

Esse tipo de sala escura de meditação também é mencionado nos ensinamentos sobre as seis yogas relacionadas ao *Kalachakra Tantra*. A luz deve ser completamente banida, mas é importante que o local seja bem ventilado ou pode haver risco para a saúde. O verso também descreve as paredes da casa e por fim fornece a posição para a yoga do sono.

> O local para praticar a yoga da luz durante o dia
> Deve ser de temperatura amena e deve ter uma entrada
> Com uma visão ampla e desimpedida para geleiras, cachoeiras, florestas ou vales,
> E para o céu vasto e límpido, de modo que a mente torne-se clara e brilhante.

> Ao cultivar shamata, uma cabana solitária, rodeada por uma cerca
> É o local ideal para a quietude da mente surgir naturalmente.
> Para vipashyana, é importante ter uma vista clara e inspiradora
> E estar constantemente animado e bem harmonizado com as estações.

## O AMBIENTE E OS LOCAIS CONVENIENTES PARA MEDITAÇÃO

Áreas baixas e sombrias, como florestas e ravinas,
São ideais para praticar shamata, ao passo que regiões altas,
Tais como entre montanhas nevadas, são ideais para vipashyana –
É importante você conhecer essas diferentes especificações.

Simplificando: dizem que qualquer região ou casa de retiro
Onde surgem renúncia e desencanto, a atenção fica bem focada,
E o samadhi cresce em vigor – qualquer lugar de atividade virtuosa –
É considerado equivalente a um lugar onde a essência da iluminação foi atingida.

Ao passo que qualquer local onde as virtudes declinam, as aflições mentais aumentam,
E, se fica dominado por distrações e pelos assuntos desta vida,
É um antro de ações malignas, unicamente a ser evitado pelos sábios.

Visto que esses pontos foram ensinados por Padmasambhava,
Devem ser aprendidos por todos que desejam a liberação.

*Isso conclui a primeira seção, sendo uma explicação sobre os locais para o cultivo do samadhi, de* Encontrando conforto e sossego na meditação sobre a Grande Perfeição.

Claro que no nosso caso devemos praticar meditação onde quer que vivamos e não existe real necessidade de irmos para uma "casa de meditação" isolada a fim de praticar. Mas para aqueles que estão "erguendo a bandeira da vitória da prática" essas considerações são muito importantes. Quanto ao restante de nós, temos que ficar em determinado lugar devido a nosso trabalho e a outros compromissos, e não há muito que possamos fazer. Francamente, acho que é melhor se pudermos ficar em nossa comunidade e encontrar uma vocação que esteja de acordo com o Dharma – que não esteja conectada a ações negativas, prejudiciais. E, se pudermos encontrar um meio de ganhar a vida realmente servindo à comunidade, será maravilhoso, especialmente trabalhando como professor ou na área da saúde, mas também existem muitas outras funções em que podemos estar a serviço da comunidade. Estes são modos de ajudar os outros de forma direta. Se pudermos viver nossa vida desse jeito, conduzindo-nos sempre de modo ético e mantendo o Dharma em nossa mente, então nossa vida realmente contribuirá para o bem da sociedade. Sinto que isso é muito importante.

Quanto ao Dharma, como qualquer outro projeto que valha a pena, se conseguirmos fazê-lo da melhor maneira possível será maravilhoso. Mas, se verificarmos que não somos capazes de fazê-lo da melhor forma possível, não devemos simplesmente desistir e não fazer nada. Claro que o ideal é se formos capazes de devotar toda nossa vida à prática do Dharma. Se é uma possibilidade, devemos simplesmente fazer isso. Mas, se não é possível devido à nossa atual situação, não devemos desistir por completo e não fazer nada – isso seria um erro. O que quer que estejamos tentando alcançar, se pudermos fazê-lo integralmente, é o máximo. Mas, se não temos como fazer isso, mesmo um por cento ainda é algum progresso na direção certa.

Em determinados casos raros, quando todas as causas certas, como karma e preces de aspiração, reúnem-se, é possível que as pessoas façam progresso súbito ao longo dos caminhos e estágios. Mas para todos os outros trata-se de um processo gradual, no qual os dez estágios e os cinco caminhos são atravessados gradativamente, passo a passo. Isso mostra que precisamos eliminar os obscurecimentos em estágios, começando pelos mais grosseiros, e precisamos igualmente gerar os estados de mente que se oponham a esses obscurecimentos, desenvolvendo-os bem aos pouquinhos, desde estados inferiores no início até que se tornem mais fortes e mais poderosos.

Assim, a fim de praticarmos o Dharma, não é necessário mudarmos nossa aparência externa. Como se diz nos ensinamentos *lojong*: "Mude sua atitude, mas permaneça natural".[64] Isso é importante. Precisamos desenvolver e fortalecer o poder de nossa mente dia a dia, mas será melhor se mantivermos nossa vestimenta e aparência externa usuais; se começarmos a alterar nosso aspecto de modo radical, existe o perigo de ficarmos excessivamente interessados nas oito preocupações mundanas.[65] Estamos sempre pensando nesses oito interesses mundanos, de modo que, enquanto estivermos presos nesse tipo de enrascada, não é uma boa ideia mudar nosso aspecto. É muito melhor seguir com os costumes e convenções comuns e colocar esforço em transformar nossa mente pouco a pouco ao longo dos meses e anos, de forma que fiquemos cada vez mais positivos, felizes e sossegados.

Precisamos fazer isso ao longo de toda a vida e especialmente nos últimos anos. Quando chegarmos à idade da aposentadoria, não devemos apenas ficar sentados por aí esperando a morte. Seria muito melhor passar nosso tempo enfocando a prática. Conheço muita gente que, quando chegou à velhice, agiu como se toda sua vida tivesse ficado para trás e não restasse mais nada para fazer. Acho isso um pouco tolo, porque as pessoas podem ter-se aposentado, mas ainda não estão mortas! Elas chegaram apenas à primeira aposentadoria, não à segunda, que é a grande aposentadoria, quando realmente é tarde demais. É o que se poderia chamar de aposentadoria permanente! Mas entre a primeira e a segunda aposentadoria existe uma oportunidade real de praticar, porque, conforme mencionei antes, embora o corpo possa ter envelhecido, se tivermos desenvolvido a faculdade da mente, então sua clareza e sabedoria vão prosseguir, dando-nos a oportunidade para praticar de modo vasto e profundo.

CAPÍTULO 9

# O PRATICANTE INDIVIDUAL

A segunda seção do texto de Longchenpa é relativa ao meditante, ou praticante. Começa explicando que temos que purificar nossa mente seguindo os estágios do caminho comum:

> Em segundo lugar, como um indivíduo que se dedica à prática,
> Você deve ter fé, perseverança, renúncia e um senso de desencanto.

Fé e perseverança são qualidades-chave. A renúncia brota do reconhecimento de que, enquanto estivermos nas garras das aflições, jamais poderemos esperar alcançar nada de significativo ou positivo em um sentido verdadeiro. Quando percebemos quanto uma vida assim pode ser vazia e somos tomados por um anseio urgente de escapar desse estado sem sentido e dele emergir em definitivo, de uma vez por todas – é isso que significa renúncia. Uma vez que tenhamos a determinação de ficar livres, então não importa quão confortáveis as circunstâncias de nossa vida e quão atrativos ou abundantes ou luxuriantes nossos recursos, sempre estaremos cientes de que um dia eles vão se esgotar e chegar ao fim. Mais que isso, saberemos que eles não são a chave para a felicidade genuína porque são todos governados pelo karma e pelas aflições. Pensar nisso despertará um sentimento natural de cansaço e tristeza pelo desencanto.

Então, para resumir, precisamos ter fé, renúncia e esse sentimento de desilusão:

> Você deve ficar entristecido e cansado por causa do samsara e lutar pela liberdade.

> **Renunciando aos interesses desta vida e buscando a iluminação final,
> Você deve deixar as distrações e ocupações bem para trás, e ter poucas aflições mentais,**

Quando tivermos uma ânsia real de lutar, vida após vida, pela meta última da liberação e onisciência, nos sentiremos inspirados a evitar distrações e ocupações externas e deixá-las bem para trás. Ao mesmo tempo, não mais nos entregaremos às aflições mentais. Quando estas surgirem por nos faltarem antídotos, não nos permitiremos ceder a elas ou ser apanhados. Estaremos cansados delas e tentaremos nos afastar. Quanto mais conseguirmos nos lembrar de como as emoções perturbadoras ou aflições jazem na raiz de nosso sofrimento, mais isso nos dará força mental para não nos rendermos a elas. Se nos recusarmos a capitular, mesmo que nos deparemos com causas que normalmente as provocam, as emoções perturbadoras não mais surgirão com tanta facilidade. E, quando surgirem, serão menos poderosas. É por isso que o texto recomenda "ter poucas aflições mentais".

> **Ser complacente e tolerante, e ter percepção pura e grande devoção,**

Ficaremos naturalmente mais tolerantes e relaxados, pois teremos uma perspectiva de extremo longo prazo. Não estaremos pensando em alegrias e mágoas temporárias desta única vida, mas olhando adiante e a um prazo maior. Isso torna a pessoa automaticamente mais flexível e sagaz. Reconhecendo que, enquanto estivermos sujeitos ao karma e às emoções perturbadoras, não poderemos encontrar a verdadeira felicidade, fixaremos nossa meta no estado de liberdade. E não é só isso: olhamos até mais longe, para a obtenção da iluminação completa e o bem-estar de todos os seres sencientes que são tão infinitos quanto o espaço. Quando começarmos a pensar nessa linha, isso naturalmente trará uma sensação de coragem e um sentimento de alegria.

Se pensarmos todos os dias em ocasionar o bem-estar dos outros, isso imbuirá nossa vida de significado. Nossa vida se tornará útil e ficaremos a serviço dos outros. Com o tempo, nossos pensamentos naturalmente voltar-se-ão para o benefício dos outros. Conforme se diz:

> No geral, medite sobre a bondade de todos os seres,
> Em particular, treine a percepção pura de todos que praticam o Dharma.[66]

## O PRATICANTE INDIVIDUAL

Se zelarmos por todos os infinitos seres do universo e pensarmos neles como queridos e preciosos, parece-me que teremos percepção pura e devoção de modo bastante natural.

O verso seguinte diz:

**Bem como estabilidade mental, e profundo respeito pelos ensinamentos – Praticantes assim vão efetuar a liberação suprema!**

Como praticantes de meditação, precisamos dessas qualidades como base ou fundação, mas simplesmente possuí-las não basta. Precisamos dar duro para desenvolvê-las. O Buda, nosso bondoso professor, bem como todos os grandes mestres da Índia e do Tibete que foram seus seguidores, deram muito duro. Seguiram seus professores e se aplicaram com enorme esforço e perseverança. Foi assim que aprofundaram seu entendimento e realização de modo consistente e cruzaram os caminhos e níveis. E devemos fazer o mesmo. Podemos não ter lá grande capacidade neste momento, mas, se soubermos o que adotar e o que abandonar a longo prazo, mesmo que nossa prática hoje seja deveras fraca, ainda manteremos nossa mira em um objetivo claro a *longo prazo* e assim saberemos aonde estamos indo e como chegar lá. A *curto prazo*, nossa prática agora diz respeito a reunir todas as causas e condições corretas para alcançarmos a meta de longo prazo.

É assim que identificamos o indivíduo que é um "suporte" adequado para a prática.

## COMO SEGUIR UM PROFESSOR ESPIRITUAL

**Você deve servir, da melhor forma possível, um nobre professor**

Bem no coração do caminho para a iluminação está a questão de saber como seguir um professor espiritual. Em qualquer tipo de sistema de educação, mesmo quando estamos aprendendo as habilidades de que necessitamos para uma única vida, estudar com um professor é o princípio-chave. O professor nos orienta, temos que colocar esforço em nossos estudos, e é assim que aprendemos. Do mesmo modo, quando estamos seguindo o caminho da liberação e onisciência, devemos ter um professor que possa nos mostrar o percurso; de nossa parte, precisamos mostrar interesse e nos aplicar. Assim, ao dizer: "Você deve servir, da melhor forma possível, um nobre professor", o texto está reconhecendo o quanto dependemos do professor e, ao descrever o professor como "nobre", indica que este deve ser completamente qualificado.

O *Ornamento dos sutras do Mahayana* afirma que um mestre deve ter dez qualidades:

> **Deve-se seguir um professor espiritual que seja disciplinado, pacífico, sereno,**
> **Dotado de qualidades especiais, diligente, firme no aprendizado das escrituras,**
> **Altamente realizado no que diz respeito à natureza da realidade, habilidoso na fala,**
> **A personificação do amor, e infatigável.**[67]

Quando Tsongkhapa explica esse verso no *Grande tratado sobre os estágios do caminho*,[68] diz que aqueles que não puseram suas mentes sob controle não podem orientar os outros. Por isso, aqueles que desejam orientar os outros devem começar disciplinando suas próprias mentes. Quando se trata de disciplinar a própria mente, diz ele, não basta apenas adquirir uma ou duas boas qualidades e as rotular de qualidades genuínas de realização. Em vez disso, devemos disciplinar a mente de modo que esteja em conformidade com os ensinamentos do Buda. A abordagem que combina com os ensinamentos do Buda é a prática dos três treinamentos superiores: disciplina, meditação e sabedoria. Na citação, elas são referidas pela descrição do professor como "disciplinado, pacífico e sereno".[69]

Contudo, simplesmente ter praticado o treinamento triplo não é qualificação suficiente para orientar os outros. Um professor genuíno deve ter também um bom entendimento de todas as várias categorias dos ensinamentos. Por isso diz-se "firme no aprendizado das escrituras", o que significa que deve ter estudado muitos ensinamentos.

Um professor deve ser amável para com os outros e ter um interesse real por seu bem-estar. A menos que um professor tenha uma atitude interessada e amorosa, não importa quanto possa ser erudito ou quão profundamente seja capaz de expor sobre os ensinamentos. A menos que o professor seja motivado pela compaixão e por um profundo ímpeto altruísta, será difícil causar qualquer impacto na mente dos outros ou provocar qualquer efeito. Desse modo, compaixão é vital. Claro que a compaixão precisa ser acompanhada de sabedoria. Não estamos falando de uma compaixão simplória; é necessário que seja uma compaixão casada com uma percepção direta da natureza da realidade ou no mínimo um bom entendimento intelectual a respeito. A geração de compaixão com base no entendimento genuíno é extremamente poderosa para atingir a liberação ou a onisciência. É por isso que o texto diz que o professor deve ser realizado e compassivo. Também deve ser "habilidoso na fala" e "infatigável", significando que possui paciência para seguir ensinando sem ficar esgotado ou frustrado. Um verdadeiro professor espiritual deve possuir todas essas qualidades.

O Buda considerava extremamente importante a pessoa que nos ensina o que precisamos abandonar e o que precisamos adotar e, por conseguinte, especificou detalhadamente as qualidades de um professor. Forneceu descrições muito completas, desde os ensinamentos básicos sobre as qualidades de um professor contidos no código monástico, ou Vinaya, até os ensinamentos do Vajrayana sobre as qualificações que um mestre vajra deve possuir a fim de conferir uma iniciação. É por causa da importância central do professor que o Buda falou tão explicitamente nos ensinamentos tanto do sutra quanto do tantra.

Desse modo, é essencial seguirmos um professor que possua todas as qualificações certas. Cabe a nós avaliar e ver se ele tem ou não as qualidades. Não devemos considerar alguém nosso professor de imediato e começar a receber instruções; precisamos começar examinando o indivíduo em questão. Também precisamos conhecer alguma coisa dos ensinamentos do Buda, de modo que sejamos capazes de julgar por nós mesmos quais são as qualidades de um professor autêntico. Então, se desejarmos seguir uma pessoa específica como nosso professor, devemos investigar e ver se ela de fato possui aquelas características.

Às vezes, digo brincando que precisamos espionar o professor. Precisamos olhar pela frente, pelas costas, por cima e por baixo. Não fazer isso é realmente um equívoco. Pois é possível que no início tenhamos muita fé, mas, em algum momento mais adiante, quando algo ficar meio mal, percamos toda a fé e pensemos: "Oh, não! Eu estava errado". De fato, o professor não mudou. Se no começo ele era ordinário, simplesmente permaneceu ordinário. Fomos nós que cometemos o engano porque fracassamos em fazer uma pesquisa. Precisamos conferir se o professor está seguindo ou não uma abordagem de acordo com os ensinamentos gerais do Buda. Se levarmos a cabo tal exame, pensarmos por nós mesmos e decidirmos que o professor é genuíno, então deveremos segui-lo.

Entretanto, para começar, podemos considerar o professor apenas um amigo do Dharma e escutar os ensinamentos. Não há problema nisso. Então, mais tarde, se decidirmos nos separar de um amigo espiritual, não será assim tão sério. Mas, se decidirmos já no início que alguém é nosso professor e na sequência perdermos a fé, não é bom. Por isso, já de saída, precisamos nos assegurar de que isso não aconteça.

Nos ensinamentos sobre como seguir um mestre espiritual, dizem que é importante segui-lo com devoção e ver tudo que ele faz como positivo. Está se falando de um relacionamento espiritual genuíno entre um professor autêntico e um aluno que também tenha as qualidades de um discípulo autêntico. Isso é crucial no caminho do mantra secreto do Vajrayana, quando a prática de guru yoga assume especial importância. Devoção sincera em relação ao professor desempenha um papel vital nas práticas de Dzogchen e Mahamudra, onde essa é essencial para se adquirir realização e assimilar a mente inata e fundamental de clara luz em nossa experiência. A essa altura, a devoção ao professor torna-se importantíssima. Claro que é maravilhoso se conseguirmos praticar isso mesmo como iniciantes, mas não é essencial que o façamos.

Do Vinaya em diante, todos os níveis dos ensinamentos do Buda descrevem como seguir um professor. No Vinaya é dito que, se um professor nos instrui a fazer algo que não esteja de acordo com o Dharma, devemos nos recusar.[70] Mesmo quando tomarmos alguém como nosso professor, se ele diz algo que contradiz os ensinamentos, devemos rejeitar. Observe que não se diz que devemos ver tudo que o professor faz sob um ângulo positivo. Nos sutras do Mahayana também se diz que devemos seguir o que professor diz contanto que seja virtuoso e não devemos seguir o que ele diz se é pernicioso. Se o professor que está nos orientando ao longo do caminho diz algo que combina com os ensinamentos gerais, devemos pôr em prática. Mas, se ele diz algo que não combina com os ensinamentos gerais, não devemos pôr em prática. Devemos seguir quaisquer coisas virtuosas que o professor nos fale, mas não se ele nos instruir a fazer algo que pareça estranho ou não virtuoso. Mesmo a respeito do yoga tantra superior é dito:

> Se você sensatamente não puder fazer conforme o guru instruiu,
> Desculpe-se com palavras educadas e respeitosas.[71]

Em todo caso, precisamos discernir por nós mesmos o que é certo e errado. Vocês não devem pensar que não há espaço para fazerem suas avaliações pessoais independentes quanto ao que é certo ou errado, usando sua inteligência e discernimento. Estou enfatizando isso porque considero um ponto importante para vocês entenderem.

## O PRATICANTE INDIVIDUAL

No passado houve mestres e discípulos legendários como Tilopa e Naropa ou Marpa e Milarepa, e algumas das ações deles eram um pouco inconvencionais, mas eram mestres com níveis excepcionalmente altos de realização. Seus discípulos tinham todas as qualidades de estudantes genuínos. Pessoalmente, acho muito difícil comparar os gurus e estudantes de hoje com os grandes mestres do passado.

Portanto, é esse o motivo para o Buda ter ensinado sobre esse tópico em detalhes tão precisos e cuidadosos. Resumindo: precisamos examinar de início para ver se um professor possui ou não todas as qualificações necessárias. Então, mesmo que tenhamos pego alguém como nosso professor, ainda devemos conferir para ver se alguma coisa está em conflito com os ensinamentos gerais do Buda e, se estiver, devemos considerar erro.

Nosso texto continua:

**Você deve servir, da melhor maneira possível, um nobre professor.**

Existem três formas principais de servir e agradar a um professor qualificado. A primeira é fazer oferendas materiais, a segunda, servir o professor e executar tarefas para ele, e a terceira, pôr suas instruções em prática. Destas, a mais importante é pôr os ensinamentos em prática. Isso significa que devemos contar com um professor autêntico, que tenha todas as qualidades dos três treinamentos superiores e já tenha atingido onisciência ou esteja significativamente avançado no caminho que leva à onisciência e ao estado de buda. Quando um mestre desses nos instrui para que não nos permitamos ser apanhados pelas aflições, mas para focarmos a mente na liberação e onisciência, se conseguirmos pôr em prática com diligência e dedicação, será essa a melhor maneira de agradar ao professor. Será a melhor oferenda que poderemos fazer para os budas e bodhisattvas. Não pode haver jeito melhor de acumular mérito e purificar obscurecimentos nem prática melhor para essa e vidas futuras.

## MEDITAÇÃO: O PODER DA FAMILIARIZAÇÃO

**E purificar sua mente por meio do estudo, reflexão e meditação.**

Quando dizemos meditação no contexto de "estudo, reflexão e meditação", como nesse verso, seu significado inclui o senso de familiarização. Precisamos desenvolver alguma familiaridade com o treinamento e nos acostumar com ele. Inicialmente estamos sob o comando da mente ordinária, e a mente ordinária está sob o comando das aflições. Em nossa mente queremos ser felizes, mas não fazemos o que nos trará felicidade. Não queremos sofrimento, mas as causas do sofrimento, as aflições, simplesmente nos dominam e controlam nossa mente. Devemos encontrar uma forma de assumir o comando de nossa mente por nós mesmos.

Podemos ver muito bem que as aflições são desastrosas, mas ao mesmo tempo ainda caímos como presas delas. Podemos saber que algo não é certo, mas ainda assim agimos, falamos ou pensamos de modo inadequado. Por isso precisamos encontrar um meio de manter nossa mente sob controle. Claro que existem muitas técnicas diferentes para isso. Mas, qualquer que seja a que escolhamos, precisamos evitar que a mente siga o curso errado e fazê-la seguir o certo. A fim de fazer isso, precisamos aumentar a tendência para a virtude na mente – tendência que pode ser muito fraca neste momento –, e o único meio pelo qual podemos efetuar isso é treinando a mente de modo que a tendência em favor da virtude torne-se cada vez mais familiar. Esta é a única abordagem; não existe outro jeito. Como se diz: "Acostumar-se com algo é o jeito de se tornar perito nele".

Quanto mais familiar uma coisa é, maior a sua força. O motivo para as aflições virem à nossa mente com tanta presteza e tamanho vigor é já estarmos acostumados a elas. Assim sendo, o único jeito de aumentar a força dos antídotos para as emoções perturbadoras é seguir familiarizando nossa mente com os antídotos, de modo que fiquemos cada vez mais acostumados com eles.

Assim, *meditação* realmente significa tornar nossa mente mais familiarizada com algo positivo, a fim de efetuar uma transformação e desse modo alcançar nossa meta temporária ou de longo prazo. Para que isso aconteça de forma efetiva, como eu disse antes, devemos começar a pensar qual é nosso alvo e chegarmos à firme decisão por nós mesmos de que é algo realmente valioso e digno. Isso significa que precisamos passar por um processo de *reflexão* e contemplação. Entretanto, antes mesmo de podermos fazer isso, precisamos ter uma ideia clara do que está ou não envolvido, quais podem ser os benefícios e desvantagens e assim por diante, o que significa que precisamos ter *estudado*. Por conseguinte, fica claro que os três tipos de sabedoria – a sabedoria nascida do estudo, a sabedoria nascida da reflexão e a sabedoria nascida da meditação – devem ser desenvolvidas na ordem certa.

O texto diz que devemos "purificar nossa mente" pelo estudo, reflexão e meditação. Às vezes usamos o termo *purificar* para falar sobre purificar impurezas ou negatividade e obscurecimentos. Nesses contextos, significa remover ou eliminar algo por completo e torná-lo não-existente. Mas aqui não estamos falando de eliminar a mente! Em vez disso, significa que devemos treinar a mente e purificá-la, de modo que, de indisciplinada e fora de nosso controle, fique disciplinada e sob controle. Às vezes também falamos sobre "purificar ou refinar a natureza intrínseca da realidade em si", e nesse caso significa tornarmos evidente o que antes não era evidente.

O texto segue dizendo:

> **Em particular, você deve passar seus dias e noites**
> **Aplicando-se diligentemente nas instruções essenciais da linhagem oral.**

Como vimos, precisamos purificar a mente por meio do estudo, reflexão e meditação. A purificação última da mente nesse contexto acontece por meio do estudo, reflexão e meditação sobre as instruções essenciais da linhagem oral; ao nos treinarmos, desenvolveremos forte familiaridade com elas. Isso se refere à prática do Dzogpachenpo, onde é feita uma clara separação entre mente ordinária e rigpa.

> **Sem ser distraído por um instante pelos interesses ordinários,**
> **Aplique-se diligentemente no significado profundo mais íntimo.**

"Interesses ordinários" podem referir-se a muitas coisas: os interesses desta vida, os interesses da próxima vida, pensar exclusivamente em nosso bem-estar próprio, agarrar-se às coisas como reais, entre outras. Possui significado levemente diferente dependendo de ser usado no contexto dos sutras ou dos tantras. Mas de qualquer modo o verso indica que temos de nos concentrar inteiramente na prática, sem permitir que nossa mente seja distraída por interesses mundanos ordinários por nenhum instante sequer.

## INTEGRANDO O ENSINAMENTO COMPLETO DO BUDA

Em nossa prática, precisamos saber como juntar e integrar os diferentes níveis dos ensinamentos:

Jamais transgredindo os preceitos dos shravakas, bodhisattvas e vidyadharas,
Com sua mente sob controle, ajude os outros de todas as maneiras que puder,
E assimile no caminho da liberação o que quer que experiencie.

Este é um ponto importante. De maneira muito concisa, o verso destaca que nossa prática deve integrar todos os aspectos e níveis dos ensinamentos do Buda. Os preceitos dos shravakas são os votos de pratimoksha, os votos de liberação individual. Devemos manter esses votos, bem como os votos de bodhisattva e os votos Vajrayanas dos vidyadharas. Simplificando: devemos ser o que é chamado de *vidyadhara com os três níveis de compromisso*.

Quando falamos sobre os nove veículos sucessivos, não se trata apenas de uma descrição abstrata dos ensinamentos. É algo que precisamos entender por nós mesmos e então aplicar na prática. É assim que se explica em alguns manuais de instrução – que temos que encontrar um jeito de praticar todos os nove veículos sucessivos por nós mesmos. Em outras palavras, existe uma maneira de um indivíduo praticar todos os nove yanas juntos ao mesmo tempo. Os manuais não dizem que temos que praticar o veículo dos shravakas primeiro, depois seguir para o veículo dos pratyekabuddhas e assim por diante. Em vez disso, dizem que precisamos seguir uma abordagem que compartilhe certas características do caminho do shravaka e do caminho do pratyekabuddha. Por exemplo, quando se diz que devemos praticar as características comuns do caminho do shravaka, isso se refere às quatro nobres verdades e seus 16 aspectos, como a impermanência, bem como os 37 aspectos da iluminação. A prática comum ao caminho do pratyekabuddha é a contemplação dos doze elos da originação dependente, na ordem progressiva e reversa.[72] Devemos praticar também o que é ensinado no Veículo do Bodhisattva – bodhicitta, que tem sua raiz na bondade amorosa e na compaixão, bem como nas seis perfeições transcendentes. Inclui-se entre elas, em conexão com a prática da perfeição transcendente da sabedoria, a visão de *shunyata*, ou vacuidade. É o mesmo quanto às práticas dos tantras inferiores: não praticamos cada um individualmente. Tomamos elementos de cada um, todos os pontos cruciais, e os integramos em nossa prática.

Na prática do Dzogchen, tomamos a sabedoria como caminho; é algo livre de esforço e que transcende as abordagens baseadas na mente ordinária. Entretanto, todos os pontos cruciais das abordagens inferiores devem estar completos e plenamente integrados dentro da abordagem do Dzogchen. Todos os pontos-chave dos diferentes níveis dos ensinamentos precisam estar completos no Dzogchen e, quando estão, esta é a característica especial do Dzogchen, que o torna tão profundo e poderoso.

Não é preciso dizer que, se vamos praticar todos os níveis dos ensinamentos dessa maneira, devemos ter algum conhecimento e entendimento de tais níveis.

> **Como iniciante, é da maior importância que você garanta seu bem-estar pessoal,**
> **Guardando sua mente em solidão, abandonando distrações e ocupações,**
> **Evitando situações desfavoráveis, e abrandando as aflições mentais com os antídotos adequados.**
> **Assegurando-se de que sua visão e conduta estejam em harmonia, devote-se à meditação com entusiasmo.**
> **Sempre que qualquer um dos cinco venenos ordinários surgir, no mesmo instante**
> **Pegue-o com a atenção mental e, sem distração, aplique os antídotos.**

Embora sempre geremos a motivação de bodhicitta e façamos o voto de trabalhar para o bem-estar de todos os seres sencientes do universo inteiro, como iniciantes precisamos nos focar em *nós mesmos* primeiro e colocar todo o esforço em refinar a conduta de nosso corpo, fala e mente e em tornar nossa mente mais pacífica e controlada.

É por isso que precisamos cuidar para não sermos pegos por distrações e ocupações e para nos distanciarmos de condições adversas, enquanto tratamos de "abrandar as aflições mentais". Tentamos evitar as circunstâncias que provocam aflições e, mesmo que nos deparemos com elas, temos que nos assegurar de que as aflições não nos levem de roldão.

Conforme diz o texto, nossa visão e conduta devem estar em harmonia. Podemos descrever a visão como a visão do Caminho do Meio que é comum ao sutra e ao tantra ou como a visão da união de percepção pura e vacuidade. De todo modo, do ponto de vista absoluto, as aparências em toda sua profusão e variedade são explicadas como não nos causando nem benefício nem dano. Ainda assim, devemos tomar grande cuidado e ser muito meticulosos em nossas ações. Nossa visão deve realçar nossa conduta. Se realmente entendermos os pontos cruciais da visão do Caminho do Meio que é comum ao sutra e ao tantra, conforme já mencionei, isso estará muito intimamente conectado com a originação dependente. Vacuidade implica causalidade. Portanto, nosso entendimento da visão deve apenas nos tornar mais cuidadosos e meticulosos quanto à nossa conduta.

O texto menciona o surgimento dos "cinco venenos ordinários", o que significa ignorância, apego, raiva, orgulho e ciúme ordinários.[73] Quando aplicamos a visão ou prática da yoga da deidade, podemos transformar uma emoção perturbadora em sabedoria. Mas quando uma emoção não foi transformada dessa forma é chamada de *ordinária*.

Uma emoção perturbadora ou aflição mental é um estado de mente que perturba e aflige a mente e solapa nossa experiência de paz interior. Nos enfraquece e esgota; cria miséria e insatisfação. Esta é a definição geral das aflições. Quando surgem, fazem-nos perder toda a paz mental.

Existem tipos específicos de aflição, como os cinco venenos mentais. O texto diz que, tão logo um dos cinco venenos surja em nossa mente, devemos reagir como se um inimigo tivesse invadido nossa mente e, sem a mais leve hesitação, sem permitir qualquer lapso de tempo, aplicar algum antídoto ou medida defensiva.

A explicação do Dzogchen sobre como os cinco venenos surgem como sabedoria talvez seja a explicação mais clara de todas. Em geral, esse tema é bastante árduo e difícil de entender. Contudo, é o seguinte: a natureza dos cinco venenos é permeada por um aspecto de percepção ou clara luz. Portanto, se não houver apego ou fixação e pudermos reconhecer por meio desse aspecto cônscio de clara luz a natureza de uma emoção – sua natureza última, intrínseca –, ela vai despontar como sabedoria. Há muito sobre o que pensar aqui.

## Atenção mental, vigilância e escrúpulo

**Com escrúpulo, vigilância introspectiva, comedimento e senso de dignidade, traga sua mente sob controle.**

Ao tentarmos garantir que a conduta de nosso corpo, fala e mente não se degenere, e sim fique disciplinada e controlada de modo adequado, os principais instrumentos que necessitamos empregar são a atenção mental e a vigilância introspectiva. E, como base para essas duas, precisamos de escrúpulo. Pois, sem sermos escrupulosos, jamais seremos capazes de desenvolver a atenção mental ou a vigilância.

Tome-se como exemplo um bom monge. Mesmo em sonhos ele terá a ideia: "Sou um monge"; e, se tiver o *escrúpulo* que vem com esse pensamento, sempre que alguma coisa inapropriada aparecer, ele vai pensar: "Oh, isso não é certo", e se conterá com a *atenção mental*. Ele então vai se assegurar de que aquilo não se repita mantendo-se de guarda com a *vigilância*. Escrúpulo, portanto, é da maior importância.

É a vigilância que verifica e mantém a guarda para ver se as ações de nosso corpo, fala e mente são virtuosas ou não virtuosas. Imaginem que estejamos prestes a fazer algo inapropriado. De repente ficamos cientes de que aquilo é errado e, devido a nosso senso de ética pessoal, decidimos não agir. Isso é conhecido como *autocontrole*. De outro modo, se reconhecemos algo como errado e nos contemos em consideração aos outros, isso é denominado *senso de dignidade moral*. Praticando ambos, autocontrole e dignidade moral, por um longo período de tempo – meses e anos –, podemos aprender a nos disciplinar e trazer nossa mente sob controle.

## OS OITO INTERESSES MUNDANOS

**Veja a igualdade de louvor e censura, aprovação e desaprovação, boa e má reputação,**
**Pois são como ilusões ou sonhos, e não possuem existência real.**

Esse verso refere-se aos oito interesses mundanos: querer ser louvado e não querer ser criticado, querer felicidade e não querer sofrimento, querer ganhar e não querer perder, e querer fama e aprovação e não querer rejeição e desgraça. Todos nós experienciamos isso, não é? Até os animais têm isso em uma tênue medida.

Acho que todos nós estamos particularmente interessados em manter uma boa reputação. Por exemplo, quando estou aqui em cima deste trono ensinando, de tempos em tempos, surge no fundo de minha mente o pensamento: "Como estou me saindo? Como as pessoas vão reagir a isso? Vão me elogiar? Talvez não... Oh! Isso não foi bem. Será que vão me criticar?". Sempre que isso acontece, preciso me conter e dizer: "Veja, agora que estou aqui neste trono transmitindo os ensinamentos do Dharma, não devo me permitir ser afetado dessa forma pelos oito interesses mundanos".

Entretanto, vamos verificar que esperanças, medos e pensamentos discursivos de todo tipo virão à nossa mente. Mesmo monges muito puros às vezes podem nutrir no fundo da mente um interesse a respeito de as pessoas dedicarem-lhes algumas palavras de louvor ou não. Pior ainda: podem começar a tentar impressionar os outros a fim de receber oferendas ou serem convidados para realizar rituais. Pensamentos assim são realmente pavorosos. Os oito interesses mundanos podem se esgueirar em nós, bastante furtiva e ignobilmente, e mesmo quando fizermos algo virtuoso eles tentarão dar um jeito de se intrometer.

Como está dito no *Caminho do Bodhisattva*, louvor e boa reputação nada fazem para aumentar nossa longevidade ou boa saúde.[74] Talvez se um monte de gente nos louvasse pudéssemos ficar um pouco mais ricos! Mas, fora isso, louvor não nos faz viver mais ou com melhor saúde, nem nos ajuda de nenhuma outra maneira. Se as pessoas nos criticam, isso não nos deixa doentes ou sem saúde nem encurta nossa vida. Não nos afeta absolutamente de nenhuma forma substancial.

Se pararmos para realmente pensar sobre louvor e crítica, veremos que não têm a menor importância. Recebermos louvor ou crítica não importa. A única coisa importante é termos uma motivação pura e deixarmos a lei de causa e efeito ser nossa testemunha. Se formos realmente honestos, poderemos ver que não faz diferença receber louvores e aclamação. O mundo inteiro pode nos cantar louvores, mas, se tivermos feito algo errado, ainda teremos que sofrer as consequências por nós mesmos e não poderemos escapar. Se agirmos apenas a partir de uma motivação pura, todos os seres dos três reinos podem nos criticar e censurar, mas nenhum deles poderá nos fazer sofrer. De acordo com a lei do karma, todos e cada um de nós devemos responder por nossas ações individualmente.

É assim que podemos deter esses tipos de pensamento por completo, vendo como são totalmente insubstanciais, como sonhos ou ilusões de magia. Quando as pessoas nos louvam e ficamos encantados é porque pensamos que ser louvado é benéfico. Mas é como pensar que existe alguma substância em um arco-íris ou sonho. Por mais benefício que pareça advir de louvor e aclamação, na verdade não há absolutamente nada. Por mais convincente que pareça, é tão irreal quanto a ilusão de um mágico. E por isso Longchenpa aconselha:

**Aprenda a suportá-los com paciência, como se fossem meros ecos,**

Exatamente do mesmo modo, quando alguém diz algo desagradável ou doloroso para nós, precisamos aprender a ser pacientes e clementes e nos lembrarmos de que as palavras daquela pessoa são como os sons de um eco, insubstanciais e irreais.

## CAPÍTULO 10

# EU E NÃO-EU

### CHEGAR À RAIZ DO APEGO E DA AVERSÃO

O verso seguinte diz:

> E corte pela raiz a mente que se agarra a um "eu" ou individualidade.

Precisamos romper com nosso apego à crença na individualidade ou no "eu", e aqui a visão profunda da vacuidade torna-se extremamente importante. Conforme mencionei antes, a raiz de todas as aflições e problemas delas surgidos é o apego a um "eu" ou individualidade. Como diz Chandrakirti em *Introdução ao caminho do meio*:

> Vendo que todas as aflições e falhas
> Surgem da visão do conjunto transitório,
> E que o eu é o objeto dessa visão,
> O yogue trata de invalidar o eu.[75]

Todas nossas falhas sucedem-se como resultado de nos agarrarmos à realidade do eu. Vamos dar uma olhada no processo por meio do qual o apego ou aversão se desenvolvem. No caso do apego, enfocamos algo agradável e desejamos possuí-lo e jamais perdê-lo. Com a aversão, trata-se de algo desagradável de que queremos nos livrar. Então, sempre que sentimos apego ou aversão, atribuímo-las a certas propriedades nos objetos em si e jamais levamos em conta o papel de nossa percepção. Pensamos que os objetos de nosso apego ou aversão são inerentemente bons ou inerentemente ruins. Isso alimenta uma crença de que não existe possibilidade de que eles mudem de *status*. Se, por exemplo, vemos alguém ou alguma coisa como realmente ruim hoje, mas como bom no dia seguinte, mal conseguimos acreditar. Pensamos ser impossível. Isso porque, quando tivemos nossa reação inicial de apego ou aversão, acreditamos que estivéssemos reagindo a propriedades inerentes, existentes independentemente de qualquer outra coisa. Uma propriedade verdadeiramente autônoma jamais poderia mudar. Se algo fosse bom, teria que permanecer bom e jamais mudar. Se algo fosse ruim, seria sempre desse jeito. Temos a tendência de ver as coisas assim, e isso nos leva a sentir apego pelo que achamos que é bom e aversão pelo que consideramos ruim.

Somando-se a essa crença de que os objetos de nosso apego e aversão são inerentemente bons ou ruins, também pensamos que algo é bom porque irá *me* beneficiar ou que algo é ruim porque irá *me* prejudicar, o que é ainda pior. Nesses casos, o senso de um eu que é beneficiado pelo que consideramos bom ou prejudicado pelo que consideramos ruim é extremamente forte.

Desse modo, não só acreditamos que o objeto de nosso apego ou aversão é real e inerentemente bom ou ruim, mas também acreditamos que o eu, aquele que sente apego ou aversão e que é beneficiado ou prejudicado, também é real. Isso nos leva a fazer uma separação entre "eu" e "outro" e então sentir apego por nós mesmos e aversão pelo que percebemos como "outro", ou oposto a nós e a nossos interesses.

Assim, para reduzir nosso apego e aversão, podemos considerar as características desagradáveis dos objetos de nosso desejo ou as qualidades positivas dos objetos de nosso ódio. Ou podemos considerar os inconvenientes da raiva e da aversão, e como de fato nos prejudicam, e usar isso como inspiração para cultivar a paciência e a clemência. São esses tipos de técnica que podemos usar para diminuir nosso apego ou aversão; mas, se pensarmos a respeito disso, o que realmente jaz por baixo da tendência de sentir apego ou aversão é a crença de que os objetos em si são mesmo do jeito que os percebemos e que existe um eu real que é beneficiado ou prejudicado por eles. É essa sólida crença – de que tanto as coisas quanto o eu são reais – que desencadeia as reações de apego e aversão.

## O SENSO DE EU

Contudo, se pensarmos profundamente sobre os objetos que provocam nosso apego e aversão, veremos que não são reais do modo como inicialmente achávamos que fossem. De forma similar, se pensarmos em profundidade sobre aquele que supostamente é beneficiado ou prejudicado por esses objetos, descobriremos que não podemos encontrar tal eu. Então, quando ambos – os objetos e o eu – não mais podem ser vistos como reais e sólidos por nós, não mais haverá fundamento para nosso apego e aversão. O que originalmente parecia uma base sólida e estável começa a se esfacelar e parecer insubstancial e falso.

Devemos dedicar um tempo para refletir sobre isso. Devemos pensar sobre o que se passa em nossa mente quando sentimos apego ou aversão. A primeira coisa que descobriremos é que existe um forte senso do nosso eu pessoal, um senso de "eu existo". Não só um senso de "eu existo", mas de que esse "eu" é independente de qualquer outra coisa.

Na tradição filosófica geral do Buddhadharma, falamos dos "quatro selos que são a marca dos ensinamentos do Buda". São eles:

> Todos os fenômenos compostos são impermanentes.
> Tudo que é contaminado é sofrimento.
> Todos os fenômenos são vazios e destituídos de eu.
> Nirvana é a paz verdadeira.

• Como vimos antes, as coisas são impermanentes porque dependem de causas. Os agregados, como todos os fenômenos condicionados, dependem de certas causas, e isso significa que também são impermanentes.

• Então, a causa principal dos agregados é a ignorância. O fato de que são causados pela ignorância significa que todos eles são, por natureza, sofrimento. Diz-se que tudo que sucede como resultado de ignorância é "contaminado" e é sofrimento por sua própria natureza.

• O terceiro dos quatro selos é: "Todos os fenômenos são vazios e destituídos de eu". Acabamos de reparar que tudo que é contaminado é sofrimento, mas é possível ficar livre desse sofrimento. O motivo é o seguinte: sofremos porque estamos sujeitos à ignorância, mas a ignorância que nos faz sofrer é basicamente uma interpretação equivocada das coisas. Tomamos as coisas como reais quando de fato não são reais. Na verdade, todos os fenômenos são vazios e destituídos de eu. Se nos ativermos à apresentação geral aceita por todas as escolas budistas, então "destituído de eu" refere-se basicamente à ausência de qualquer identidade pessoal concreta. O senso de "eu" e o senso de "meu" que imputamos aos fenômenos na verdade estão ausentes dos fenômenos em si. Isso significa que a ignorância que jaz na raiz de nossas aflições pode ser eliminada.

• E, quando a eliminamos, a paz decorrente é a felicidade genuína e duradoura. Este é o significado de "nirvana é a verdadeira paz".

Todas as várias escolas do budismo aceitam a noção de não-eu. Elas concordam que a causa-raiz de todo nosso sofrimento e aflições é o forte apego ao senso de "eu". Em termos simples, elas afirmam que não existe um eu ou indivíduo que exista separado, e independentemente, dos agregados. Se pensarmos a respeito em profundidade, depois de um tempo isso pode solapar e reduzir gradativamente nosso forte apego a esse eu, um eu que existe de modo independente dos agregados e que os controla. O simples entendimento de que tal eu independente não existe pode contrapor-se à nossa tendência de acreditar nele.

Quando classificamos as escolas filosóficas da Índia antiga e distinguimos entre budistas e não-budistas, aquelas que são a favor de uma crença nesse tipo de eu são classificadas de não-budistas, ao passo que aquelas que buscam refutar a crença em um eu são consideradas budistas. Os ensinamentos de fato dizem: "A afirmação ou refutação da base para a visão do eu é o que separa os seguidores do Buda dos outros".[76]

## Desejo ou apego

Vamos pegar um exemplo do cotidiano para olhar o desejo ou apego. Imaginem que vamos às compras e vemos algo que queremos comprar. O que vem a seguir acontece em dois estágios. Primeiro, tão logo vemos o objeto, simplesmente o percebemos como algo bom. Nesse ponto ainda não existe qualquer apego. Já existe um senso de que o objeto é real, mas não há apego. Então, *no momento seguinte*, começamos a pensar no objeto. Dizemos a nós mesmos: "Hummm, isso é bacana! Preciso de algo assim. Além disso, realmente combina comigo". Nesse momento, é como se nossa mente ficasse absorta no objeto. É quase como se a mente fosse sugada por ele. É o que chamamos de apego. Então, impelidos por esse desejo e apego, compramos o objeto. Uma vez que o possuímos, nossa nova posse parece ainda mais atraente. É o mesmo objeto, mas, como agora estamos tratando-o como algo conectado a nós mesmos, algo que possuímos, parece muito mais precioso e desejável.

Mas então imaginem que vocês vão a uma loja e veem algum objeto bonito e, por algum motivo, ele de repente cai no chão e quebra. Vocês ficam levemente sobressaltados e decepcionados, mas é bem pouco provável que fiquem muito aborrecidos. De outro modo, se tivessem pago pelo item e o comprado, e ele caísse no chão e quebrasse, vocês sentiriam um choque súbito, quase como um golpe no peito. Quando começamos a nos relacionar com algo que está intimamente conectado conosco e com nosso senso de eu, sentimo-nos muito mais firmemente apegados a essa coisa.

Se vocês pensarem sobre isso, é bastante claro. No começo a mente avalia as coisas em termos de bom e ruim, mas assim que começamos a nos relacionar com elas em termos do nosso senso de eu afloram o apego e a aversão. Ao sentirmos apego, é fácil sentir aversão ou agressividade em um grau idêntico de intensidade. Porque com o desejo vem a raiva. Quando nos sentimos apegados a nós mesmos e a nossos interesses pessoais, sentimos o mesmo grau de aversão ou hostilidade tão logo suspeitemos que tais interesses estejam em risco ou sendo de fato prejudicados.

## O DANO INFLIGIDO PELA RAIVA E PELO ÓDIO

O que realmente nos prejudica é nossa raiva. O verdadeiro dano, a verdadeira violência nos são infligidos pela raiva. No momento em que ficamos irados, nossa mente fica agitada e completamente desconfortável. O desconforto que a raiva causa em nossa mente transforma até mesmo nossa aparência física. Nosso rosto muda, ficamos com um aspecto feroz e feio. Nossa respiração fica irregular e acelerada e rosnamos coisas ásperas e despeitadas. Esta é a verdadeira violência, e é algo que a raiva faz conosco. Então, ao mesmo tempo que nos sentimos péssimos, nos excedemos e fazemos mal aos outros. Mas a perpetradora de todo esse dano é nossa raiva.

Comparado à raiva, o desejo parece bastante gentil e agradável, até amistoso, mas na verdade é o desejo que nos leva a sentir raiva e aversão.

Nem é preciso dizer que desejo e agressividade não são problemas apenas do ponto de vista espiritual. Causam todos os tipos de problema para nós como indivíduos e para o conjunto da sociedade. Não faz qualquer diferença onde as pessoas estejam, quer vivam em uma aldeia minúscula ou em uma cidade enorme, no Ocidente ou no Oriente, sejam ricas ou pobres. Se você compara alguém que é constantemente afligido por apego e aversão com alguém que possui menos desejo e agressividade, aquele que tem menos com certeza será mais feliz e estará mais sossegado, nem se discute. A pessoa que é vítima de apego e aversão intensos jamais se sentirá realmente acomodada e feliz. Vocês podem ver os efeitos na vida familiar. Com alguém que está mais relaxado, a família inteira também fica mais serena e não há tantas discussões e desavenças. Mas, com alguém temperamental e dilacerado por fortes sensações de ânsia e hostilidade, cada um dos outros membros da família será afetado e haverá problemas e bate-bocas infindáveis. Isso é algo que podemos observar por nós mesmos a partir da experiência de viver em sociedade.

Pensem sobre isso com cuidado e poderão ver que na verdade é impossível suprir todos os desejos que surgem de nossas fortes sensações de apego e aversão. Eles são insaciáveis. Olhem para a raiva. Quando nos enfurecemos, podemos destruir qualquer coisa e qualquer pessoa que esteja nos irritando. Se algum inseto nos incomoda, podemos matá-lo com um tapa, e isso nos faz sentir melhor ou nos dá algum leve senso de triunfo, mas existem muitas outras coisas que alimentam nossa irritação e nos deixam irados. Não podemos destruir o mundo inteiro! De fato, não há ninguém na história do mundo que jamais tenha tido êxito em satisfazer todos os impulsos estimulados por apego e aversão.

Enquanto vocês forem dominados por apego e aversão desordenados, é absolutamente impossível que sejam felizes. Mas, ao lado de alegria e bem-estar, existe outro significado para a palavra *felicidade*, que é contentamento. É quando estamos contentes que conseguimos relaxar e nos sentir em sossego. Enquanto estivermos insatisfeitos, a felicidade vai nos escapar. E o que nos impede de encontrar o contentamento é o apego e a aversão. Quanto mais proeminentemente figuram em nossas vidas, mais difícil fica encontrarmos satisfação. Assim, vocês podem ver que são o apego e a aversão que realmente nos causam maiores danos. Se olharmos para os outros, poderemos ver que desejo e ódio são realmente a fonte de todo conflito e toda contenda; não são as pessoas em si. Por isso, é crucial distinguirmos os indivíduos de seu apego e aversão.

Conforme já observamos, as aflições agitam e perturbam nossa mente, o que então tem um efeito fisiológico, deixando-nos muito mais suscetíveis a problemas de saúde. A evidência disso é muito clara. Menciono seguidamente a pesquisa psicológica que mostrou como as pessoas que usam as palavras "eu", "mim" e "meu" com mais frequência – e que, em outras palavras, são intensamente preocupadas consigo mesmas – encaram risco maior de doença cardíaca que outras.[77] Esta é uma descoberta bastante significativa.

Sempre que somos guiados por desejo e ódio, isso realmente atormenta nossa mente. Imaginem, por exemplo, que certo dia concluímos nosso trabalho e voltamos para casa. Quando chegamos lá, simplesmente relaxamos e tiramos uma folga de tudo. É nossa chance de nos revitalizarmos. Contudo, podemos estar sentados confortavelmente em casa, a sós, sem ninguém em volta para nos chatear, mas, se nossa mente estiver inquieta, vamos verificar que é impossível descansar e relaxar. À noite vamos nos revirar na cama e não conseguiremos dormir. Se nos desesperamos, recorremos a pílulas ou tranquilizantes. Então, quando o desespero se instala, tornamo-nos autodestrutivos e apelamos para álcool ou drogas, muito embora saibamos que são prejudiciais. Quando a mente é devastada por apego e aversão, pode fazer de nossa vida uma desgraça.

Existe uma história que conto meio de brincadeira, mas meio a sério. Vamos imaginar que temos um vizinho de porta que, por algum motivo qualquer, não gosta de nós e está sempre tentando puxar um bate-boca ou levar a melhor. Se deixarmos que ele nos incite a sentir ressentimento e animosidade, essas sensações não terão o mais leve efeito prejudicial sobre ele. Mas em nós terão um efeito imediato: vão roubar nossa paz mental. Depois de um tempo, não conseguiremos pensar em mais nada. Perderemos o apetite. Ou, se sentirmos vontade de comer, a comida será destituída de qualquer sabor. Teremos problemas para dormir. Se um amigo vier nos visitar, não conseguiremos nos livrar daquele estado de espírito, e tudo que vamos dizer para nós mesmos é: "Por que ele tem que vir me chatear?". O assunto se espalhará entre nossos amigos; eles ficarão surpresos ao ouvir falar da mudança de nossa personalidade e que não somos mais uma boa companhia. As pessoas vão parar de aparecer, uma depois da outra, e logo não receberemos mais visitas. Finalmente, seremos deixados sozinhos a ruminar nossos pensamentos soturnos. Não poderemos sequer sair e desfrutar das flores do jardim. Trancados dentro de casa por nós mesmos, fervendo de raiva, com pensamentos ressentidos, desanimados e deprimidos, nosso cabelo começará a ficar grisalho e começaremos a envelhecer antes do tempo.

Se isso acontecer, nosso vizinho ficará faceiro. Era exatamente o que ele queria. Ele queria nos prejudicar. Quando vir quanto nos tornamos solitários, tristes e deprimidos, ele vai dar vivas e pensar: "Consegui!".

Mas e se, enquanto nosso vizinho dá tudo de si para nos incomodar, permanecermos completamente serenos e à vontade, comendo e dormindo bem, vendo os amigos e desfrutando todos os prazeres da vida? Ele vai ficar exasperado. Não só continuamos com boa saúde, como o desejo do nosso vizinho de nos prejudicar foi frustrado.

A única coisa que a raiva sempre realiza é perturbar nossa mente; jamais consegue ferir nosso adversário.

Acima de tudo, é totalmente ineficaz ficar irado. Tenho um exemplo que é bastante cômico. Imaginem ter uma vara na mão. Vocês perderam a cabeça, estão possessos, querem atingir uma coisa e simplesmente dão golpes de forma indiscriminada em todas as direções. Podem assentar uma pancada em absolutamente qualquer coisa, arriscam-se até mesmo a golpear a própria perna. De outro modo, se estiverem bem calmos, com um sorriso vencedor no rosto e fizerem a mira com cuidado, poderão estar certos de acertar o alvo e não de estragar tudo!

## APEGO E AVERSÃO: AS IMPLICAÇÕES MAIS AMPLAS

Apego e animosidade são por certo *unicamente* prejudiciais e nada mais. Não obstante, algumas pessoas acreditam que essas emoções muito poderosas de desejo e ódio são o que tornam a vida excitante e lhe propiciam colorido. Pensam que sem elas a vida seria insípida, sem graça e drenada de qualquer vitalidade. Às vezes temos a tendência de admirar pessoas com muito desejo e agressividade, imaginando que são indivíduos fortes e capazes, que realmente sabem como cuidar daqueles que amam e confrontar os inimigos. Mas, se realmente pensarmos sobre isso com cuidado, é como diz Nagarjuna:

> Existe algum prazer a ser obtido coçando uma comichão,
> Mas é ainda mais prazeroso não ter comichão nenhuma.
> Assim são os prazeres a serem obtidos dos desejos mundanos,
> Mas com a liberdade do desejo vem um prazer maior ainda.[78]

Isso de fato é verdade e não tem nada necessariamente a ver com religião. É apenas um fato da vida. As aflições, e em particular apego e aversão, fazem de nossa vida uma desgraça. Nos incomodam e são responsáveis por todo tipo de problema.

Na sociedade moderna, todos admitimos que a falta de conhecimento é danosa e assim fazemos o melhor possível para remediá-la, proporcionando educação para nossos filhos. Todos concordam que seja vital as crianças irem para a escola e, hoje em dia, nos países desenvolvidos do mundo, as pessoas iletradas vêem-se excluídas de todos os tipos de oportunidade. Ser iletrado ou inculto torna a sobrevivência difícil – falta de conhecimento e educação são a causa-raiz de pobreza e indigência. É por isso que destinamos esforços e recursos à educação. Contudo, embora apego e aversão causem tantos problemas quanto a falta de educação, por que não tomamos uma atitude contra eles e não tentamos reduzi-los, do mesmo modo que buscamos erradicar a ignorância? Creio que isso realmente tenha que ser levado em consideração com seriedade.

Claro que podemos dizer que desejo e ódio são simplesmente naturais, características com que nascemos. Mas assim é a ignorância: não nascemos educados. Portanto, não há diferença. Outras espécies permaneceram mais ou menos iguais por milhões de anos, mas a humanidade passou a ver a ignorância como uma falha, e demos duro para nos educar. De certa forma, isso tornou nossa vida muito mais complicada e nos deu muito mais em que pensar, de modo que foi uma bênção ambígua, mas o fato de todos nós vermos a ignorância como uma falta está definitivamente correto. Precisamos eliminar a falta de conhecimento e a educação insatisfatória. Mas, assim como a ignorância pode causar muitos problemas na vida, esses outros estados negativos de mente, como apego e aversão, também são responsáveis por imenso sofrimento, de modo que, como sociedade, devemos achar maneiras de lidar com eles. Não estou falando sobre religião ou espiritualidade aqui, porque esta é uma preocupação da sociedade como um todo.

## Paciência e tolerância verdadeiras

Quando ficamos irados com as pessoas, em geral é por causa do dano que nos causaram. Mas o que realmente ajuda nesse tipo de situação é fazer uma distinção clara entre as ações cometidas e a pessoa que as comete; isso está relacionado ao desenvolvimento de paciência ou tolerância. De longe, a qualidade mais importante para nos impedir de ficar irados ou ressentidos com alguém que está nos causando mal é a paciência.

Porém a paciência não deve ser interpretada como aceitar passivamente os maus-tratos dos outros sem confronto. Precisamos entender isso de modo adequado – como eu disse antes, muitos de nós acreditam que as pessoas que mostram fortes emoções de apego e agressividade são fortes e capazes, pois se defendem. Vocês podem pensar equivocadamente que ficar livre do desejo e da raiva, cultivar compaixão e praticar a paciência significam simplesmente aguentar abusos verbais e físicos dos outros. Mas não é esse o caso. Não devemos aceitar maus-tratos por parte de ninguém, mas encarar e agir para fazer com que parem. Ao mesmo tempo, contudo, não devemos sentir qualquer raiva ou rancor da pessoa que é a causa do dano.

Existem motivos particulares para sentir compaixão por aquela pessoa. Isso é algo sobre o que podemos precisar refletir um pouco. Sempre que fazemos algo errado, e mais tarde sentimos remorso e pedimos desculpas pelo que fizemos, distinguimos o erro de nós mesmos. Contudo, quando são os outros que estão nos causando mal, não fazemos a separação entre a ação e o perpetrador tão rapidamente. Usamos a ação danosa como desculpa para ficarmos irados com a pessoa que a cometeu. Em vez disso, deveríamos traçar uma distinção, assim como fazemos no nosso próprio caso.

Do mesmo modo, assim como veríamos nossa má ação como um equívoco, devemos entender que, como vítima de emoções perturbadoras como desejo e raiva, a outra pessoa também está cometendo um engano. É por isso que devemos sentir compaixão. A partir de nossa própria experiência, sabemos como é que é, como é terrível ser subjugado por sentimentos compulsivos de apego ou animosidade. Se nos lembrarmos de que a outra pessoa está passando por isso, naturalmente sentiremos compaixão por esse indivíduo que está nos causando mal. Essas são a paciência e a tolerância verdadeiras. Ao mesmo tempo, se as ações do outro são injustas e injustificadas, devemos fazer frente a elas, detê-las e tentar cessá-las.

## Não-eu pessoal: a vacuidade de "eu" e "meu"

No ensinamento do Buda, a forma de evitar apego e aversão não é simplesmente ver suas falhas e se afastar temporariamente, mas sim chegar à verdadeira raiz: fixação a um senso de individualidade ou de "eu". Existem diferentes tipos de fixação, mas nesse caso significa aferrar-se à noção de um eu existente de modo substancial, que é de algum modo autônomo ou independente dos agregados psicológicos e não obstante está no controle deles. É assim que o eu se parece, e a crença de que ele é do jeito que parece é o que chamamos de *auto-apego*.

Assim, começamos determinando que a base autônoma para nosso auto-apego não existe. A seguir nos tornamos progressivamente mais habituados a esse fato por refletir e pensar a respeito em profundidade, repetidas vezes. Em algum estágio, embora a noção de eu ainda surja muito teimosamente devido à força do hábito, chegamos ao ponto em que podemos ver por nós mesmos que, quando procuramos esse "eu" ou individualidade, não conseguimos encontrá-lo de modo algum em lugar nenhum, do topo de nossa cabeça à sola dos pés. Se realmente houvesse um eu autônomo no controle dos agregados, deveríamos ser capazes de encontrá-lo em algum lugar, ou no corpo ou na mente, em algum lugar entre os diferentes estados de consciência, grosseiros e sutis. Mas é muito difícil encontrarmos. Quando vemos que não existe o tal eu independente que parece existir, isso provoca um impacto em nosso auto-apego, solapando-o e reduzindo-o.

Entre as escolas de filosofia budista, as Vaibhashikas e as Sautrantikas entendem o não-eu apenas em termos de não-eu pessoal ou da vacuidade de "eu" e "meu". Elas não falam sobre o não-eu de todos os fenômenos. Como já disse antes, a visão de não-eu do indivíduo ajuda a reduzir a fixação na noção de "eu" e também diminui o apego e a aversão ligados ao senso de eu – resultado de ver as coisas como "minhas" e como boas ou ruins. Contudo, isso não solapa o apego e a aversão por estabelecer a ausência de qualquer identidade inerente nos *objetos* de apego e aversão *em si*.

## NÃO-EU DOS FENÔMENOS: A VISÃO MENTE APENAS

Além do não-eu do indivíduo, as visões mais elevadas das escolas Mente Apenas e Caminho do Meio falam do não-eu dos fenômenos. Elas estabelecem que até mesmo os fenômenos de nossa experiência, tais como os agregados, não são reais e sólidos como parecem. Existem muitos estágios e camadas nesse processo. A abordagem da escola Mente Apenas é analisar os fenômenos de nossa existência cotidiana, como os agregados psicofísicos, quebrá-los nas partes que os compõem, até a menor partícula, e mostrar que, em tudo isso, não existe nada para ser encontrado. Isso nos leva a questionar a suposição cotidiana de que as coisas são reais, sólidas e substanciais. Em outras palavras, começamos a desafiar a suposição de que coisas e eventos externos têm uma realidade intrínseca própria, por si mesmos, independentemente de nossas projeções subjetivas. Esse processo nos leva à conclusão de que esses fenômenos são da mesma natureza, da mesma substância que a mente que os percebe.

Isso nos ajuda a superar o apego e a aversão solapando a suposição de que as coisas possuem qualidades de bom ou ruim intrínsecas, de algum modo independentes da mente que projeta. Então surge a questão: se esses fenômenos não são intrinsecamente reais por si mesmos, de que maneira existem? A resposta é que surgem como resultado de tendências habituais implantadas em nossa consciência. Isso é um pouco difícil de entender.

Dizem que existem quatro tipos de tendências habituais: de expressão, tipo semelhante, visão do eu, e dos elos da existência condicionada.[79]

Vamos relacionar as quatro à nossa percepção dessa flor aqui na minha frente. Quando analisamos a flor, verificamos que não há nada intrínseco nela. Assim, podemos então indagar onde ela de fato está. Conforme essa apresentação, a mente que percebe a flor e a flor que a mente percebe surgem das tendências habituais plantadas na consciência básica. Tivemos a experiência de flores semelhantes no passado e, quando essas percepções cessaram, tornaram-se tendências habituais plantadas dentro da consciência básica. Quando encontram as condições certas, essas tendências habituais são ativadas – surgem em parte como aspecto do objeto percebido e em parte como aspecto da mente que percebe. Tanto o objeto percebido quanto a mente que percebe são da mesma substância. Ambos surgem da mesma causa ou semente perpetuadora. Devido ao fato de os aspectos subjetivo e objetivo da percepção surgirem da mesma semente, dizemos que são da mesma identidade. É assim que a percepção ocorre por meio do despertar da *tendência habitual de tipo semelhante*.

Desse modo, a base para dar a ela o rótulo de flor é a marca da *tendência habitual de expressão*. Aqui fica ligeiramente complicado, porque diz-se que a base para rotular existe conforme características próprias; existe alguma base para o rotulamento, contudo não é algo que exista por si mesmo, que é como nos parece. Nossa fixação à ideia de que é do jeito que parece é *a tendência habitual de visão do eu*, e também *a tendência habitual das ramificações da existência condicionada*, mas principalmente a tendência habitual da visão do eu. É assim que isso é explicado, de modo que uma única cognição envolve várias diferentes marcas de diferentes tipos de tendências habituais.

Por exemplo, o fato de essa flor aparecer como flor está baseado na tendência habitual de tipo semelhante. Nosso rotulamento dessa flor como flor está baseado na tendência habitual de expressão. A impressão de que essa base a que aplicamos o rótulo de "flor" existe por si mesma provém da tendência habitual da visão de eu. Essa impressão é falsa; em outras palavras, o que está sendo negado é o que precisamos invalidar.

Em todo caso, se refutamos a existência de objetos externos, precisamos propor uma explicação alternativa para todos os fenômenos do samsara e nirvana. Assim, conforme a explicação oferecida pela escola Mente Apenas, essas aparências são aspectos da consciência que surgem devido à ativação das tendências habituais. Fica complicado quando explicamos o processo em detalhes, mas o ponto é que essas aparências são simplesmente a mente autopercebedora e suas percepções. É assim que o não-eu dos fenômenos é explicado. E essa explicação é útil, pois, quando vemos que os objetos que nos provocam apego e aversão não existem de forma independente de nossa percepção, isso ajuda a reduzir nosso apego e aversão. Ainda assim, como proponentes da existência verdadeira, os seguidores da escola Mente Apenas fazem uma distinção entre os objetos externos que não existem verdadeiramente e a mente interna percebedora que existe por si mesma, de modo inerente.

## Ausência de eu dos fenômenos: a visão do caminho do meio

Ao olhar para isso de forma mais aprofundada, conforme os textos do Caminho do Meio, não existe separação dos fenômenos conhecíveis em categorias externa e interna, e tantos os objetos externos percebidos quanto a mente percebedora são vistos como desprovidos de qualquer existência verdadeira ou inerente. Apego e aversão são estados da mente, e é demonstrado que todos os estados da mente são desprovidos de realidade verdadeira.

Desse modo, por meio da meditação sobre a ausência de eu do indivíduo, a fixação ao "eu" é reduzida e então, por meio da meditação sobre a ausência de eu dos fenômenos e a realização de que todos os fenômenos de nossa experiência não são verdadeiramente existentes, começamos a ver as coisas mais como ilusões. Começamos a perder nossa impressão habitual de que as coisas são muito sólidas e fixas, e, junto a isso, a ideia de que o que é bom é apenas sempre bom e de o que é ruim é apenas sempre ruim. É dessa forma que a realização do não-eu corta a fixação ao eu pela raiz.

CAPÍTULO 11

# VIDA, MORTE E PRÁTICA

Vamos retornar agora ao texto de Longchenpa:

**Em resumo, sem jamais transgredir o Dharma em tudo que faz,**
**Traga sua mente sob controle, não faça mal aos outros,**

O modo de evitar "transgredir o Dharma em tudo que faz" com o corpo, fala e mente é, conforme observamos antes, cultivar atenção, vigilância introspectiva e escrúpulo, de modo a não fazer mal aos outros de forma alguma.

**E, sem sucumbir, nem mesmo por um instante, às aflições mentais,**
**Devote seus dias e noites à virtude – isso é crucial!**

**Hoje em dia quando as pessoas estão tão desregradas,**
**É vital que você primeiro atinja o bem-estar pessoal em solidão.**

Longchenpa ressalta que existe muita gente inoportuna e disruptiva hoje em dia e pode ser difícil levar benefício aos outros. Assim, é mais importante para nós obtermos o bem-estar pessoal em isolamento e solidão. Para ilustrar isso, ele diz:

**Assim como um pássaro não pode voar sem as duas asas,**

> O bem-estar dos outros não pode ser alcançado sem as faculdades mais elevadas de percepção,
> Portanto, empenhe-se com diligência para seu bem-estar pessoal, enquanto considera mentalmente o bem-estar dos outros.
> Sem deixar sua mente ser enganada pelos maras trapaceiros da distração e da ocupação,
> É vital que você se aplique na prática –

Se nossos esforços para beneficiar os outros são superficiais, e somos logrados e levados pelas forças obstrutivas da distração, podemos presumir que estejamos praticando o Dharma ou realizando alguma coisa para benefício dos outros, embora não estejamos. Por mais nobre que tudo possa parecer, na verdade não estamos produzindo nada de relevante. Longchenpa refere-se a isso como ser "enganado pelos maras trapaceiros da distração e da ocupação".

## A MENSAGEM DA IMPERMANÊNCIA E DA MORTE

> Não gere motivos para sofrer arrependimentos na hora da morte!

Ao longo da vida, podemos tentar impressionar os outros gabando-nos de nossos feitos e qualidades e encobrindo nossas faltas. Pode funcionar em certa medida, e podemos nos safar. Mas quando a morte chega não há lugar para esse tipo de trapaça. Nada de nosso poder ou força pode endireitar as coisas, nenhuma de nossas riquezas ou recursos pode subornar alguém; de fato, não há absolutamente nada que possamos fazer. À medida que a morte se aproxima, cada um de nós tem que pensar intensa e profundamente e examinar a mente sem qualquer fingimento. Precisamos nos perguntar: "O que fiz da minha vida? Agora que estou prestes a morrer, que confiança real eu possuo? E que senso de realização?". Se não houver nada que possamos destacar, então teremos sido deveras tolos. Nas palavras de Longchenpa: "Não gere motivos para sofrer arrependimentos na hora da morte!".

> Portanto, inspecione sua mente, apronte-a agora mesmo,

A expressão tibetana usada aqui transmite a noção de preparar a mente deixando-a pronta e manipulável, como um campo preparado de modo a estar pronto para as sementes serem plantadas e crescerem.

> E considere o seguinte: caso morresse agora, o que seria de você?
> Sem qualquer garantia a respeito de para onde você iria ou o que poderia acontecer,[80]
> Gastar os dias e noites nas garras da confusão e da distração
> É desperdiçar e tornar sem sentido as liberdades e vantagens.
> Medite, portanto, sobre o significado essencial, sozinho e em isolamento.
>
> **Pois é agora que uma estratégia de longo prazo é realmente necessária.**

Em outras palavras, precisamos começar a praticar agora, de modo que possamos realmente cumprir a meta última, de longo prazo.

> **Como você pode ter certeza de onde irá no futuro?**
> **Você deve aplicar-se diligentemente hoje mesmo!**

Precisamos valorizar a extraordinária oportunidade de praticar o Dharma proporcionada pelo nascimento humano precioso e a liberdade que isso nos dá de nos devotarmos ao que é verdadeiramente significativo. O que nos ajuda a fazer o melhor uso dessa oportunidade é a meditação sobre a impermanência.

Existem dois níveis de impermanência: a impermanência sutil da mudança momentânea e a forma mais óbvia da impermanência da mudança. Esse verso fala sobre a segunda forma de impermanência, mais aparente.

A morte com certeza vai chegar para todos nós. Uma vez que nascemos, a morte está fadada a sobrevir. E, quando a morte se abate, toda nossa riqueza e bens, parentes e amigos, fama e reputação, o que quer que tenhamos, não será da mais leve ajuda. Isso é plenamente claro. Uma vez que tenhamos morrido, não cessamos de existir simplesmente, como a flor que murcha. Como vimos antes, a consciência continua. Vocês podem não aceitar com completa certeza que existam vidas futuras, mas penso que também é muito difícil excluir por completo a possibilidade. Que motivos vocês podem dar para negar o renascimento? O fato de não ser universalmente aceito? Ou de vocês não terem visto uma evidência direta por si mesmos? Talvez esses sejam os únicos motivos. Mas, se vocês não aceitam a possibilidade de vidas futuras, também não podem aceitar a possibilidade de vidas passadas; contudo, existem testemunhos impolutos de pessoas que lembram de suas vidas pregressas. Existem algumas também que conseguem prever suas vidas futuras. De algum modo vocês precisam levar esses fenômenos em consideração.

Assim, existem certos fundamentos para a crença em vidas passadas, mas existe pouca coisa que podemos fornecer como base para desprezar a possibilidade por completo, a não ser o fato de não termos experiência direta – o que é apenas um motivo de dúvida, e não um motivo para excluir a possibilidade de vez. Creio que podemos dizer que existem mais evidências para apoiar a realidade de vidas passadas do que para refutá-la. Além disso, não existe evidência específica que possa nos obrigar a excluir a possibilidade. Penso também que, se nos recusamos a aceitar vidas passadas e futuras, torna-se necessário aceitar a noção de "produção sem causa".[81] Precisaremos dizer que o universo é criado de modo espontâneo, sem qualquer causa, e então haverá muitas perguntas para as quais não poderemos fornecer uma resposta.

Entretanto, se existem vidas passadas e futuras, apenas as tendências habituais virtuosas que criarmos agora no nosso fluxo mental é que serão de algum benefício para nós no futuro, porque é o fluxo da consciência que continua. Qualquer coisa conectada a nós no nível do corpo físico, não importa quanto possa ser útil nesta vida, não será de benefício no futuro. Isso está muito claro.

Em todo caso, quer aceitemos a existência de vidas passadas e futuras ou não, a morte é algo que todos tememos e que nenhum de nós quer. Embora não a desejemos, é certo que vai acontecer. O fato de que algo que não queremos vai acontecer deixa-nos ansiosos e temerosos. Mas, visto que sabemos que vai acontecer, seria melhor aceitar e chegar a um acordo a respeito com antecedência. Devemos aceitar que é apenas um fato natural da vida que venhamos a morrer. É fato também que vamos envelhecer. Se nos recusarmos a aceitar os fatos e optarmos por nem sequer pensar na morte porque é desagradável demais, um dia, quando vier o momento de morrer, vamos experienciar um bocado de pânico e medo. De outro modo, se pensarmos sobre a morte – como é, o que o processo de morrer envolve e que tipo de pensamentos devemos ter ao morrer –, isso vai apenas ajudar a nos prepararmos para o momento da morte e reduzir nossos medos e ansiedade desnecessários.

Assim, quer aceitemos ou não vidas passadas e futuras, aceitar o fato da morte e pensar nisso com antecedência só pode trazer benefício. Não pensar nisso de jeito nenhum apenas nos predispõe a uma grande dose de medo e sofrimento no final.

A morte é certa, mas o momento de nossa morte é incerto. Desse modo, precisamos pensar sobre o que pode nos acontecer após a morte e precisamos nos preparar para morrer fazendo o que quer que vá nos ajudar. Esse é o modo de refletir sobre a morte e morrer.

O texto prossegue:

> Essas aparências delusórias do samsara são como trilhas traiçoeiras.
> Mantenha em mente: você deve encontrar os métodos para se libertar.
> Pois, se permanecer deludido agora, vai vagar em delusão para sempre.

Agora que obtivemos a maravilhosa oportunidade de uma existência humana, com todas as suas liberdades e vantagens, e podemos trabalhar para garantir nossa meta última, se não fizermos pleno uso dessa oportunidade, nosso tempo será jogado fora, essa chance será desperdiçada e "vagaremos em delusão para sempre".

> **Assim, estimule a perseverança e a mantenha em seu coração.**
>
> **O oceano das aflições mentais e o mar do auto-apego são difíceis de atravessar,**
> **Mas agora que você tem a embarcação das liberdades e vantagens, use-a para alcançar a margem distante!**

Agora temos que nos livrar do oceano do samsara com suas ondas espumantes de aflições mentais e do vasto mar – tão difícil de atravessar – do auto-apego, que é a fonte das aflições. Temos a oportunidade oferecida pelas liberdades e vantagens desta vida humana; por isso, devemos colocar todo nosso esforço em fazer a travessia.

> **Agora, quando, por meio da força de seu mérito, você obtém essa oportunidade –**
> **Acesse os caminhos da liberação e iluminação, tão raros de se achar –**
> **Empenhe-se do fundo do coração para trazer benefício e felicidade!**

De momento temos essa maravilhosa oportunidade de viajar rumo à liberação e onisciência, resultado do mérito que acumulamos em muitas vidas no passado. De modo que agora, quando temos a chance de garantir nossa felicidade em muitas vidas por vir, devemos estimular a perseverança, entusiasmo e diligência do fundo de nosso coração e então efetivar nosso bem-estar e felicidade últimos.

> A vida é impermanente e muda de um momento para o outro,
> E nós habilmente nos enganamos, adiando a prática virtuosa.

Enquanto gastamos nosso tempo atarefados com preocupações que parecem muito importantes, mas são destituídas de significado, nossas vidas passam correndo, muito rapidamente de fato. As distrações são sempre atraentes e engenhosas em nos enganar. E, durante esse tempo todo, dia após dia, adiamos a atividade virtuosa constantemente. À medida que nossa vida passa, gastamos cada vez mais tempo tentando ganhar a vida e construindo nossa carreira, enquanto o tempo gasto na prática espiritual segue minguando. Pensamos que devemos devotar mais tempo ao trabalho, de modo que acordamos mais cedo de manhã e trabalhamos até mais tarde à noite, e a coisa que reduzimos para compensar esse tempo extra é a prática espiritual. Gradativamente, passamos a negligenciar a prática espiritual e damos pouca importância a ela. Isso pode acontecer, não pode?

> **Quando estamos acostumados há muito com a delusão,**

Fundamentalmente, as causas da delusão são fixação na existência verdadeira e autozelo. Essas duas são duras e imutáveis como um diamante, e todos nós as temos em nossos corações. Até agora, de fato, nós as tomamos como refúgio. Não existe um único ser vivo, nem mesmo um inseto minúsculo, que não queira ser feliz, mas, com a fixação na existência verdadeira e o autozelo como fontes de refúgio e confiança, tal felicidade jamais vem.

Nesse ponto, porém, podemos ver a falha de tal autozelo. Fomos introduzidos ao fato de que essa atitude – agarrar-se a um eu existente onde não existe eu nenhum – é equivocada. Fomos introduzidos ao fato de que o autozelo jaz na raiz de todos os vários medos do samsara. Podemos ver como colocamos nossa confiança na fixação na existência verdadeira e no autozelo, e tudo que sempre fizemos foi nos render a eles por completo, de corpo e alma. O que precisamos agora é de um tipo de atitude completamente nova.

> **A todo momento somos naturalmente atraídos para as aflições mentais,**

Até agora, estivemos tão entrincheirados em nossos hábitos que ações negativas, aflições e falta de controle sobre nossa própria mente tornaram-se todos instintivos, quase que uma segunda natureza.

> E, mesmo que nos apliquemos no mérito e virtude,
> Verificamos que não surgem facilmente.

Pôr em prática os antídotos para a negatividade, as ações virtuosas que vão ocasionar nossa felicidade temporária e definitiva, pode parecer um esforço, como tentar nadar contra a corrente. Ao passo que as ações negativas, por serem tão completamente naturais para nós, parecem mais com deixar-se levar pela correnteza.

> Empenhe-se, portanto, para evitar as desgraças ocasionadas por suas próprias ações!

É agora mesmo que precisamos nos aplicar, com esforço, a fim de garantir a felicidade duradoura.

> Não existe a mais leve alegria a ser encontrada dentro dos estados do samsara,
> Os sofrimentos da existência condicionada, se você pensar neles, são impossíveis de aguentar.
> Portanto, aplique-se, agora já, nos meios de obter a liberdade.

Tanto as raízes quanto os regentes de nossas aflições são nossa fixação deludida na existência verdadeira e no autozelo. Enquanto permanecermos sob seu domínio, continuaremos a experienciar uma forma de sofrimento depois da outra, até o final do universo. Podemos ver isso a partir de nossa própria experiência exatamente até hoje.

> Se você não se devotar sinceramente ao significado essencial,
> O estado de ociosidade e o Dharma intermitente não trarão benefício.

Temos que agarrar essa oportunidade e perseverar. É altamente *improvável* que praticar o Dharma de modo ocasional por uns poucos meses, ou mesmo fazer um retiro de três anos, seja o bastante para nos levar à iluminação completa. Precisaremos continuar por éon após éon para chegar à meta final, à liberação e à onisciência.

> Assim, desenvolva um forte senso de fastio por tudo que é impermanente,

E, sem ficar distraído por sequer um instante, gere entusiasmo pela prática!
Se você perceber isso já de início,
Vai atingir velozmente o estado de um sublime!
Consumando o seu bem-estar pessoal, o bem-estar dos outros virá naturalmente,
E você encontrará o caminho supremo da liberação dos estados do samsara.

Quando tudo que você faz está de acordo com o Dharma,
Então você é aquele que tem a base para alcançar a iluminação.

*Isso conclui a segunda seção, sendo uma explicação sobre o praticante individual, o meditante, de* Encontrando conforto e sossego na meditação sobre a Grande Perfeição.

CAPÍTULO 12

# O DHARMA A SER PRATICADO: AS PRELIMINARES

A terceira seção de *Encontrando conforto e sossego na meditação sobre a Grande Perfeição* refere-se ao Dharma a ser praticado.

Nesta seção existem três partes: (A) as práticas preliminares, (B) a prática principal e (C) as práticas de conclusão.

## A. AS PRÁTICAS PRELIMINARES

As preliminares gerais e específicas

**Refletir sobre a impermanência e sentir-se desencantado são as práticas preliminares**

Meditar sobre a impermanência, refletir sobre o sofrimento do samsara e contemplar os efeitos do karma, causa e efeito – estas são as práticas preliminares. São o que nos dão motivação para buscar a liberação. Como vimos antes, precisamos ter algum entendimento sobre por que o nirvana, "ultrapassar o sofrimento", é a característica-chave dos ensinamentos do Buda, e tal entendimento pode vir dessas práticas preliminares.

Que se contrapõem radicalmente a nosso apego pelas coisas desta vida.

Visto que nossa motivação nas preliminares não é meramente o pensamento de obter estados mais elevados de renascimento, mas o desejo de encontrar a liberação, abandonamos o apego às coisas desta vida e também das vidas futuras. Isso corresponde aos caminhos daqueles com capacidade espiritual menor e intermediária.[82] Ao passo que as preliminares gerais aqui esboçadas podem nos conduzir a renascimentos mais elevados e à excelência definitiva da liberação, a prática específica de gerar bodhicitta, mencionada a seguir, é a causa para obtermos o nível último de onisciência. Vamos examinar bodhicitta em maior profundidade daqui a pouco. O texto continua:

> E compaixão e bodhicitta são as preliminares específicas
> Que transformam toda prática espiritual no caminho do Mayahana.

A sequência aqui é que antes de tudo temos que fazer cessar nosso apego ao samsara e começar a praticar o Dharma com o desejo de obter liberação. A seguir temos que gerar bodhicitta, com raiz no amor e compaixão, e praticar os ensinamentos do Mahayana.

> Treine desde o início, portanto, nessas duas preliminares.

### As preliminares especiais e supremas

> Depois, existem as práticas preliminares supremas, especiais.
> Tendo recebido todas as iniciações, existem dois aspectos do estágio de geração:

#### 1. Percepção pura da deidade

> Imaginar seu próprio corpo como a deidade, e o ambiente ao redor
> e os seres sencientes também como a deidade
> Neutraliza o apego à nossa percepção ordinária.

Uma vez que tenham completado as práticas preliminares, as extraordinárias, ou "preliminares supremas, especiais", envolvem: receber iniciação, manter a disciplina e os votos samaya corretamente e treinar a prática do estágio de geração. No estágio de geração, vocês visualizam a aparência clara da deidade a fim de neutralizar a percepção fixa do universo como ordinário.

O DHARMA A SER PRATICADO: AS PRELIMINARES

Então, conforme diz Longchenpa, vocês dão início à prática de guru yoga, fonte de todas as bênçãos:

2. GURU YOGA

> Por meio da prática do caminho profundo da guru yoga,
> Bênçãos além de qualquer medida surgem pela força da realização,
> Todos os obstáculos são dissipados, e os dois tipos de siddhi são obtidos,
> Portanto, depois das preliminares gerais e específicas, pratique as duas preliminares supremas.[83]

> Qualidades ilimitadas surgem como resultado destas quatro preliminares:
> Sua mente entra no caminho infalível,
> Você chega ao caminho supremo da liberação,
> A realização da condição natural surge de modo veloz,
> Torna-se fácil treinar as práticas principais, sem obstáculos,
> Os ganhos são prontamente obtidos, e assim por diante.
> Portanto, é crucial treinar essas preliminares.

CAPÍTULO 13

# Bodhicitta, o coração da mente desperta

## O vasto alcance da motivação

Neste ponto, vamos nos voltar para bodhicitta, a intenção altruística de atingir a iluminação para benefício de todos os seres. Sua prática pode verdadeiramente ser avaliada como uma prática Mahayana se vocês tiverem desenvolvido bodhicitta e considerarem o bem-estar dos outros mais importante que o de vocês mesmos.

Sempre que traçamos um curso de ação, começamos com algum tipo de objetivo, que é o que nos motiva a pensar: "Vou fazer isso com tal e tal propósito". Este é nosso jeito normal de tratar das coisas. Aqui estamos seguindo o caminho que nos levará à liberação. O simples reconhecimento do que é liberação vai nos inspirar a pensar: "Vou atingir a liberação". Quando entendermos o valor de atingir a liberação e as desvantagens de não fazê-lo, nos sentiremos determinados a alcançá-la. Isso, por sua vez, nos dará o incentivo para adotar os três treinamentos superiores de disciplina, meditação e sabedoria, que se tornam a causa efetiva para atingirmos a liberação.

Exatamente da mesma maneira, se nosso objetivo é o estado de onisciência, temos que possuir um profundo desejo de buscar a realização da onisciência. Mas para atingir a onisciência existe um segundo requisito adicional, que é uma "vasta concentração de acumulações". E isso significa que toda nossa atitude precisa ser realmente bastante especial.

Se pensarmos sobre os eventos ordinários do mundo, existem alguns casos em que os indivíduos agem em benefício próprio e outros em que agem em benefício de muita gente. Quanto à intenção de produzir felicidade, o impulso é o mesmo. A meta única de uma pessoa é a felicidade pessoal, enquanto outra está decidida a garantir felicidade para os demais. Contudo, é interessante que, quando alguém é motivado puramente por autointeresse, ninguém vê isso como particularmente notável, não é? Entretanto, quando alguém está motivado a ajudar muitos outros seres sencientes, via de regra isso será considerado admirável. Não estou falando em um contexto espiritual, mas de um ponto de vista perfeitamente comum. As pessoas automaticamente ficam impressionadas. Rejubilam-se pelo fato de que alguém esteja agindo em benefício dos outros. Para nós, é uma reação natural.

Vamos olhar do ponto de vista espiritual. Enquanto somos motivados por interesses pessoais, pensando apenas: "Como posso adquirir as qualidades provenientes de me libertar de todas as falhas que tenho que remover?", nossa motivação tem alcance muito estreito. Por consequência, podemos ter a sabedoria que realiza a vacuidade ou praticar a generosidade e manter a disciplina com perfeição, mas na verdade não importa qual prática adotamos, porque nosso foco está apenas em nós mesmos e isso automaticamente diminui o poder de nossas ações.

Suponhamos que nosso foco não esteja exclusivamente em nós mesmos, mas em todos os seres sencientes, ilimitados em número, que foram nossa mãe em uma vida ou outra e querem apenas ser felizes e evitar o sofrimento, assim como nós. A aspiração altruística de tomarmos para nós a responsabilidade pelo bem-estar dos outros torna o alcance de nossa *atitude* muito, muito *mais vasto*. Nosso objetivo também é muito *mais vasto*, porque estamos enfocando incontáveis seres vivos.

Quanto à meta última que buscamos efetivar, não é nada menos que eliminar todas as falhas e adquirir todas as qualidades. Quando damos início a isso, reunimos uma coragem e uma determinação que superam a duração ou a dificuldade envolvidas. E, devido a essa atitude, qualquer que seja a prática que adotamos, seja manter a disciplina perfeita, cultivar a generosidade ou desenvolver a sabedoria que realiza a vacuidade, todos os nossos *esforços* possuem *vasto* poder e alcance.

Para nos levar à onisciência, essa atitude deve estar combinada com uma vasta acumulação de *mérito*. Pois, quando nosso acúmulo de mérito é mantido e impregnado por bodhicitta – que coloca o bem-estar dos outros à frente do nosso, isso permite que as acumulações sejam consumadas muito mais depressa. Portanto, podemos ver que bodhicitta é uma prática imbuída de enorme poder.

## AS RAÍZES DA COMPAIXÃO

O despertar de bodhicitta – e o quanto ela será poderosa – depende fundamentalmente de nossa compaixão. Todos nós temos certa medida de compaixão. Por exemplo, quando pensamos em alguém a sofrer, ficamos naturalmente comovidos com um sentimento de compaixão e desejo de que aquela pessoa fique livre da dor ou angústia. Esta parece uma experiência fundamental. Mas agora pegamos essa compaixão que já possuímos e a expandimos até não ter qualquer preconceito ou restrição e torná-la uma espécie corajosa de compaixão – impregnada de "uma resolução altruística extraordinária" de que nós mesmos *podemos* e *vamos* libertar todos os seres do sofrimento e guiá-los rumo à iluminação. É isso que significa *grande compaixão*. É a fonte e a raiz de bodhicitta.

Assim, na verdade estamos tomando nossa capacidade natural de empatia – o amor e afeição que todos sentimos uns pelos outros –, combinando-a com sabedoria e aumentando-a progressivamente. Entretanto, antes de podermos desenvolver o desejo compassivo de libertar os outros do sofrimento, precisamos primeiro identificar o que é sofrimento a partir de nossa própria perspectiva. A seguir, por extensão, podemos sentir empatia por outros que estejam passando por sofrimento, seja qual for. Esses dois passos são essenciais.

Discutimos anteriormente a vida humana com suas liberdades e vantagens, morte e impermanência, os sofrimentos do samsara, karma e as causas e efeitos de nossas ações. Contemplações desse tipo mostram-nos claramente que a natureza de nossa atual experiência é de sofrimento. A raiz de nosso sofrimento jaz na maneira como caímos sob o domínio de nossas emoções negativas. Vocês podem pensar: "Bem, isso deve-se a circunstâncias externas, não é?". Mas a causa do problema não está fora de nós, está dentro. As aflições – as emoções perturbadoras – em nossa mente são o verdadeiro inimigo, e devem ser reconhecidas como tal. Temos que entender o quanto essas emoções negativas são perigosas e como é imperativo que nos livremos de seu controle.

Dizem que há duas formas de desenvolver um profundo senso de empatia em relação a uma pessoa que sofre. O *primeiro* depende de ver todos os seres sencientes como extremamente próximos e queridos. Pensamos sobre os indivíduos que foram mais bondosos conosco nesta vida – podem ser nossos pais ou muito possivelmente nossa mãe. Valorizamos a profundidade da bondade que essa pessoa demonstrou para conosco, e então consideramos que todos os inumeráveis seres sencientes são tão bondosos quanto essa pessoa. A empatia é desenvolvida com base em vermos todo mundo como tão querido e próximo de nós a ponto de não conseguirmos suportar que sofram.

A *segunda* forma de desenvolver empatia é refletir sobre e comparar os efeitos nocivos de uma visão constantemente autocentrada com os benefícios de ter continuamente o bem-estar dos outros no coração, até mesmo cuidando mais deles do que de nós mesmos.

## COMPARANDO UMA VISÃO AUTOCENTRADA E UMA ALTRUÍSTICA

Isso é dito de forma concisa no bem conhecido verso do *Caminho do Bodhisattva*:[84]

> Toda felicidade que existe neste mundo
> Provém de desejar que os outros sejam felizes.
> E todo sofrimento que existe nesse mundo
> Provém de desejar a própria felicidade.

Em nosso mundo, tudo que é benéfico por natureza – ou seja, qualquer coisa positiva que contribui para a felicidade a curto prazo ou para o bem a longo prazo – sucede-se fundamentalmente como resultado de uma atitude de cuidar dos outros. Em resumo é isso. Qualquer coisa inauspiciosa em nosso mundo, que produz infelicidade a curto prazo e sofrimento no final das contas, deriva da atitude de estar preocupado apenas consigo mesmo.

Enquanto estamos preocupados somente com nós mesmos e a curto prazo, pensando: "Como posso ir adiante? Do que preciso? O que eu tenho que...?", nosso alcance permanece muito estreito. Ficamos aprisionados em um estado mental exíguo e claustrofóbico, incapazes de não suportar sequer o mais leve infortúnio ou desconforto. Ainda por cima, temos a tendência de nos furtarmos de nossas responsabilidades e culpar os outros, proclamando: "Oh, fulano de tal não fez o que deveria ter feito" ou "Olhe o que fulano de tal está fazendo comigo". E a mais ínfima dificuldade é multiplicada em muitos problemas, até não haver um fim para eles.

Entretanto, digamos que rejeitemos essa atitude e em vez dela pensemos nos incontáveis seres que foram, todos eles, extremamente próximos de nós e queridos vida após vida. Talvez neste exato momento não possamos conceber "seres inumeráveis". Suponhamos então considerar apenas aqueles que estão próximos de nós ou com quem estamos frequentemente em contato e tentar entender como somos todos iguais: assim como nós, tudo que eles desejam é ser felizes e evitar o sofrimento. Mesmo fazendo um leve esforço para pensar assim, verificamos que nossa mente automaticamente se expande e fica mais espaçosa. Nossa perspectiva se abre, e não ficamos mais tão obcecados com nosso sofrimento e infortúnio. Vemos que *somos simplesmente um em meio a muitos*, todos sofrendo, e que nosso sofrimento é relativamente menor em comparação. A sensação de que nosso sofrimento é tão esmagador e insuportável se desvanece. Realmente isso faz diferença.

Verificamos que, se estamos unicamente preocupados conosco, dia após dia ocorrem todos os tipos de infortúnio e nossa infelicidade só aumenta. Mas, quando pensamos no bem-estar dos outros, nossa mente *automaticamente* fica mais espaçosa, e empolgação e pesar nos afetam com menos intensidade. Assim, se pensarmos nisso com cuidado, ficará evidente que, quando nossa motivação é beneficiar os outros, *tomamos conta de nosso bem-estar pessoal naturalmente*. Observaremos também que, quando pensamos só em nós mesmos e negligenciamos ou não levamos em conta os outros, não acabamos felizes. Na verdade, nada que seja de benefício para os outros é realizado e a felicidade segue nos escapando. Isso é impressionantemente claro.

## AS CONSEQUÊNCIAS A LONGO E CURTO PRAZOS

No fundo todos queremos felicidade. Contudo, precisamos usar nossa inteligência a fim de discernir o que no fim das contas realmente vai ocasionar felicidade. Tome-se o caso de alguém que fica fora de si de raiva, fica tão raivoso que perde todo o senso de comedimento e busca ferir ou até mesmo matar alguém. Se usar a inteligência, ele vai perceber que entregar-se à raiva e fazer mal a outra pessoa muito provavelmente vai significar detenção e punição, possivelmente encarceramento. No pior dos casos pode significar até uma sentença de morte. Assim, seria um equívoco muito grave. No calor do momento, sob o domínio da emoção, existe um desejo impulsivo de agir, incendiado pela raiva. Mas esse desejo é um equívoco e por isso precisa ser freado.

No momento em que têm um ataque de raiva, as pessoas imaginam que vão extrair algum tipo de satisfação fazendo mal a alguém. Isso não tem sentido, pois tudo que estão fazendo a longo prazo é acarretar ruína para si mesmas. Via de regra, todo mundo concorda que o importante é aquilo que traz benefício duradouro. É por isso que nossos costumes e leis refletem o fato de que nossos desejos e ímpetos de curto prazo devem ser refreados, pois a longo prazo causam apenas problemas e ruína.

Preocupação pelo bem-estar dos outros nos beneficia a longo prazo e, na verdade, nos ajuda a curto prazo também. Uma vez que percebamos isso, podemos ver o valor extraordinário de uma atitude que não acarreta nada além de benefício para nós e os outros. Ao mesmo tempo, veremos a necessidade de reduzir seu oposto, a atitude de zelarmos apenas por nós mesmos, que não apenas não beneficia os outros, como não beneficia sequer a nós mesmos.

Quando dizemos que nos preocuparmos com nós mesmos é uma falha da qual temos que nos livrar, poderia ser mal-interpretado, como se sugeríssemos que não se deve ter qualquer amor-próprio. Não poderia haver equívoco maior que este. Pelo contrário, o amor *deve* começar por vocês mesmos. Vocês têm que amar a si mesmos e então serão capazes de expandir o amor que sentem por si mesmos para abranger os outros. Pessoas que não têm amor por si mesmas acharão muito difícil amar os outros.

Antes de mais nada, então, precisamos começar amando a nós mesmos. Por meio do entendimento de que os outros são iguais a nós e de que somos todos semelhantes, podemos estender esse amor aos demais, avaliando que, em um nível mais profundo, eles também desejam ser felizes e evitar o sofrimento.

Deixem-me resumir tudo isso citando *O caminho do Bodhisattva*[85] mais uma vez:

> Qual é a necessidade de falar ainda mais?
> Os tolos trabalham em benefício próprio,
> Os budas trabalham em benefício dos outros:
> Apenas olhe a diferença entre eles!

## O LEGADO DA COMPAIXÃO

Poderíamos nos perguntar: "Nosso professor, o Senhor dos Sábios, o Buda Shakyamuni, foi a personificação dos meios hábeis e da compaixão. Quais foram as causas e condições que lhe permitiram possuir tamanha sabedoria, amor e poder espiritual?". A resposta jaz na ausência de interesse do Buda por seu bem-estar pessoal e a ênfase na preocupação com o bem-estar dos outros. Na época em que isso ainda não havia surgido em sua mente, ele deu origem a essa atitude altruística, manteve-a depois e a seguir fez com que florescesse, sustentando-a todo tempo com a sabedoria que ele estava desenvolvendo constantemente. Seguindo tal caminho com inabalável coragem, ele por fim tornou-se "livre de todas as falhas e dotado de todas as qualidades".

Até agora, nossa estratégia constante tem sido tentar obter felicidade com o autocentramento, e isso não nos trouxe a felicidade que buscamos. Como vimos antes, não apenas zelamos por nós mesmos, como ainda nos agarramos à crença na realidade das coisas. Esses dois tipos de fixação impediram-nos de efetivar nosso desejo de felicidade, mas ainda assim ingenuamente depositamos neles nossa total confiança e permanecemos continuamente em suas garras.

Contudo, quando contrastamos as qualidades de nosso professor, Senhor Buda, com as falhas de seres ordinários como nós mesmos, devemos ter sempre em mente que em certa época o Buda era tão ordinário quanto nós somos agora. O fato de o Buda ter-se tornado "livre de todas as falhas e dotado de todas as qualidades" deve-se a ele ter entendido a importância de cuidar dos outros e ter posto isso em prática. Ele percebeu as deficiências de se agarrar às coisas como reais e por isso neutralizou-as com antídotos. E, se pensarmos a respeito, é por esse motivo que o Buda foi capaz de falar sobre as virtudes de cuidar dos outros e das falhas de se ficar excessivamente preocupado consigo mesmo.

É por isso que Nagarjuna também afirma em seu texto sobre a filosofia do Caminho do Meio intitulado *A guirlanda preciosa*:[86]

> Assim como a terra, a água, o fogo e o ar,
> A medicina e as florestas selvagens,
> Possa eu sempre estar a serviço de todos os seres,
> Sem obstáculos e conforme o desejo deles.

A característica dos elementos – terra, água, fogo e ar – é estarem livremente disponíveis para todos os seres vivos. São completamente de domínio público, pois não há quem possa reivindicar posse sobre eles. Aspiramos ser como eles e ficar a serviço de todos os seres sencientes, tão vastos em número quanto o espaço. Nagarjuna destaca que é esse tipo de intenção que deve motivar nossa prática. A mesma ideia, de fato, é expressa no seguinte verso de *O caminho do Bodhisattva*:[87]

Como a terra e os outros grandes elementos,
E como o espaço em si, possa eu permanecer para sempre,
Para sustentar a vida dos incontáveis seres,
Proporcionando tudo de que possam precisar.

Mais adiante encontramos em *O caminho do Bodhisattva*:

Enquanto o espaço existir
E os seres sencientes perdurarem,
Possa eu também permanecer,
Para dissipar as desgraças do mundo.[88]

Recitar preces de aspiração como estas tem um efeito extraordinariamente poderoso sobre nossa mente. Quando olhamos essas citações de mestres como Nagarjuna e Shantideva, podemos ver como eles reduziram qualquer preocupação com seu bem-estar pessoal e foram capazes de se devotar por inteiro ao bem-estar dos outros. Altruísmo foi tanto a aspiração quanto a prática deles.

Este é, portanto, o legado de nosso bondoso e compassivo professor, o Senhor Buda, transmitido por mestres como Nagarjuna e Aryadeva, Asanga, seu irmão Vasubandhu e outros, e a seguir por mestres autênticos que detiveram os ensinamentos do Buda no Tibete, pertencentes às quatro maiores escolas – Sakya, Gelug, Kagyü e Nyingma –, até nossos lamas de hoje em dia. Esses mestres praticaram o que o próprio Buda praticou e seguiram o treinamento que ele ensinou: o treinamento em bodhicitta, no qual os outros são considerados mais importantes do que nós mesmos. Dessa forma, geraram enorme benefício não só para si mesmos, mas também para os outros; não só para os ensinamentos, mas também para os seres vivos. E, embora não sejamos de modo algum iguais a eles, ainda assim buscamos emular seu exemplo.

## A IMPORTÂNCIA DE BODHICITTA

Bodhicitta é de extraordinária e crucial importância. Vocês não acham que é verdadeiramente tocante quando pensam a respeito? Devemos dizer a nós mesmos:

Enquanto viver, meditarei sobre bodhicitta;
É isso que dará significado à minha vida.
No momento da morte, meditarei sobre bodhicitta;

Vai me ajudar a seguir em frente, em meu caminho rumo à iluminação.
Quando estiver próspero e feliz, vou meditar sobre bodhicitta;
Vai permitir que use minha prosperidade para servir aos outros e evitar as armadilhas do orgulho, inveja e falta de respeito.
Quando enfrentar fracasso e tristeza, vou meditar sobre bodhicitta;
Vai impedir que perca o ânimo e perca a esperança.
Assim, a qualquer tempo e em qualquer situação:
Em vida, quando a morte estiver próxima, no sucesso ou no fracasso, na alegria ou na tristeza,
Bodhicitta é algo sem o que não posso ficar.

Eu gostaria de deixar claro neste momento que não tenho bodhicitta em meu coração de maneira alguma. Pode parecer que eu tenha devido à minha familiaridade com o assunto, mas não tenho. Com certeza tento ter bodhicitta, espero ter, e que essa esperança não seja inteiramente vã. Contudo, ainda é apenas uma esperança. Espero que possa me tornar capaz de despertar a verdadeira bodhicitta, mas neste momento não a experiencio. Não obstante, até mesmo ter a inspiração de desenvolver bodhicitta transforma a mente, não é?

## Coragem: a dádiva da compaixão

Existe algo que menciono com frequência e que gostaria de trazer à baila neste momento. O termo tibetano *nyingjé* em geral é traduzido por "compaixão". Se isso for entendido com o sentido de não pensar em si mesmo, mas unicamente nos outros, creio que aí a tradução é útil. Quando falamos do elemento amoroso ou do cuidado da compaixão e dizemos "grande compaixão amorosa", significa que o amor deve começar pela própria pessoa e depois ser estendido aos outros. Contudo, algumas pessoas podem ficar com uma impressão errada e pensar que a compaixão é dirigida exclusivamente para fora, para os outros e não tem nada a ver conosco.

Existe mais um aspecto nisso. Muita gente acha maravilhoso ter grande apreço pelo amor e cultivar compaixão devido ao benefício e auxílio que propiciam aos *outros*. Mas há a sensação de que a compaixão não traz absolutamente nenhum benefício para *nós, que na verdade* é mais como uma taxa que nos é cobrada, ou um fardo pesado colocado sobre nossos ombros e que vai nos subjugar. Essa parece ser uma sensação bastante comum.

É um completo engano. Pensem sobre isso com cuidado. Olhem para sua própria experiência. Uma vez que se acostumem a sentir compaixão em seu coração, a cada dia que passa vocês vão sentir coragem e determinação crescentes. Pois, quando pensam no bem-estar dos outros, isso faz com que se sintam mais amplos e mais expansivos. Além disso, quando descobrem esse tipo de coragem, vocês podem arcar com a responsabilidade pelo bem-estar dos outros. Então, isso não parece de jeito nenhum uma taxa ou algo que o Buda esteja impondo a vocês, pois podem sentir os benefícios do altruísmo na mesma hora. Também podem ver as falhas do autocentramento, o que proporciona uma convicção, confiança e inspiração profundas e sinceras – as fontes da coragem. Vocês sentem: "Eu *posso* fazer. Eu *vou* libertar todos os seres do sofrimento. Eu *vou* levá-los ao estado último da iluminação". Isso não é incrivelmente corajoso? Vocês estão dizendo que podem fazer isso pessoalmente. Não estão dizendo que vão ficar sentados e deixar que o Buda faça por nós. Isso é inacreditavelmente corajoso. É coragem com um propósito, coragem autêntica, coragem pura e impecável. E, uma vez que se torne parte de vocês, sua mente ficará feliz e em sossego, e vocês poderão aceitar e lidar com qualquer coisa que surja.

Não é garantido que uma atitude como essa ajude os outros. Se as circunstâncias estiverem certas, uma pessoa com certeza pode se beneficiar de vocês terem essa atitude em relação a ela. Contudo, pode acontecer que, durante todo o tempo em que estiverem sentindo compaixão por alguém, a pessoa não aprecie isso de modo algum e até reclame de vocês! Não há garantia de que sua compaixão possa ser transmitida diretamente a outro alguém. Assim, não é certo que sua compaixão beneficie os outros diretamente. Vocês, porém, se beneficiam imediatamente. Desse modo, jamais cometam o erro de pensar: "Os outros beneficiam-se de nós cultivarmos compaixão, mas nós não".

## BODHICITTA DENTRO DO ENSINAMENTO DO BUDA

O motivo fundamental para sermos capazes de atingir a onisciência jaz em bodhicitta, que tem raízes na compaixão. Se bodhicitta está presente, o estado de onisciência – e o estado de buda – é possível; sem ela, o estado de buda não pode ser atingido. Tudo então depende de termos bodhicitta.

Nosso bondoso professor, o Senhor Buda, com base em sua própria experiência, ensinou que o principal treinamento a seguirmos é o de bodhicitta. Poderíamos pensar no Veículo Básico como a base ou preliminar para bodhicitta, e todos os ensinamentos dados sobre bodhicitta em si no Mahayana como a parte principal do caminho. Isso inclui as seis perfeições transcendentes, e é na prática de concentração e sabedoria que se enquadra o ciclo de ensinamentos e práticas do Vajrayana. Este constitui um treinamento em bodhicitta. Desse modo, acho que todos os 84 mil ensinamentos do Buda – Veículo Básico, Mahayana e Vajrayana – estão enraizados em bodhicitta. Pode-se dizer que, no âmbito de preliminares para bodhicitta, treinamento em bodhicitta ou conduta associada a bodhicitta, o significado de todos os 84 mil ensinamentos está completamente contido.

Essa bodhicitta que acarreta tamanhos benefícios e vantagens precisará ser cultivada, talvez por muitos anos. Alguns de nós podem precisar cultivá-la éon após éon antes de que esteja verdadeiramente desperta em nosso fluxo mental. Com outros, pode acontecer em poucos anos. Em todo caso, temos que treinar os princípios de bodhicitta, reunindo as acumulações e purificando nossos obscurecimentos ao fazermos isso.

É aqui que a visão da vacuidade é de vital importância. Nossa busca é gerar verdadeiro benefício aos outros e obter a iluminação. A fim de buscar a iluminação, primeiro precisamos identificar exatamente o que seria "iluminação". A seguir, se buscamos beneficiar os outros, precisamos entender o que as palavras "benefício para os outros" significam ou o que de fato poderia ser "benefício". Devemos entender que o benefício último é o nirvana. Então, sem identificar o que é nirvana, será muito difícil para nós avaliar o que poderiam significar "benefício para os outros" e "iluminação". Tal avaliação depende da visão da vacuidade – no começo, no meio e a longo prazo. Isso explica por que treinar nossa mente nessa visão e nos familiarizarmos com ela é tão importante.

CAPÍTULO 14

# FAZENDO O VOTO DE BODHISATTVA

## VISUALIZAÇÃO: ATRAINDO O CAMPO DE MÉRITO

Hoje estamos tratando da aspiração de despertar e cultivar bodhicitta, atitude que é fonte de extraordinária bondade e benefícios. A fim de formular a aspiração para desenvolver bodhicitta, precisamos sentir que estamos realmente na presença de nosso professor, o Senhor dos Sábios, o Buda Shakyamuni. Imaginem, então, o Buda cercado pelos 16 grandes arhats que detêm, preservam e disseminam os ensinamentos, os sete patriarcas que o sucederam, bem como todos aqueles em treinamento no caminho – as hostes de bodhisattvas, como Maitreya e Manjushri, e em particular os grandes mestres da tradição budista na Índia: Nagarjuna, Aryadeva, Buddhapalita, Bhavaviveka, Chandrakirti, Shantideva, Asanga, seu irmão Vasubandhu, Vimuktisena, Gunaprabha, Shakyaprabha, Dignaga e Dharmakirti. Por meio de suas obras, que ainda podemos estudar, eles garantiram que os ensinamentos do Buda durassem por mais de dois mil anos. Consideramos que todos esses soberbos seguidores do Buda, incluindo os "seis ornamentos" e "os dois sublimes", que compuseram esses maravilhosos tratados, estão realmente presentes aqui conosco.

Além disso, incluímos os mestres originais de nossa tradição budista tibetana – o gracioso rei do Dharma Trisong Detsen, o grande erudito Shantarakshita, Guru Padmasambhava e seus 25 discípulos mais próximos.

Incluímos os mestres dos primórdios das escolas mais novas: da tradição mais antiga Kadam, como Atisha, seus alunos Ngok Lekpé Sherap e Dromtön Gyalwé Jungé, e os três irmãos espirituais da tradição Kadam – Potowa Rinchen Sal, Chengawa Tsultrim Bar e Puchungwa Zhönu Gyaltsen – e outros; os mestres da escola Kagyü da prática do Mahamudra, inclusive Marpa, Milarepa, Gampopa e seus seguidores; os mestres da escola Sakya, incluindo os "três das vestes brancas"[89] – Sachen Künga Nyingpo, Sönam Tsemo e Jetsun Drakpa Gyaltsen – e o restante dos "cinco pais fundadores", Sakya Pandita e Chögyal Phakpa, bem como os outros gurus da linhagem dos ensinamentos Lamdré; e os mestres das tradições mais novas Kadam, Ganden ou Geluk, incluindo Senhor Tsongkhapa, seus alunos Khedrup Jé e Gyaltsap Jé e os outros gurus dessa linhagem. Imaginemos que todos eles estão realmente aqui, presentes conosco.

Imaginemos também que ao nosso redor estão todos os outros seres sencientes, que são tão vastos quanto o espaço em quantidade. Assim como nós, todos esses incontáveis seres vivos desejam apenas ser felizes e evitar o sofrimento. Focamos nossa mente com clareza em todos eles também.

Imaginem os vitoriosos e seus herdeiros espirituais, os budas e bodhisattvas, percebam as qualidades de sua forma, fala e mente iluminadas, e permitam o surgir de um sentimento de fé. Comovidos e inspirados, perguntem a si mesmos: "E se eu tivesse tais qualidades? E se todos os seres, que foram minhas mães, tivessem tais qualidades? Se pudessem ter, não seria maravilhoso?". Sintam a alegria e a inspiração intensamente. E, pensando em todos os seres e seu sofrimento, deixem o amor e a compaixão surgir. Visualizem isso o mais claramente que puderem.

## A PRECE DE SETE RAMOS

Tendo tudo isso em mente, recitemos a prece de sete ramos como forma de reunir acumulações e nos purificarmos dos obscurecimentos, antes de despertar a aspiração de desenvolver bodhicitta. Para rogar a transmissão do voto de bodhisattva, comecemos oferecendo a mandala do universo e recitando seu verso de quatro linhas. Quanto à prece de sete ramos, o *primeiro* ramo é a homenagem, pela qual mostramos respeito e devoção às fontes de refúgio com nosso corpo, fala e mente.

O *segundo* ramo é fazer oferendas – oferendas materiais, que podem ser nossos bens pessoais ou coisas que vemos ao nosso redor e não pertencem a ninguém, e oferendas visualizadas, que criamos em nossa imaginação.

## Fazendo o voto de bodhisattva

O *terceiro* é confessar os efeitos das ações danosas e maldades que cometemos ao longo de incontáveis vidas desde tempos sem princípio, confessando-as com a percepção do mal que nos causaram. Aqui, penso que seria apropriado considerar todas as maneiras pelas quais sucumbimos ao cuidado pessoal e menosprezamos os outros. Além do dano que de fato causamos aos outros, é bom reconhecer e confessar também os erros que fizemos ao negligenciá-los e darmos as costas a eles.

O *quarto* ramo é o regozijo. Por exemplo, definitivamente nos regojizamos ao pensar nas imensuráveis qualidades dos budas. Quando pensamos nas ações físicas, verbais e mentais dos bodhisattvas que atingiram elevados níveis de realização, isso desperta em nós um senso de admiração e alegria. Quando pensamos nos bodhisattvas que ainda não atingiram os estágios de bodhisattva, reconhecemos o quanto é espantoso que, embora ainda estejam sujeitos ao autozelo e aos efeitos de suas aflições mentais, eles não obstante deem origem à motivação altruística de trazer felicidade e benefício para todos os seres sencientes, que são vastos como o espaço em quantidade, e nos regojizamos. Quando consideramos os arhats, os sublimes do caminho shravaka, que desenvolveram a sabedoria que realiza a ausência de eu pessoal, que aspiram à liberação e que praticam de acordo, apreciamos suas qualidades e somos tocados pela admiração. Quando pensamos até mesmo naqueles que não entraram no caminho, que são indivíduos humanos ordinários, mas estão praticando de modo tão virtuoso quanto lhes é possível, somos mais uma vez tocados pela admiração. Em resumo, nos regojizamos com qualquer coisa que qualquer um tenha efetuado e que vá levar a algum resultado positivo.

Regozijamo-nos com o que quer que os outros tenham realizado, sem qualquer senso de ciúme, inveja ou competitividade. Em uma linha parecida, sempre que contemplamos qualquer um esforçando-se para fazer algo o melhor que pode, podemos nos regojizar e pensar: "O que ele está fazendo é realmente bom. Que pessoa maravilhosa". De modo semelhante, pelas ações virtuosas que nós mesmos fizemos, não devemos sentir qualquer sombra de dúvida ou hesitação nem nutrir quaisquer arrependimentos, mas nos regojizarmos do fundo do coração e do âmago de nosso ser.

O *quinto* ramo é pedir que a roda do Dharma seja girada, um pedido dirigido ao nirmanakaya supremo, que exibe as doze ações, tais como nascer neste mundo e passar dele para o nirvana.[90] Pedimos ao nirmanakaya supremo para girar a roda do Dharma.

O *sexto* é pedir ao nirmanakaya supremo para não passar ao nirvana final, mas permanecer aqui, acessível a todos nós.

O *sétimo* é a dedicação, na qual levamos em consideração toda virtude que reunimos, aspirando que não amadureça como um resultado inferior qualquer, mas que se torne uma fonte de benefício e felicidade para todos os incontáveis seres sencientes. Em resumo, que esse mérito possa tornar-se a causa de nós e todos os outros atingirmos o nível do estado de buda.

*A Prece de Sete Ramos da*
*"Aspiração de Samantabhadra para Boas Ações"*

## Prostração

A todos os budas, os leões da raça humana,
Em todas as direções do universo, através do passado, presente e futuro:
A cada um de vocês, curvo-me em homenagem;
A devoção preenche meu corpo, minha fala e minha mente.

Pelo poder dessa prece, aspirando boa ação,
Todos os vitoriosos aparecem, vívidos aqui diante de minha mente,
E eu multiplico meu corpo tantas vezes quanto os átomos do universo,
Cada um deles curvando-se em prostração a todos os budas.

## Oferenda

Em cada átomo presidem tantos budas quanto são os átomos
E, em volta deles, todos seus herdeiros bodhisattvas:
E assim os imagino preenchendo
Completamente todo o espaço da realidade.

Saudando-os com um infindável oceano de louvor,
Com os sons de um oceano de diferentes melodias,
Eu canto as nobres qualidades dos budas
E louvo todos aqueles que foram para a bem-aventurança perfeita.

A cada buda faço oferendas:
Das flores mais adoráveis, de lindas girlandas,

De música e unguentos perfumados, dos melhores para-sóis,
Das lamparinas mais brilhantes e do mais fino incenso.

A cada buda, faço oferendas:
Trajes requintados e os aromas mais fragrantes,
Incenso em pó, em pilhas tão altas quanto o Monte Meru,
Arranjadas em perfeita simetria.

Então, oferendas vastas e incomparáveis
Eu imagino dar a todos os budas e, comovido
Pelo poder de minha fé nas boas ações de Samantabhadra,
Prostro-me e faço oferendas a todos os vitoriosos.

## Confissão

Quaisquer atos negativos que eu tenha cometido,
Movido por desejo, ódio e ignorância,
Com meu corpo, minha fala e também com minha mente,
Diante de vocês reconheço e purifico cada um deles.

## Regozijo

Com o coração cheio de deleite, regozijo-me com todos os méritos
Dos budas e bodhisattvas, pratyekabuddhas,
Aqueles em treinamento e os arhats além do treinamento,
E cada ser vivo ao longo de todo o universo.

## Implorando aos budas para que girem a roda do Dharma

Vocês que são como faróis luminosos brilhando através dos mundos,
Que passaram pelos estágios de iluminação para atingir o estado de buda, livre de todo apego,
Eu insisto: todos vocês, protetores,
Girem a insuperável roda do Dharma.

## SOLICITANDO AOS BUDAS QUE NÃO ENTREM NO NIRVANA

Juntando as palmas de minhas mãos, eu rezo
A vocês que tencionam passar para o nirvana:
Permaneçam, por tantos éons quanto são os átomos deste mundo,
E tragam bem-estar e felicidade a todos os seres vivos.


## DEDICAÇÃO

A pouca virtude que reuni por meio de minha homenagem,
Por meio de oferendas, confissão e regozijo,
Por meio de exortação e oração – tudo isso
Eu dedico à iluminação de todos os seres!


## DESPERTANDO BODHICITTA NA ASPIRAÇÃO

Tendo em mente a visualização para geração de bodhicitta da forma como acabo de descrever, enfoquem todos os seres sencientes e pensem: "Vou guiá-los para o estado de iluminação, que é inteiramente livre do sofrimento e de suas causas. A fim de efetuar isso, possa eu mesmo atingir o estado de buda onisciente!".

Agora recitamos três versos. O primeiro estabelece a motivação, ao fazermos o voto de tomar refúgio no Buda, no Dharma e na Sangha a partir de agora e até atingirmos a iluminação. Este é o refúgio incomum do Mahayana.

Com o desejo de libertar todos os seres,
Irei sempre em busca de refúgio
No Buda, no Dharma e na Sangha,
Até atingir a iluminação plena.

O segundo verso é inspirado pela sabedoria e pela compaixão. Tomamos os budas e bodhisattvas como nossas testemunhas e, na presença deles, despertamos bodhicitta para o bem de todos os infinitos seres sencientes.

Preenchido por sabedoria e compaixão,
Hoje, na presença do Buda,

## FAZENDO O VOTO DE BODHISATTVA

Eu gero a mente voltada para o despertar perfeito,
Para o benefício de todos os seres sencientes.

Esta é a parte principal da prática para gerar a bodhicitta de aspiração.

A seguir reforçamos bodhicitta e rezamos para que se desenvolva mais e mais, recitando o terceiro verso, proveniente de *O caminho do Bodhisattva*:

Enquanto o espaço existir
E os seres sencientes perdurarem,
Possa eu também permanecer
Para dissipar as desgraças do mundo.[91]

Assim, recitamos esses três versos juntos duas vezes e, durante a terceira recitação, quando chegamos às palavras "gero a mente voltada para o despertar perfeito", devemos fazer uma promessa, dizendo a nós mesmos: em todas as circunstâncias, até a hora da morte, manterei essa bodhicitta, sem jamais permitir que falhe ou decline. Se o fazemos, nossa bodhicitta de aspiração é garantida por nosso compromisso determinado. Torna-se uma promessa ativa. Do contrário, permanece no nível de uma simples aspiração. Finalmente, depois dessa terceira recitação, considera-se que despertamos bodhicitta de aspiração, mantida com essa resolução firme e determinada. Nesse momento faremos o voto de bodhisattva.

## FAZENDO O VOTO DE BODHISATTVA

Existem várias maneiras de se conferir o voto de bodhisattva. Uma ocorre durante uma iniciação Vajrayana, quando geramos bodhicitta em conexão com o ritual de entrada na mandala. Também existe uma forma resumida de transmitir o voto, baseada em *O caminho do Bodhisattva*, de Shantideva. Outra maneira, mais elaborada, provém do *Compêndio do treinamento*, de Shantideva. Hoje darei essa transmissão a partir de um capítulo sobre disciplina dos *Estágios do Bodhisattva*, de Asanga.

Para começar, vocês devem repetir depois de mim as seguintes linhas de pedido, a fim de indicar que desejam receber o voto de bodhisattva e que por isso solicitam ao professor que o conceda.[92]

*"Professor, por favor conceda-me sua atenção. Eu, o filho ou filha de uma família iluminada, solicito que me conceda a transmissão dos votos de disciplina do bodhisattva. Se isso não me for causar qualquer mal, é justo que me escute bondosamente e atenda a meu pedido."*

Isso normalmente é recitado três vezes. Então, antes de fazer o voto em si, o mestre coloca uma série de questões, às quais os discípulos em geral respondem dizendo *"Dö la"*, o que significa: "Sim, eu tenho o desejo".

Desse modo, o professor pergunta: "Você está fazendo o voto de bodhisattva a fim de libertar os seres sencientes que ainda não estão livres de seus obscurecimentos cognitivos?". A isso vocês respondem: "Sim, eu tenho o desejo".

*"Escute, filho ou filha de uma família iluminada. Você tem o desejo de liberar seres que ainda não foram além?"*
*"Sim, eu tenho o desejo."*

A questão seguinte refere-se a vocês terem o desejo de libertar aqueles seres sencientes que ainda não estão livres de seus obscurecimentos emocionais.

*"Você tem o desejo de liberar seres que ainda não estão livres?"*
*"Sim, eu tenho o desejo."*

A seguir o professor pergunta se vocês têm o desejo de libertar aqueles seres sencientes que hoje sofrem nos reinos inferiores e aliviá-los de seu tormento, conduzindo-os aos estados mais elevados de existência.

*"Você tem o desejo de trazer alívio àqueles que estão atormentados?"*
*"Sim, eu tenho o desejo."*

Em resumo, a próxima questão pergunta: vocês têm a esperança e o desejo de levar todos os seres sencientes ao estado de buda?

*"Você tem o desejo de conduzir para além da dor aqueles que ainda não ultrapassaram a dor?"*
*"Sim, eu tenho o desejo."*

## Fazendo o voto de bodhisattva

A questão que se segue é: vocês desejam assegurar a continuidade da linhagem dos budas?

*"Você tem o desejo de continuar a linha dos budas?"*
*"Sim, eu tenho o desejo."*

Depois o professor indaga se vocês estão fazendo o voto de bodhisattva movidos por um senso de rivalidade e competição com outros. A isso devem responder: *"Ma yin la"*, que significa "não".

*"Você está fazendo esse voto a fim de competir com outros?"*
*"Não."*

A próxima questão é se vocês estão fazendo o voto sob coerção, porque foram coagidos a fazê-lo pelo Dalai Lama. Assim, bondosamente respondam que não!

*"Você está fazendo esse voto contra a sua vontade?"*
*"Não."*

Uma vez que tenhamos feito o voto de bodhisattva, precisamos observar os preceitos do treinamento. Por isso vocês precisam saber que preceitos são esses antes de fazer o voto. Eles são explicados nos ensinamentos do *pitaka* do bodhisattva, no *Avatamsaka Sutra*, por exemplo, e nos *Estágios do Bodhisattva*, em particular no capítulo sobre disciplina. Em todo caso, as questões que se seguem são se vocês ouviram os ensinamentos pertencentes ao pitaka do bodhisattva, se estão familiarizados com eles, se têm fé neles e se serão capazes de mantê-los. Vamos percorrê-las, uma de cada vez. A primeira questão é se vocês ouviram essas instruções, e vocês podem responder que ouviram um pouco.

*"Você ouviu os ensinamentos do pitaka do bodhisattva?"* [93]
*"Sim, ouvi."*

Quando eu perguntar se vocês sabem o significado desses ensinamentos, devem responder: "Um pouco" ou "Eu sei, mas já esqueci!".

*"Você conhece os ensinamentos do pitaka do bodhisattva?"*
*"Sim, conheço."*

A próxima questão é: vocês têm fé nesses ensinamentos? Sua resposta deve ser algo do tipo: "Quando me sinto bem, tenho fé neles".

*"Você tem fé nos ensinamentos do pitaka do bodhisattva?"*
*"Sim, tenho."*

Então o professor pergunta: "Vocês acham que podem manter os preceitos?". E a resposta de vocês poderia seria: "Farei o máximo".

*"Você tem capacidade de observar os preceitos do bodhisattva?"*
*"Sim, tenho."*
*"Agora permita que sua bodhicitta e seu compromisso permaneçam firmes e estáveis."*

O próximo estágio é a acumulação de mérito por meio dos sete ramos, que vocês não precisam recitar em voz alta, mas simplesmente trazer o significado à mente.

A pouca virtude que reuni por meio de minha homenagem,
Por meio de oferendas, confissão e regozijo,
Por meio de exortação e oração – tudo isso
Eu dedico à iluminação de todos os seres![94]

Agora vem um apelo ao mestre, solicitando que nos conceda o voto prontamente. Aqui o professor é referido como "venerável", o que indica que é um monge superior aos estudantes.[95] Repitam depois de mim:

*"Professor, por favor conceda-me sua atenção. Venerável, por favor conceda-me prontamente os votos da disciplina do bodhisattva."*

A questão subsequente é: "Você é um bodhisattva?". O significado disso é: o potencial da família dos bodhisattvas[96] despertou em vocês? O despertar do potencial depende de vocês terem gerado ou não grande compaixão. Alguns de vocês podem muito bem ser bodhisattvas e podem já ter desenvolvido a grande compaixão. Para a maioria de nós não é assim; entretanto, se refletirmos sobre o que foi dito previamente a respeito de seus muitos benefícios, podemos ao menos desenvolver uma forte e sincera aspiração de gerar bodhicitta. Assim, vocês devem responder à questão pensando sobre como serão capazes de despertar esse potencial sem muita demora e dizer: "Sim".

Então a próxima questão será: "Você fez a aspiração pela iluminação?". Somos perguntados se nossa aspiração é ou não estável. Embora possamos não ter de fato desenvolvido a aspiração, ainda assim devemos responder: "Sim", porque temos o desejo de fazê-lo. Resumindo, as questões são: "Você tem grande compaixão? Você tem uma aspiração estável?".

> "Filhos e filhas de uma família iluminada, irmãos e irmãs no Dharma, guiados pelo grande detentor do Vinaya, Ngawang Chökyi Lodrö (Kyapjé Trulshik Rinpoche)*, vocês são bodhisattvas? Vocês fizeram a aspiração pela iluminação?"
> "Sim, está feito."

Embora agora esteja estabelecido que vocês têm condições de fazer o voto de bodhisattva, não há motivo para que devam recebê-lo necessariamente de mim. Assim, a próxima questão é: "Vocês têm certeza de que querem recebê-lo de mim?". A resposta aqui é: "Sim, temos".

> "Vocês desejam receber as bases para os treinamentos de todos os bodhisattvas e a disciplina dos bodhisattvas de mim?"
> "Sim, desejamos."

## A PARTE PRINCIPAL DA TRANSMISSÃO DO VOTO DE BODHISATTVA

Chegamos agora à parte principal da transmissão do voto de bodhisattva. Para isso, precisamos evocar todos os budas e bodhisattvas como nossas testemunhas, considerando que possuem o conhecimento perfeito do qual nada fica oculto. Conforme diz *O caminho do Bodhisattva*:

> Os budas e os bodhisattvas
> Possuem visão desobstruída.
> Tudo permanece diante de seu olhar,
> E eu estou sempre na presença deles.[97]

---

\* Sua Santidade inclui aqui o nome do membro mais idoso da assembleia.

Então será feita a pergunta: "Você deseja receber de mim os votos da disciplina dos bodhisattvas, a disciplina seguida pelos budas e bodhisattvas do passado, budas e bodhisattvas do futuro e budas e bodhisattvas do presente? Em resumo, você deseja receber os votos dos três tipos de disciplina – a disciplina de evitar ações negativas, a disciplina de cultivar virtude e a disciplina de beneficiar os outros?". A cada vez vocês devem responder: "Sim, desejo recebê-lo".

Vamos recitar isso três vezes; na terceira repetição, vocês devem considerar que receberam o voto de bodhisattva puro e que, de agora em diante, ele estará presente na mente de vocês. Aqueles de vocês que já receberam o voto de bodhisattva devem considerar que ele ficou ainda mais fortelecido. Aqueles de vocês que são praticantes budistas e gostariam de receber o voto de bodhisattva hoje, por favor ajoelhem-se sobre o joelho direito.

À medida que avançamos pela cerimônia, tentem cultivar uma compaixão profunda pelos seres vivos, fé e devoção límpidas pelos budas, um desejo sincero de receber o voto de bodhisattva e um desejo resoluto de treinar as ações dos bodhisattvas. Rezem com todo o fervor que puderem.

> *"Filhos e filhas de uma família iluminada, guiados pelo grande e culto detentor do Vinaya, Ngawang Chökyi Lodrö, vocês desejam receber de mim os votos que são a disciplina e a base do treinamento de todos os bodhisattvas do passado, a disciplina e a base do treinamento de todos os bodhisattvas do futuro, e a disciplina e a base do treinamento de todos os bodhisattvas do presente das dez direções, a base do treinamento e disciplina que foram seguidos por todos os bodhisattvas do passado, que serão seguidos por todos os bodhisattvas do futuro, e que hoje são seguidos por todos os bodhisattvas do presente das dez direções, todas as bases para o treinamento dos bodhisattvas, e todas as disciplinas dos bodhisattvas – a disciplina de evitar ações negativas, a disciplina de cultivar virtude e a disciplina de beneficiar os outros, o que inclui todas as disciplinas dos bodhisattvas?"*
> *"Sim, desejamos."*
>
> *A pergunta e a resposta são repetidas pela segunda vez.*

Agora que chegamos à terceira repetição, enquanto escutam, tragam à mente especialmente fé e compaixão, sintam um anseio inspirado e entusiástico para receber o voto de bodhisattva e aspirem seguir o treinamento dos bodhisattvas. Ao fazer isso, rezem com verdadeiro fervor. Digam a si mesmos que farão o máximo para seguir o Buda e fazer exatamente como ele fez.

*A pergunta e a resposta são repetidas pela terceira vez.*

Podem voltar a seus lugares de novo. Agora que recebemos o voto de bodhisattva e ele enraizou-se em nossa mente, os benefícios são inimagináveis. Não existe oferenda maior que possamos fazer para agradar aos budas e bodhisattvas. Demos sentido à nossa vida e à liberdade que ela nos proporciona e demos bom uso a ela. Se agora tentarmos observar os preceitos e seguir o treinamento com o máximo de nossa capacidade, iremos de um estado de felicidade para o seguinte, até chegarmos ao estágio último do estado de buda sem muita demora. Podemos ter plena certeza disso.

Encorajando-os a fazer algo tão virtuoso quanto isso, eu, como professor, realizei algo significativo também; agora irei me prostrar para os budas e bodhisattvas dos três tempos e das dez direções e pedir que levem em consideração todos vocês que fizeram esse voto. Nesse momento o professor deve se prostrar em cada uma das direções cardeais e, se der tempo, nas quatro direções intermediárias e a seguir no zênite e no nadir, somando dez no total. Mas, visto que não há muito tempo, vou me prostrar nas quatro direções e considerar que as quatro direções intermediárias estão incluídas; a seguir vou me prostrar para o leste de novo, considerando-o zênite, e para o oeste, considerando-o nadir. Tendo oferecido as prostrações, vou trazer à mente os budas das dez direções e oferecer flores. Neste momento vocês devem fazer preces de aspiração, mas não preces ordinárias para que suas vidas sejam longas, a saúde, boa, a carreira, bem-sucedida, e coisas afins. Devem ser preces para que, conforme vocês prometeram ao fazer esse voto, possam atingir velozmente o nível do estado de buda onisciente e ocasionar o bem-estar último para vocês mesmos e os outros.

Neste momento,[98] evocarei os budas e bodhisattvas como testemunhas e afirmarei que todos vocês agora tornaram-se bodhisattvas, tendo recebido o voto de bodhisattva de mim, Tenzin Gyatso, um monge que tem certa devoção no caminho do bodhisattva e que vocês manterão a disciplina e os preceitos.

*"Budas e bodhisattvas das dez direções, concedam-nos sua atenção! Esses bodhisattvas, tal como o sábio detentor do Vinaya, o incomparável Ngawang Chökyi Lodrö, receberam os votos do treinamento dos bodhisattvas de mim, monge Tenzin Gyatso, que detém o nome de*

*bodhisattva. Possam vocês, os sublimes, para cujas mentes de sabedoria nada em toda a infinidade do universo permanece oculto, servir de testemunhas!"*

## Conclusão: Elevando a própria mente e a dos outros

Agora nos elevamos e inspiramos, trazendo à mente e celebrando os benefícios de ter feito o voto de bodhisattva. O texto diz que, tão logo o ritual de fazer o voto é concluído e consideramos que recebemos plenamente os votos dos bodhisattvas, todos os budas dos mundos das dez direções e todos os bodhisattvas que atingiram os dez estágios ficarão cientes do que aconteceu. Eles usarão suas mentes de sabedoria para descobrir o local e as circunstâncias em que o voto foi transmitido. Nesse caso, virão a saber que o voto foi transmitido a uma assembleia de pessoas afortunadas de várias nacionalidades e raças, de várias linhagens do Dharma, incluindo a Sakya, Geluk, Kagyü e Nyingma, e todas compartilham a mesma inabalável devoção e comprometimento espiritual, lideradas pelo bodhisattva que é como a joia da coroa da tradição Ngagyur Nyingma, o sábio detentor do Vinaya, Ngawang Chökyi Lodrö Rinpoche. Eles vão saber que todos os presentes despertaram em sua mente o desejo de bodhicitta para a iluminação suprema. Vão saber que isso ocorreu em nosso mundo, no interior da França, no recém-criado centro de Dharma Lerab Ling, e que o voto foi transmitido por alguém que tem devoção pelos ensinamentos bodhisattvas, um monge de Amdo chamado Tenzin Gyatso. De hoje em diante, todos eles vão nos prezar com seu amor e compaixão; os budas vão nos considerar seus filhos, os bodhisattvas vão nos considerar seus irmãos e irmãs e todos eles terão o desejo positivo de que nossas intenções possam ser preenchidas sem qualquer obstáculo. Por meio disso, nossa virtude vai aumentar enormemente e não vai diminuir. O que realizamos aqui hoje, ao fazer esse voto, foi a maior oferenda possível que poderíamos proporcionar aos budas e bodhisattvas.

Conforme diz *O caminho do Bodhisattva*:

Hoje, meu nascimento foi proveitoso,
Eu acertadamente obtive uma existência humana.
Hoje nasci na família dos budas;
Tornei-me um filho ou filha dos budas.

De agora em diante, custe o que custar, vou executar
As ações condizentes com minha família.
Não serei uma nódoa
Nessa nobre família impecável.

Agora entramos na impecável e nobre família dos bodhisattvas e não faremos nada que acarrete qualquer nódoa a essa família.

O texto nos aconselha a não fazer quaisquer declarações imprudentes, o que significa que de agora em diante devemos evitar nos gabarmos de ter recebido o voto de bodhisattva. Vocês não precisam começar a usá-lo como um distintivo no peito. E, quando pegam um ônibus ou trem, não devem dizer: "Saiam da frente! Aqui vem alguém que recebeu o voto de bodhisattva!". Vocês precisam guardar para si e não falar sobre isso com os outros. Por quê? Porque devemos ocupar sempre o lugar mais baixo e devemos aspirar sermos os servos de todos os seres sencientes, que são tão infinitos quanto o espaço.

Alguns de vocês podem sentir que, por terem despertado bodhicitta e recebido o voto de bodhisattva hoje, agora são bodhisattvas. Mas não é isso que devem pensar. É muito melhor considerar que deram o primeiro passo para se tornar um bodhisattva e que simplesmente plantaram a semente. Se tomarmos cuidado para nutrir essa semente, ela vai crescer e eventualmente amadurecer.

Por fim, expressaremos nossa gratidão por termos recebido o voto de bodhisattva. Nesse momento normalmente recitamos a prece de sete ramos, mas hoje vamos simplesmente nos lembrar de seu significado e mais uma vez recitar um só verso:

A pouca virtude que reuni por meio de minha homenagem,
Por meio de oferendas, confissão e regozijo,
Por meio de exortação e oração – tudo isso
Eu dedico à iluminação de todos os seres!

## Preces de conclusão

Ó sublime e preciosa bodhicitta,
Possa surgir naqueles em que não surgiu;
Possa jamais declinar naqueles em que surgiu,
Mas seguir aumentando mais e mais!

Possam todos os seres sencientes, nossos verdadeiros pais, ser felizes.
Possam todos os reinos inferiores ficar vazios para sempre.
Possam as aspirações de todos os bodhisattvas
Dos vários bhumis ser preenchidas!

Possam todas as vastas preces de aspiração
Feitas pelo Senhor Avalokiteshvara para a terra do Tibete
Diante dos budas e seus herdeiros bodhisattvas
Rapidamente trazer resultados positivos, neste exato momento!

Por meio da profunda interdependência de aparência e vacuidade,
Por meio do poder das Três Joias compassivas e dessas palavras de verdade,
E por meio da força da infalível lei de causa e efeito,
Possa isso, nossa prece de verdade, ser prontamente atendida, sem qualquer impedimento![99]

CAPÍTULO 15

# A INICIAÇÃO DE PADMASAMBHAVA E SUAS OITO MANIFESTAÇÕES

A iniciação de hoje é para a sadhana da mente da *União de todas as essências mais íntimas*. Pertence ao ciclo de visões puras do Grande Quinto Dalai Lama, chamado Sangwa Gyachen, *Portando o selo do segredo*. Na tradição Nyingma existem três formas de transmissão: a transmissão oral longa do kama ou ensinamentos canônicos, a transmissão mais curta do terma ou tesouros revelados e a transmissão profunda por meio de dak nang ou visões puras. Existem diferentes tipos de visão pura, ao que parece: algumas surgem como experiências meditativas, algumas surgem unicamente no nível da mente e algumas surgem à consciência dos sentidos. Esse ciclo específico surgiu de visões puras nas quais o Grande Quinto Dalai Lama experienciou encontrar as deidades tão claramente como se fosse um encontro humano ordinário. O texto que usarei nessa ocasião foi organizado por Jamyang Khyentse Wangpo.[100]

Recebi essa transmissão com cerca de 12 ou 13 anos de idade, quando recebi o ciclo inteiro do Sangwa Gyachen de Tadrak Rinpoche.[101]

O texto da iniciação explica:

O grande mestre de Oddiyana, Padmasambhava, corporifica a sabedoria primordial indestrutível de corpo, fala e mente de todos os budas do passado, presente e do futuro. Em mais de uma ocasião, com suas inequívocas palavras vajras, ele declarou que a manifestação contínua do rei Trisong Detsen, que foi a emanação de Manjushri, e de sua incansável atividade iluminada da fruição última, é primordialmente o protetor do Tibete, o vitorioso, grande, onisciente e onividente senhor soberano da fala, Dorjé Tokhmé Tsal. Dentro das 25 seções de revelações de *Portando o selo do segredo extremo* que lhe apareceram em visões puras de sabedoria encontra-se a prática profunda sob o selo vajra que é a sadhana da mente do guru, *A união de todas as essências mais íntimas*.[102]

Depois da era do Grande Quinto Dalai Lama, o ciclo do Sangwa Gyachen tornou-se um dos principais ensinamentos confiados aos sucessivos Dalai Lama. Parece que o 13º Dalai Lama praticou o Sangwa Gyachen regularmente. Naquele período, o revelador de ensinamentos termas destinado àquela época, Lerab Lingpa, foi a Lhasa, e foi então que o Dalai Lama recebeu dele o ciclo de Vajrakilaya do Yang Nying Pudri.[103]

Em Lhasa havia um conjunto de textos do ciclo Sangwa Gyachen completo, escrito à mão e compilado nos tempos do Grande Quinto. Eram maravilhosamente bem-feitos e lindos, e eu os tinha em minha sala, mas, naquela época, quando possuía os textos, não tinha interesse pelos ensinamentos. Mais tarde, quando fiquei interessado nos ensinamentos, não mais possuía os textos! Quando fui para a Índia, li as biografias dos Dalai Lama anteriores; pensei neles e, por esses e outros motivos, fiquei muito mais interessado na vida do Grande Quinto e, em consequência, no ciclo Sangwa Gyachen. Então, lentamente, como resultado do karma e das preces de aspiração, obtive os textos aos poucos.

A cada décimo dia da lua crescente, o 13º Dalai Lama executava em seus aposentos particulares a prática de oferenda do banquete de tsok de Avalokiteshvara do ciclo Sangwa Gyachen, conhecida como *Nove deidades do grande compassivo, senhor do mundo*.[104] E, a cada 25º dia do mês, ele praticava a oferenda do banquete de tsok de Hayagriva desse ciclo, conhecida como *Predominando sobre os três mundos*.[105] Quando cheguei à Índia, quis restabelecer a tradição de fazer as práticas do ciclo Sangwa Gyachen nos décimos dias da lua crescente e minguante e, assim, fui em busca dos textos e os obtive gradativamente. Fiz um retiro de recitação da prática Kagyé do Sangwa Gyachen e tive oportunidade de perguntar a Dudjom Rinpoche sobre os detalhes de como praticar a recitação. Quando fiz a prática, houve alguns sinais positivos, incluindo certos sonhos notáveis. De fato, até mesmo na primeira vez em que recebi o ciclo Sangwa Gyachen, embora na época eu fosse muito jovem e não tivesse muito interesse, apareceram alguns sinais. Assim, acredito que tenho alguma conexão especial com esses ensinamentos.

*A união de todas as essências mais íntimas* é uma sadhana breve. É uma guru yoga enfocando Guru Rinpoche. Traz consigo muitas bênçãos e não obstante é muito curta. Eu a pratico regularmente e a recitei muitas vezes.

## MEIOS HÁBEIS E SABEDORIA

Nesta manhã, todos nós fizemos o voto de bodhisattva e, a partir do momento em que receberam o voto, vocês comprometeram-se a atingir o nível de iluminação completa e perfeita. A fim de chegar a esse nível precisamos de um método infalível. A sabedoria da onisciência é um fenômeno condicionado, significando que surge baseado em causas e condições. É inconcebivelmente bom e transcende por completo todos nossos pensamentos e atividades ordinários, mas, ainda assim, visto que surge com base no fluxo de consciência que temos hoje, é um fenômeno composto ou condicionado, que ocorre como resultado de certas causas e condições. Precisamos, portanto, reunir as causas e condições corretas, todas completas e na sequência certa. Essas causas foram mecionadas por Nagarjuna em sua famosa prece de dedicação:

> Por meio desse mérito, possam todos os seres
> Completar as acumulações de mérito e sabedoria,
> E assim atingir o dharmakaya e rupakaya
> Que vêm do mérito e da sabedoria.[106]

Conforme ele diz, as causas são duplas – "as acumulações de mérito e sabedoria" – e por meio delas atingimos os resultados do dharmakaya para nosso próprio benefício e do rupakaya para o benefício dos outros. A acumulação de méritos corresponde ao aspecto dos meios hábeis, e é a principal causa do rupakaya.[107] A acumulação de sabedoria refere-se à sabedoria que realiza a vacuidade, o que nos permite atingir o dharmakaya de sabedoria. Quando reunimos essas acumulações, que vão resultar no sublime rupakaya para o benefício dos outros e no sublime dharmakaya para nosso próprio benefício, devemos acumular ambas ao mesmo tempo. Ou seja, devemos juntar os dois aspectos de meios hábeis e sabedoria. Unir meios hábeis e sabedoria é a abordagem geral do Mahayana.

Visto que é tão vital unir meios e sabedoria, se conseguirmos juntar os dois em uma entidade única, em que os pontos-chave de ambos estejam completos em uma só consciência, essa unidade de meios hábeis e sabedoria se tornará muito mais poderosa e profunda.[108] No sistema do sutra e no veículo das perfeições transcendentes, a prática é de tal forma que os dois aspectos de meios hábeis e sabedoria apoiam e complementam um ao outro, mas permanecem distintos. É na prática do Vajrayana, conforme os quatro níveis do tantra – kriya, charya, yoga e anuttara yoga tantra –, que existe um método de unir ambos os fatores de meios hábeis e sabedoria indivisivelmente, de modo que se tornem uma entidade única. A forma mais refinada e última de unidade indivisível vem à tona no yoga tantra superior.

No Dzogchen, se formos capazes de pôr em prática a rigpa naturalmente emergente que é Samantabhadra, nossa sabedoria primordial inata e última, essa será a forma mais profunda de unidade indivisível de meios hábeis e sabedoria. Portanto, a fim de efetuar "a fruição que é a presença espontânea todo-abrangente" – que é a inseparabilidade dos kayas e mente de sabedoria –, precisaremos juntar todas as causas certas, sem deixar faltar nada, enquanto estivermos no caminho. É por isso que o caminho deve unir a prática da pureza primordial relacionada ao dharmakaya do esplendor interior e a prática da perfeição espontânea relacionada ao sambhogakaya do esplendor exterior. Em outras palavras, precisamos praticar *trekchö* e *tögal* como causas para efetuar os kayas e a mente de sabedoria. A fim de que a prática de tögal seja verdadeiramente efetiva, precisamos da prática de trekchö.

Como uma preliminar, precisamos adotar a prática de guru yoga ou a prática que enfoca o guru[109] como força vital de nosso caminho. De fato, todas as diferentes linhagens do Dharma no Tibete e todas as escolas do budismo tibetano falaram da necessidade de manter a guru yoga como a prática mais vital no caminho. Na prática de trekchö, a devoção é um fator extremamente importante para efetuar a experiência direta da percepção pura e todo-penetrante de rigpa. A iniciação da *União de todas as essências mais íntimas*, que vocês estão prestes a receber, é uma prática de guru yoga relacionada a Guru Rinpoche.

CAPÍTULO 16

# A CLARA LUZ

## B. A PRÁTICA PRINCIPAL

Explicadas as preliminares de *Encontrando conforto e sossego na meditação sobre a Grande Perfeição*, chegamos agora à prática principal. Longchenpa diz:

> A prática principal é o reconhecimento da condição natural,
> Por meio da meditação envolvendo bem-aventurança, clareza e não-conceitualidade.
> A sabedoria primordial de clara luz, livre de elaboração conceitual,
> Surge como a mente inata e fundamental.

A prática principal então é meditar sobre a clara luz inata e fundamental. Essa clara luz pode ser considerada do ponto de vista de objeto e do ponto de vista de sujeito. A clara luz objetiva representa a vacuidade, que é livre de todas as elaborações conceituais. Como vimos antes, esta é a verdade absoluta, a natureza real de todos os fenômenos. E observamos que as aparências convencionais, quando não as investigamos ou analisamos, são a verdade relativa.

Por exemplo, o *Guhyasamaja tantra* da escola do tantra da nova tradução fala de cinco estágios do estágio de completude, onde a clara luz é chamada de absoluta e o corpo ilusório é chamado de relativo. O fator mais importante é a realização direta do aspecto subjetivo da clara luz.

## AS DUAS VERDADES SUPERIORES

Da mesma maneira, o *Guhyagarbha tantra* da tradição Nyingmapa fala das duas verdades superiores: a superior absoluta e a superior relativa. A verdade superior absoluta é descrita em termos do que é conhecido como "os sete atributos abundantes da verdade absoluta".[110] Dodrupchen Jikmé Tenpé Nyima, em seu comentário geral sobre o *Guhyagarbha tantra*, explica a verdade superior absoluta da seguinte maneira:

> Embora existam muitas maneiras de explicar as duas verdades, aqui estamos interessados nas duas verdades conforme a abordagem extraordinária da Rede Mágica Secreta, ou *duas verdades superiores*. Você pode se indagar o que significa verdade superior absoluta. A verdade superior absoluta refere-se ao *absoluto natural do espaço básico* que é livre de qualquer elaboração conceitual.[111]

"Espaço básico" aqui refere-se ao aspecto subjetivo da clara luz, a mente inata e fundamental de clara luz, que é Samantabhadra, o buda primordial. Conforme eu disse antes, existem dois aspectos de pureza primordial, dois modos de entender o que isso significa. O primeiro tipo de pureza primordial é a vacuidade pura, no sentido de ausência da propriedade do que está sendo negado. O segundo é quando a mente inata e fundamental de clara luz, ou rigpa, é dividida em pureza primordial e perfeição espontânea. Aqui a citação refere-se à segunda interpretação, o aspecto de rigpa, ou percepção pura.

Desse modo, falamos do "absoluto natural do espaço básico que é livre de qualquer elaboração conceitual". Agora, o termo *natural* aqui não se refere necessariamente à natureza das coisas, que é vacuidade. É natural mais no sentido de ser fundamental e inato, como quando dizemos "kaya natural inato"; nas escolas do tantra da nova tradução esse é um dos quatro kayas do estado de fruição do estado de buda, o *svabhavikakaya* composto. Assim, quando falamos de natural, de inato ou de primordial, este é o absoluto natural. Então, como diz Dodrupchen Jikmé Tenpé Nyima, o absoluto natural é entendido como o "espaço básico que é livre de qualquer elaboração conceitual". Ele prossegue:

> E à *sabedoria absoluta*, que é a luminosidade inerente, livre de véus de obscurecimento.

## A CLARA LUZ

O termo *sabedoria absoluta* refere-se ao fato de que o espaço básico, que é destituído de qualquer elaboração conceitual, é livre de quaisquer véus de obscurecimento. Dodrup Jikmé Tenpé Nyima conclui:

> E o *absoluto resultante*, a presença do tesouro dos cinco fatores resultantes – corpo, fala, mente, qualidades e atividades iluminados – dentro dessa [unidade de espaço básico e sabedoria]. Visto que essa última divide-se em cinco, são conhecidas coletivamente como os *sete atributos abundantes do absoluto*.

Essa subdivisão adicional dos cinco aspectos de corpo, fala, mente, qualidades e atividades iluminados proporcionam os "sete atributos abundantes da verdade absoluta".

O aspecto subjetivo da clara luz, portanto, é referido como o absoluto. O motivo é que a mente inata e fundamental de clara luz é vazia de qualquer propriedade adventícia. Por exemplo, a terminologia do *Guhyasamaja tantra* das escolas da nova tradução fala de *quatro vazios*.[112] *Vazio* aqui significa uma coisa vazia de alguma outra coisa. O primeiro tipo de vacuidade é a vacuidade das oitenta concepções indicativas junto com as energias de vento que servem de sustentáculo, que é *aparência*. O que é vazio de aparência e da energia de vento que serve de sustentáculo é *aumento*. O que é vazio de aumento e da energia de vento que serve como sustentáculo é *quase-atingimento*. O que é vazio de todas as três experiências junto com a energia de vento que serve de sustentáculo é *clara luz*. Essa vacuidade é uma forma de vacuidade extrínseca ou *outra vacuidade*.

Conforme diz Jikmé Tenpé Nyima, quando a verdade absoluta é discutida com o propósito de ensinamento, é tratada principalmente como negação não-implicativa. Mas, quando se trata de meditação sobre vacuidade, é considerada mais uma negação afirmativa. Quando cultivamos o aspecto de percepção de rigpa na meditação, meditamos sobre aparências que carecem de realidade verdadeira. O foco da prática principal não é outro senão sustentar o reconhecimento de nossa própria rigpa, que é o buda primordial Samantabhadra, eternamente e sempre puro.

Contudo, antes disso, precisamos efetuar certas práticas preliminares para purificar o corpo, a fala e a mente. Como parte da purificação da mente, investigamos de onde vem a mente, onde permanece e para onde vai; é nesse ponto que precisamos estabelecer a visão sutil de vacuidade conforme a abordagem Prasangika[113] do Caminho do Meio. Quando praticantes que já chegaram a alguma certeza no entendimento da vacuidade sutil são então introduzidos à percepção pura de rigpa na própria rigpa, e a reconhecem, conseguem repousar na meditação unidirecional sustentando esse reconhecimento. Com a certeza e o entendimento sobre vacuidade sutil que adquiriram antes, enquanto mantêm o foco na percepção pura de rigpa, de fato estão meditando sobre a unidade de aparência e vacuidade e assim parece-me que estão na verdade meditando sobre vacuidade como uma negação afirmativa.

É na mente inata e fundamental de clara luz que a profundidade do yoga tantra superior torna-se evidente. É onde também a qualidade excepcionalmente profunda do Dzogpachenpo é realçada e é semelhante à do Mahamudra. Quando a gloriosa tradição Sakya do Lamdré fala da visão da inseparabilidade de samsara e nirvana no contexto do "tantra triplo" ou "três *continuums*",[114] também é a isso que se refere. Se considerarmos a visão da escola Geluk – embora não corresponda à visão básica do Caminho do Meio – em conexão com a unidade inseparável de bem-aventurança e vacuidade coemergentes, mais uma vez a conotação é exatamente a mesma. Assim, é justo dizer que todos estão falando do mesmo ponto último.

Os Sakyapas chamam essa clara luz de *alaya,* a base de tudo. Na tradição Sakya do *lamdré lopshé*, um dos alunos de Tsarchen Losal Gyatso, Mangtö Ludrup Gyatso,[115] disse que a clara luz é a verdade absoluta. Entretanto, outro aluno de Tsarchen Losal Gyatso, Jamyang Khyentse Wangchuk, diz em suas obras que, quanto às duas verdades, a clara luz pertence à verdade relativa; quanto a ser condicionada ou não-condicionada, é condicionada; quanto às três categorias de condicionada, que são forma, consciência e formações não associadas, é consciência. Assim, são pontos de vista diferentes. Quando Mangtö Ludrup Gyatso diz que é a verdade absoluta, não faz qualquer distinção em termos de aspectos subjetivos ou objetivos, e contudo parece estar de acordo com o que é ensinado em conexão com o estágio de completude, onde o absoluto corresponde à clara luz.[116]

Ainda assim, conforme verificamos em *Distinguindo o meio dos extremos*, em que se fala em significado absoluto, prática absoluta e resultado absoluto, existem muitas referências para o termo *absoluto*.[117]

No geral, dizermos que é verdade absoluta ou verdade relativa não faz lá grande diferença, visto que o ponto básico é que todas essas abordagens enfatizam a mente inata e fundamental de clara luz e a tomam como caminho.

Agora, voltando à verdade relativa superior, Jikmé Tenpé Nyima diz:

> Quanto à verdade relativa superior, embora se diga que é a aparência da energia do absoluto, penso ser preferível descrevê-la como a manifesta-

ção mágica, pois, conforme disse Deshek Zurchungwa: "A respeito de todos os fenômenos, sua aparição como a manifestação mágica de rigpa é a abordagem de Maha, sua aparição como a energia de rigpa é a abordagem de Anu, e sua aparição como rigpa em si é a abordagem de Ati".[118]

Isso é um pouco complicado, mas o cerne do que estou dizendo é o seguinte: anteriormente, concluímos que todas essas abordagens enfatizam a mente inata e fundamental de clara luz e em cada abordagem há uma maneira especial de apresentar as duas verdades. Aqui nesse caso elas são referidas como duas verdades superiores.

A verdade superior absoluta é a mente inata e fundamental de clara luz. O que é chamado de mente inata e fundamental de clara luz na terminologia das tradições da nova tradução do tantra é a percepção de rigpa que é *rigpa Samantabhadra*, o dharmakaya da base, ou buda primordial.

Dodrupchen Jikmé Tenpé Nyima explica:

> Os estados de mente grosseiros que surgem das tendências habituais da transferência das três aparências não estão presentes no nível de fruição e, desse modo, nem mesmo sua vacuidade está presente. Portanto, a talidade que vem a se tornar o "kaya da realidade"[119] dos budas deve ser o espaço básico dessa sabedoria fundamental. Esta é precisamente a intenção última dos ensinamentos sobre a natureza de buda, o *sugatagarbha*, encontrados nos sutras do giro final da roda do Dharma.[120]

O fato de que essa é também a mente inata e fundamental de clara luz citada nos textos das escolas da nova tradução do tantra fica claro a partir de *O tesouro das doutrinas filosóficas* de Longchenpa. Nos ensinamentos sobre a natureza da base, ele diz:[121]

> A base primordial, sabedoria autossurgida, que está além de limitação em alcance ou magnitude, é vazia como o céu na essência, límpida como o sol ou a lua por natureza e difusa como os raios de luz em sua compaixão. Essas três propriedades, indivisíveis em essência, subsistem dentro do espaço básico que sempre esteve além de qualquer transição e mudança e possuem a natureza da sabedoria dos três kayas. A essência vazia é o dharmakaya, a natureza límpida é o sambhogakaya e a compaixão difusa é o nirmanakaya.

## ONDE RESIDE A CLARA LUZ

A essência é pureza primordial, a natureza é presença espontânea, e a radiância incessante é compaixão. Onde elas habitam? Longchenpa diz:

> Enquanto permanecemos deludidos entre as seis classes de seres, essas três aparecem para nossa percepção deludida como corpo, fala e mente ordinários. Embora a sabedoria de corpo, fala e mente iluminados não apareça, isso não significa que não esteja ali. Os canais dependem do corpo físico, a energia do vento e elementos dependem dos canais e, no nível sutil, no centro do centro dos quatro chakras, existe o palácio da sabedoria autossurgida.[122]

Existem quatro chakras; um deles, por exemplo, é o chakra da grande bem-aventurança na coroa da cabeça. Aquele chamado de "o palácio da sabedoria autossurgida" localiza-se no centro deles, no meio do canal central do chakra do dharma no coração. Como vimos antes, existem diferentes graus de sutileza dos canais, energia dos ventos e essências, e aqui estamos falando dos extremamente sutis. Na terminologia singular do Dzogchen, fala-se disso como "o canal de cristal *kati*". Longchenpa continua:

> No palácio do dharma, no coração, a essência, a sabedoria primordial luminosa e autossurgida está firmemente presente, junto com os infinitos atributos de sabedoria. Conforme é dito em *O excelente arranjo de joias*:
>
> A grande sabedoria autossurgida
> Na joia do palácio do coração.[123]

Assim, a localização principal da mente inata e fundamental de clara luz é identificada aqui como centro do chakra do dharma no coração. Longchenpa diz então:

> A clara luz reside ali em quatro canais extraordinários; o grande canal kati dourado vem por meio do centro do canal central e se conecta com o centro do coração e, desse modo, é preenchido com *tiklés* da base, Samantabhadra.[124]

Isso descreve então o lugar principal onde reside a clara luz.

## A CLARA LUZ COMO NATUREZA DE BUDA

O fato de que a mente inata e fundamental de clara luz é a mesma coisa que a natureza de buda é mencionado até mesmo nos sutras, por exemplo, no *Sutra da sabedoria sobre Ultrapassar*, uma das fontes para o *Sublime continuum*, de Maitreya.

Em *O tesouro que realiza desejos* e no capítulo intitulado "Como o samsara origina-se a partir da base", Longchenpa discute a base para a delusão:

> A clara luz original, a própria essência do estado de buda bem-aventurado,
> A base última de tudo, é naturalmente não-composta,
> Inteiramente pura desde o princípio, como o céu ensolarado,
> Contudo, nublada pelas tendências habituais baseadas na ignorância,
> E é por isso que os seres sencientes são deludidos.[125]

Ao comentar essas linhas, ele diz:

> A base, como o espaço, sempre foi livre de qualquer alicerce ou suporte que dependa do samsara e é destituída de eu por sua própria essência. É clara e luminosa como o sol ou a lua, e espontaneamente perfeita. Esteve eternamente presente, sem qualquer princípio, e desse modo está além de qualquer transição ou mudança.[126]

É por isso que a mente inata e fundamental de clara luz é retratada como "não-composta", o que, conforme ressalta Dodrup Jikmé Tenpé Nyima, significa que está continuamente presente e não é criada como algo novo por causas e condições transitórias. Longchenpa explica:

> Visto que está além de todas as limitações das ideias fixas, é naturalmente luminosa. Visto que reside dentro do espaço básico no qual os kayas e sabedoria estão unidos de modo inseparável, é o sugatagarbha.

Em outras palavras, o pleno potencial para os três kayas está presente.

> Visto que sustenta todos os fenômenos do samsara e do nirvana, é chamada de "estado natural que é a base de tudo". É não-composta e sempre foi inteiramente pura.

Enquanto não tivermos removido as máculas adventícias, a mente inata e fundamental de clara luz é referida como *sugatagarbha* e o potencial para os três kayas que está inerentemente presente é referido como *as qualidades do espaço básico*. Quando as máculas adventícias que nublam nossa verdadeira natureza são removidas, o potencial para os três kayas, que sempre esteve presente dentro da mente inata e fundamental de clara luz, é ativado ou manifestado e se torna "as qualidades de fruição". Portanto, os kayas e o estado de buda são ambos intrínsecos à mente inata e fundamental de clara luz

## MEDITAÇÃO ANALÍTICA E A VISÃO DO CAMINHO DO MEIO

Quando dizemos que a essência é primordialmente pura ou vazia, o sentido de vacuidade aqui é basicamente de acordo com a visão Prasangika. Como diz Longchenpa em *O tesouro que realiza desejos*:

> Agora, quando se chega à apresentação da tradição Prasangika, que é o pináculo do veículo de características Mahayanas dentro do budismo...[127]

Em seu comentário detalhado, há uma seção sobre como os Prasangikas eliminam a elaboração conceitual, visto que não pode haver asserções a respeito da real natureza absoluta em si; outra seção discute como os Prasangikas apresentam a realidade relativa, convencional, sem refutar como as coisas aparecem. Nesta última seção, ele diz:

> Aqui, na seção que apresenta a realidade relativa sem refutar como as coisas aparecem, existem três partes: a base do Caminho do Meio, as duas verdades; a rota do Caminho do Meio, as duas acumulações; e a fruição do Caminho do Meio, os dois kayas.[128]

O mais importante é que isso é apresentado principalmente a partir do ponto de vista Prasangika. Quanto à "essência vazia", tanto no sutra quanto nos tantras comuns, deve-se chegar à certeza sobre a natureza da vacuidade. O yoga tantra superior tem um entendimento especial próprio da vacuidade. Nos textos do Dzogpachenpo em particular encontramos menção a diferentes modos de liberação, tais como liberação primordial, autoliberação, liberação nua, liberação completa e liberação de extremos, e cada uma apresenta diferentes nuances e possui características distintas próprias. Todas envolvem o reconhecimento da mesma essência vazia.

O fato de que a meditação sobre vacuidade sutil conforme a abordagem Prasangika tem lugar no contexto da investigação a respeito de onde a mente surge, onde permanece e para onde vai é explicado por Dodrup Jikmé Tenpé Nyima da seguinte forma:[129]

> Embora muitos veículos diferentes tenham sido ensinados como meios de se obter a realização,
> Existe apenas um caminho para a essência que deve ser realizada.

Ele está dizendo que existe apenas uma única rota para o estado de buda, uma porta que leva à paz.

> A natureza básica da própria mente, para além de surgimento, permanência e cessação –

Se examinarmos de onde a mente vem, não conseguiremos encontrar qualquer origem ou base para seu surgimento. Se examinarmos onde a mente permanece, não conseguiremos encontrar qualquer base para sua permanência. Se examinarmos para onde a mente vai, não conseguiremos achar qualquer localização. Desse modo, a natureza básica da mente está além de surgimento, permanência e cessação. Dodrup Jikmé Tenpé Nyima continua:

> É aqui que os olhos da inteligência abrem-se pela primeira vez.

Em outras palavras, vocês devem começar investigando a mente e procurando de onde ela vem, onde fica e para onde vai. Mas a seguir ele adverte:

> Mas simplesmente não ver as três localizações – origem, lugar de residência e destino –
> Não é em si suficiente para encontrar o estado natural.

Procurar de onde a mente vem, onde permanece e para onde vai e então não achar absolutamente nada não é o bastante para encontrar o estado natural.

> Não é apenas, como no célebre ditado, "além de qualquer base ou origem",
> Ou "meramente palavras"; precisa ser mais investigado.

O termo *além de qualquer base ou origem* tem a mesma conotação que *meramente palavras e rótulos*. Este último é declarado a partir do ponto de vista de como algo aparece, ao passo que *além de qualquer base ou origem* é expresso a partir do ponto de vista da vacuidade. Não devemos por isso deixar a investigação, dizendo que a mente está além de qualquer base ou origem ou que a mente é meramente um rótulo. Precisamos ir além e chegar a um entendimento real sobre o significado do Caminho do Meio que elimina os dois extremos.

> Embora possa não se estar enfocando a realidade verdadeira, mesmo no mais ínfimo grau,
> Isso não porá fim à aparência e percepção falsas.

É a mesma coisa que Nagarjuna diz em *A guirlanda preciosa do Caminho do Meio*:

> Uma pessoa não é terra, nem água,
> Nem fogo, nem vento, nem espaço,
> Nem consciência, nem nada disso.
> O que é uma pessoa que não isso?[130]

Quando procuramos a base sobre a qual o rótulo *pessoa* é aplicado e não conseguimos encontrá-la, não dizemos imediatamente que a pessoa não existe. O fato de não podermos encontrar uma base para o rótulo quando a procuramos elimina o extremo do eternalismo. Mas a eliminação de apenas um extremo, o do eternalismo, não vale como um entendimento completo do Caminho do Meio. Isso em si não elimina os dois extremos e é por isso que Nagarjuna prossegue:

> Visto que a pessoa é um conjunto dos seis elementos...[131]

Em outras palavras, a pessoa é um rótulo que aplicamos a uma reunião dos seis elementos. Assim, de fato há uma pessoa, embora não uma pessoa real e verdadeiramente existente. Isso elimina o extremo do niilismo. Dessa maneira, ambos os extremos são eliminados.

O mesmo princípio aplica-se aqui. Investigar de onde a mente vem, onde fica e para onde vai, e não encontrar nada chamado *mente*, não é a verdadeira visão do Caminho do Meio. Se a mente realmente existisse, deveríamos ser capazes de encontrar alguma base para ela quando investigásssemos sua origem, local de permanência e destino, mas não encontramos tal base. Este é um sinal de que a mente não existe *verdadeiramente*, mas não podemos concluir que a mente não existe em absoluto. Quando entendemos que mente é uma imputação dependente, algo que existe de modo dependente, isso basta para se opor à ideia de mente como algo independente. Esta é a conclusão genuína a que chegamos por meio da visão Prasangika do Caminho do Meio referente à "essência", ou seja, pureza primordial. Dodrupchen continua:

> Desse modo, até que você esteja satisfeito sobre esse ponto profundo e crucial,
> Investigue por completo, confiando nas obras dos instruídos e realizados.[132]

A questão aqui é que, para se chegar a uma visão definitiva do Caminho do Meio, é necessário praticar meditação analítica. Mas não há espaço para meditação analítica quando estamos praticando a unidade inseparável de percepção e vacuidade. Esta é exclusivamente uma forma de meditação estabilizadora. Desse modo, o contexto para meditação analítica é durante as preliminares do Dzogchen. É aí que temos que chegar a um entendimento decisivo sobre a visão.

Existe aqui uma conexão com um ponto profundo e crucial do yoga tantra superior, que é o fato de que, quando meditamos sobre vacuidade, o fenômeno sobre o qual meditamos é a mente. Por exemplo, quando o *Guhyasamaja tantra* fala de "isolamento do corpo", "isolamento da fala" e "isolamento da mente",[133] isolamento da mente envolve meditar sobre vacuidade, mas especificamente sobre a vacuidade da mente. Assim, nos textos do yoga tantra superior isso é referido com bastante frequência como um "fenômeno superior".

No geral, a vacuidade depende de um objeto ou fenômeno específico. Se o objeto é transitório ou adventício, então sua vacuidade, embora não condicionada, cessará de existir quando o objeto cessar. Em outras palavras, se o fenômeno cessa, sua natureza vazia também cessa. Portanto, um motivo pelo qual praticamos yoga da deidade e visualizamos a "forma permanente" de uma deidade é que, em nossa imaginação, a deidade continua e não perece. Assim, se tomarmos a forma *pura* de uma deidade como base e realizarmos sua natureza vazia, essa vacuidade se tornará o *svabhavikakaya*, o "corpo da essência natural" de um buda. De outro modo, se tomarmos algum fenômeno *impuro* como base para realizar a vacuidade, embora a vacuidade seja a mesma, o fenômeno não continuará até o estado de buda, tampouco a vacuidade. É por isso que falamos de vacuidade em termos de fenômenos puros; em resumo, toda a base para a meditação sobre vacuidade é a mente.

CAPÍTULO 17

# Uma recapitulação do ensinamento

Fui informado de que algumas pessoas chegaram hoje; assim, em benefício delas vou recapitular a essência do que discutimos até aqui. Isso também servirá como uma espécie de sessão de revisão para aqueles que já estavam aqui.

### Felicidade, o propósito da vida

Qual é o propósito de nossa vida? Qual é a essência de ser um humano? São questões sobre as quais me indago com frequência. Penso que se pode dizer que o propósito de nossa vida é sermos felizes. Se as pessoas praticam algum tipo de religião ou caminho espiritual, é para serem felizes; não há outro motivo. Praticantes budistas, por exemplo, esforçam-se para atingir o estado de buda com o objetivo de encontrar felicidade e bem-aventurança. Contudo, não é apenas para eles mesmos, pois aspiram chegar ao nível do estado de buda de modo que incontáveis seres sencientes possam desfrutar da felicidade e bem-aventurança definitivas. É nesse sentido que estão trabalhando. De fato, obter felicidade é um direito fundamental que pertence a todos e cada um de nós, e também uma aspiração perfeitamente razoável.

Se vocês olharem a felicidade pela qual tanto nos esforçamos e o sofrimento que tentamos evitar, eles são de vários tipos. Vejam os países em desenvolvimento, onde as pessoas encaram privações de toda espécie devido a pobreza, educação precária, doença e fome. Além da escassez de comida, água e vestuário, elas também têm que enfrentar as dificuldades impostas pelo ambiente. Este é um tipo de sofrimento. Nos países economicamente mais desenvolvidos, as pessoas no geral são mais abastadas e mais instruídas, e se toma um cuidado maior com o ambiente. Mas ainda assim as pessoas são infelizes por causa de uma outra espécie de sofrimento.

Desse modo, penso que podemos definir um padrão: nos países que enfrentam dificuldades econômicas a maioria das formas de sofrimento está relacionada aos cinco sentidos e ao domínio do corpo; nos países mais ricos, os problemas e a infelicidade estão mais relacionados ao modo como percebemos as coisas e ao domínio da mente.

Se compararmos esses dois tipos de felicidade e sofrimento – um que depende principalmente do corpo e outro que depende principalmente da mente –, podemos ver que a mente sem dúvida tem maior capacidade de nos afetar. Se vocês vivem nas regiões mais ricas do mundo, podem estar cercados de todo conforto e comodidade, e ainda assim estar infelizes em suas mentes. Desse modo, é evidente que, quando se trata de vencer nossos problemas, isso só pode ser efetuado pela mente. Vocês não podem se livrar deles gastando dinheiro, por mais que tentem. Pílulas e tranquilizantes e até mesmo yoga e programas de exercício tampouco vão funcionar. Claro que estratégias como essas podem trazer algum alívio temporário e proporcionar uma breve folga do intenso pensar da mente, mas o problema subjacente vai permanecer. Se vocês não sabem como confrontar as dificuldades e lidar com elas diretamente pelo uso da inteligência, então apenas achar algum expediente temporário para parar de pensar nos problemas ou ajudar a evitá-los por um tempo na verdade não será uma grande solução.

São nossa mente e inteligência que precisamos usar. Precisamos chegar ao fundo dos problemas que estão no reino da mente, descobrir suas causas, condições e efeitos e entendê-los melhor. É vital lidarmos com eles dessa forma direta, em vez de simplesmente ignorá-los. Assim, poderemos encontrar paz mental e bem-estar firmes e que não podem ser tão facilmente perturbados.

## Interdependência: uma perspectiva mais ampla da vida

Com frequência digo que uma das coisas mais úteis nesse sentido é a visão budista da interdependência. Não devemos pensar nisso apenas como uma prática budista; de fato, é uma maneira pela qual todos nós podemos considerar e ver as coisas. Se pensarmos com calma sobre a interdependência, vamos verificar que sem dúvida pode nos ajudar demasiadamente em nossa vida.

A interdependência explica como tudo é afetado por causas e condições. De todas as várias mudanças que ocorrem, nenhuma é resultado de uma única causa ou condição. Pelo contrário, existem incontáveis causas e condições que precisam juntar-se para que as coisas aconteçam. E essas causas e condições requerem suas causas e condições particulares e assim por diante. Portanto, interdependência implica a existência de uma série de causas e condições que se combinam para formar novas causas e condições, as quais acarretam mudanças, criando novas causas e condições. Além disso, nosso próprio modo de pensar também é um fator entre todas as causas e condições cambiantes.

Quando acontece algo que nos ajuda ou prejudica de alguma forma, e experienciamos prazer ou dor, não é como resultado de uma única causa ou condição, mas sim de uma teia complexa de muitas causas e condições inter-relacionadas. Quando realmente vemos tal fato por nós mesmos, isso nos dá uma perspectiva muito mais ampla sobre as coisas de forma bastante natural. Em geral, quando reagimos com apego ou aversão e ficamos contrariados, é porque temos a tendência de atribuir nossa felicidade ou sofrimento a uma causa única. Se acontece alguma coisa ruim, nós a atribuímos a um só fator e fazemos dele o alvo de nossa reprovação. Quando acontecem coisas boas, também tendemos a pensar que é devido a uma só coisa. Na realidade, contudo, nem as coisas boas nem as ruins que nos acontecem são resultado de uma só causa ou condição. Todas elas são resultado de inumeráveis causas e condições que se juntam, todas dependentes umas das outras. Se apenas pudermos reconhecer isso, pode ser muito útil. Quando não tivermos mais um objeto específico para culpar como fonte de nosso apego ou raiva, isso reduzirá a força das emoções, que é intensificada ao se enfocar um objeto único.

## DEPENDÊNCIA DOS OUTROS

O estudo da fisiologia humana mostra que, quando sofremos de alguma doença ou dor física, existe uma reação natural dentro de nosso corpo que faz com que substâncias químicas, endorfinas e encefalinas, sejam liberadas, de modo a amortecer a dor. O corpo tem uma resposta natural e instintiva à dor e busca mitigá-la. Creio que existe um paralelo com as qualidades da mente que podem aliviar nosso sofrimento interno. Quando as pessoas estão em dificuldade, temos uma sensação bastante natural e espontânea de amor e preocupação e tentamos ajudá-las. Apoiarmos uns aos outros dessa forma cria um sentimento de confiança mútua, de modo que, quando encaramos problemas, sabemos que temos alguém com quem contar. Lealdade e um bom coração; sinceridade, honestidade e autenticidade; afeto e ternura – essas são qualidades humanas realmente fundamentais. Se as possuirmos, as pessoas prontamente vão confiar em nós e ser amigas, e, quer estejamos de fato enfrentando dificuldades ou não, nos sentiremos naturalmente mais relaxados e sossegados. Mesmo que tenhamos problemas e outra pessoa não possa resolvê-los para nós, não vai importar tanto, porque o simples fato de ser possível falar para alguém e compartilhar nossos problemas vai ajudar. Isso é de nossa natureza humana.

Portanto, quando se trata de sofrimento mental, dificuldades emocionais e psicológicas, como seres humanos temos uma tendência natural de nos preocuparmos uns com os outros, sermos honestos e amistosos e ajudarmos uns aos outros. Temos a tendência de agir "como um bom ser humano" de modo bastante natural, e essa é uma qualidade maravilhosa. É muito importante reconhecermos essa tendência positiva e apreciar seu valor. Não devemos negligenciá-la ou subestimá-la, mas ver quanto é importante e necessária, porque realmente nos ajudará a passar pelos problemas da vida. Não tem nada a ver com vidas passadas ou com religião; é algo útil sempre que encaramos as dificuldades.

Se pensarmos em nossa existência como seres humanos, a partir do momento em que nascemos, ao longo de todos os primeiros anos de nossas vidas, somos completamente dependentes dos outros para nossa sobrevivência. Não haveria jeito de sobrevivermos por nós mesmos, por isso desenvolve-se um vínculo de intimidade muito especial entre uma mãe e seu filho. Com certos animais é diferente. Tome-se o caso das tartarugas-marinhas, por exemplo. Depois que a tartaruga mãe fez o ninho e pôs os ovos, ela não tem mais contato com sua prole. Creio que, se encontrassem sua mãe por acaso, as tartaruguinhas provavelmente não sentiriam a mesma afeição que outros animais, pois elas não precisam contar com a mãe para sobreviver. A mãe simplesmente bota os ovos e, quando a tartaruguinha nasce, apenas rasteja para o mar. A mãe não precisa ensinar nada ao recém-nascido nem dar de mamar ou fazer qualquer outra coisa. Assim, provavelmente não existe um sentimento de proximidade tão forte entre a mãe e sua prole. Talvez os jovens nem mesmo reconheçam sua mãe.

No caso das crianças, elas dependem de seus pais para a sobrevivência, de modo que existe um sentimento natural de amor entre elas e os pais. É o que acho; é possível que tudo isso seja inexato, mas sinto que, de início, esse amor que temos uns pelos outros, essa cordialidade e esse cuidado provêm da necessidade de dependermos uns dos outros para nossa sobrevivência.

Nosso erro é termos esse amor no início, o amor mútuo entre mãe e filho, mas gradativamente, com o passar do tempo, começar a dar cada vez menos valor e até passar a ver como algo desnecessário. Pensamos que podemos cuidar de nós mesmos e que não precisamos depender de mais ninguém. Embora nossa independência presumida seja um sonho vão, nos sentimos orgulhosos de nós mesmos, audaciosos e confiantes. Então, em vez de sentir amor pelos outros, começamos a sentir ciúme deles e tentamos prejudicá-los e explorá-los. Isso leva a todo tipo de infelicidade na sociedade e desgraça para nós como indivíduos. Podemos sentir como se não houvesse ninguém em quem pudéssemos confiar, ninguém de quem pudéssemos realmente depender, e começamos a nos sentir isolados dos outros, separados e sozinhos. Contudo, essa situação é inteiramente criada por nós. Ela vai de encontro à nossa verdadeira natureza como seres humanos. É toda ela baseada em nossas expectativas artificiais.

Além disso, devido a todo desenvolvimento econômico e aos avanços na tecnologia, existe um grande perigo de colocarmos cada vez mais nossas esperanças e confiança nas coisas materiais, como dinheiro e máquinas. Pensamos que serão capazes de nos proteger, dar segurança e realmente ajudar em todos os sentidos. Mas sinto que essa atitude cria um monte de problemas.

Assim, embora a interdependência seja uma visão budista, é algo de que todos nós podemos fazer uso no cotidiano. Por exemplo, quando estamos na escola, aprendemos mais sobre a natureza do mundo, e isso nos dá um panorama mais amplo das coisas. Quando refletimos sobre a natureza da interdependência, isso também pode expandir nossa mente e alargar toda nossa perspectiva e modo de pensar. Começamos a reconhecer, por exemplo, o quanto as tendências positivas que possuímos naturalmente como seres humanos são críticas em nossas vidas e de importância fundamental. Ao lado disso, podemos chegar também a um entendimento mais sagaz sobre progresso material, percebendo que, por mais necessário e benéfico que possa ser, não devemos colocar toda nossa confiança e esperança nele. Em vez disso, devemos começar a assumir e desenvolver as qualidades positivas que temos como seres humanos. Penso que então teremos vidas mais felizes.

Isso não é um assunto de interesse somente para pessoas que têm alguma crença religiosa. Todo mundo quer ser feliz; ninguém quer sofrer; e todos nós possuímos essas qualidades humanas positivas. Desse modo, se poderia chamar isso de "ética secular".

## A ESSÊNCIA REAL DA RELIGIÃO

Se temos fé em uma religião, mas nos contentamos simplesmente em pensar em nós mesmos como crentes porque era a religião de nossos pais, e não mostramos qualquer interesse pelo que ela tem a dizer ou por quais possam ser as suas práticas, não vamos obter realmente muito benefício dela. Se pensarmos que religião tem a ver apenas com executar rituais e dizer preces, então não haverá conexão real entre os períodos que julgamos de "prática" e o resto de nossa vida cotidiana. Se olharmos para as maiores tradições de fé, como eu sempre digo, vamos verificar que todas ensinam as mesmas virtudes de amor, compaixão, tolerância, contentamento e conduta ética. Isso é o significado real e o cerne da religião. Religião não tem a ver apenas com dizer preces em um templo. Tem a ver com o modo como levamos a vida cotidiana e apenas com isso – ser amoroso, compassivo, tolerante, contente e ético. Assim, se nos consideramos pessoas religiosas, temos que entender a essência real da religião – não colocar importância excessiva em preces e rituais, mas sim na conduta de nossa vida cotidiana. Quer sejamos cristãos, muçulmanos, budistas, hindus, judeus ou seguidores de qualquer outra fé, precisamos aplicar esses ensinamentos em nossa vida cotidiana e em nossas interações, e esse é o ponto mais importante.

Algumas pessoas de fato acreditam que religião não tem nada a ver com vida cotidiana. Mas devem ter uma visão muito estreita do que seja religião. Se pensarmos em religião como rituais e preces realizados em um templo, então é verdade que não haverá muita conexão com a vida diária. Mas qual é o motivo por trás desses rituais e preces? Aumentar o amor, a compaixão, a tolerância e coisas assim. Portanto, se somos alguém que segue uma determinada religião, precisamos entender seus ensinamentos, mostrar interesse por eles e ser capazes de aplicá-los em nossa vida cotidiana. Sinto que esse é um princípio crucial.

Todas as diferentes tradições religiosas que existem neste mundo são mais ou menos iguais em sua capacidade de nos transformar em bons seres humanos. Claro que existem diferenças quanto a suas visões filosóficas, mas a variedade está aí para acomodar mentalidades e crenças diversas. Dado que existe tamanho leque de temperamentos e inclinações, uma visão vai parecer mais apropriada e racional para uma pessoa, e outra será claramente mais relevante e eficaz para outro indivíduo. Quanto a isso, as diferentes tradições de fé são como variedades de medicamentos. Só que remédios tratam as doenças do corpo, e religiões curam as doenças da mente. Quando vamos escolher um remédio, a única consideração importante é a enfermidade que ele cura. Não precisamos prestar muita atenção ao preço ou aos ingredientes. Nem precisamos explicar tais detalhes quando damos o remédio ao paciente. O único fator importante nesse momento é se o remédio vai ajudar a curar a enfermidade ou não. Qualquer outra coisa é simplesmente irrelevante.

Do mesmo modo, as várias tradições religiosas têm visões filosóficas divergentes, mas a verdadeira meta de todas essas visões é simplesmente beneficiar a mente de uma pessoa. E, dessa perspectiva, elas são todas iguais. As visões filosóficas diferem, e algumas são mais sofisticadas que outras, mas não se pode realmente dizer que são visões "boas" e "ruins". É mais uma questão do que combina melhor com a pessoa. Se você considerar visões mais elaboradas melhores e mais profundas, então elas *são* as melhores para você como indivíduo. A visão que melhor se encaixe com seu temperamento e crenças particulares será de maior benefício.

## A ESSÊNCIA DO BUDDHADHARMA

Vamos olhar o budismo em particular. Vocês podem se indagar: "Qual é a essência dos ensinamentos budistas?". Geralmente explico assim: "A conduta é não-violência e a visão é interdependência". Quando falamos sobre não-violência – em outras palavras, abster-se de causar mal –, às vezes é muito difícil determinar se uma ação é ou não prejudicial considerando-se apenas sua aparência exterior. O fator-chave é a motivação por trás dela. Qualquer ação de corpo, fala ou mente motivada pelo desejo de beneficiar os outros é por natureza não prejudicial. Mas, se nossas intenções básicas são cruéis, digamos que queremos enganar e explorar alguém, nosso comportamento pode ter toda aparência de inofensivo, com palavras graciosas e presentes bonitos, mas a ação em si será prejudicial. Por quê? Porque é feita com uma motivação negativa. Portanto, a distinção entre ações prejudiciais e não prejudiciais deve basear-se primeiramente na motivação por trás delas. Creio que podemos dizer que *conduta de não-violência* significa ações motivadas pela compaixão ou desejo de beneficiar os outros. Com essa motivação em nosso coração, na melhor das hipóteses devemos realmente ajudar os outros, mas, se formos incapazes de ajudá-los, ao menos devemos não lhes causar mal.

Assim, a visão da interdependência de fato revela como ocorrem felicidade e sofrimento. Mostra como todas as nossas sensações de felicidade e sofrimento e todas as experiências internas e circunstâncias externas surgem devido à reunião de causas e condições específicas. Desse modo, a visão da interdependência explica a lógica por trás da conduta de não-violência. Como? Porque as sensações de prazer e dor que experienciamos dependem de certas circunstâncias intimamente vinculadas à nossa conduta. Se agirmos de modo negativo, vamos experienciar sofrimento. Se agirmos de maneira positiva, o resultado será bom. É assim que as coisas ocorrem, na dependência de causas e condições. Por isso, se não queremos sofrer, temos que evitar fazer qualquer coisa prejudicial para os outros e, em vez disso, tentar ajudá-los.

Agora, se prosseguirmos e ampliarmos a prática de não-violência, por fim isso levará a bodhicitta e a cuidarmos mais dos outros do que de nós mesmos. E, se adotarmos a visão da interdependência em mais detalhe e profundidade, com o tempo isso levará à visão da vacuidade, ao entendimento de que todos os fenômenos são destituídos de qualquer realidade verdadeira. Isso é chamado de *vacuidade na qual a compaixão é a própria essência* e, se conseguirmos colocá-la em prática, todo nosso modo de pensar passará por uma tremenda guinada. Nossa vida se tornará muito mais significativa de modo bastante natural. Começaremos a trabalhar pelo benefício dos outros. E, caso encontremos quaisquer dificuldades inevitáveis, não mais sofreremos em nossa mente, ou pelo menos sofreremos menos que antes. Poderemos até vir a aceitar o sofrimento, de modo que, embora sejamos obrigados a suportar dor física, em nossa mente teremos serenidade para sermos capazes de lidar com isso e transformar em algo com um propósito maior.

Deixem-me dar um exemplo. Em 1958, quando muitos mosteiros em Kham e Amdo já haviam sido destruídos e muitos lamas e khenpos eram aprisionados, um khenpo que era praticante destacado foi condenado à morte por fuzilamento. No momento da execução, imediatamente antes de ser morto, ele disse a seguinte prece:

> Portanto, ó compassivo e nobre mestre,
> Possam toda a negatividade e obscurecimentos dos seres, minhas mães no passado,
> E todo seu sofrimento, sem exceção, amadurecer sobre mim aqui e agora,
> E possa eu dar-lhes todo meu bem-estar, virtudes e méritos,
> De modo que todos os seres possam desfrutar da felicidade![134]

Ele disse isso imediatamente antes de ser abatido. O que essa história nos mostra é que, por meio da prática com meios hábeis e sabedoria, podemos efetuar mudanças significativas em nossa maneira de pensar e desenvolver uma coragem extraordinária. Podemos até chegar a ponto de, como o khenpo, conseguir transformar qualquer adversidade em caminho para a iluminação.

## Mantendo a autenticidade do dharma

Existe um ponto importante que gostaria de destacar aqui, que se aplica não só ao budismo, mas a qualquer tradição religiosa. Penso ser vital que permaneçamos fiéis aos ensinamentos autênticos do fundador original e dos principais discípulos da tradição. É importante que a tradição permaneça autêntica e fiel às suas origens.

Existe uma série de observações que gostaria de fazer a respeito disso. Houve um tempo, por exemplo, em que o budismo tibetano era chamado de "lamaísmo" em alguns livros ocidentais. Isso é um equívoco. O budismo tibetano é uma tradição autêntica e comprovada, que pode ser remontada até os grandes e cultos mestres da Índia. Não é algo que um punhado de lamas tibetanos tenham imaginado por si mesmos enquanto congelavam em suas cavernas! Não é nada menos que o genuíno Dharma do Buda, originado na nobre terra da Índia.

Também há gente que se refere aos lamas como "budas vivos", expressão que provavelmente vem de uma tradução chinesa. Esse é outro grande equívoco. Se fosse cunhado a partir de um senso de devoção, claro que seria bom. Contudo, se olharmos as escrituras budistas, a palavra original em sânscrito para "lama" é *guru*, que literalmente significa pesado, no sentido de estar carregado de qualidades preciosas ou de bondade. A palavra tibetana *lama* significa "o mais insuperável", ou alguém que é digno de respeito e veneração. Não encontramos o termo *buda vivo* usado em lugar nenhum nem a palavra guru significa alguém iluminado. Penso que o termo *buda vivo* deve originar-se de uma tradução errônea do chinês. Também possui implicações ridículas se os "budas vivos" são vistos a agir como pessoas ordinárias.

Precisamos estar cientes também de outro fenômeno, a espiritualidade New Age, que envolve pegar um pouquinho de várias religiões diferentes e elaborar uma nova religião, que realmente é apenas a invenção de alguém. Claro que, se as pessoas são honestas e admitem que se trata do produto de sua ingenuidade, então não faz lá grande diferença. Mas, se começam a improvisar coisas e depois tentam impingi-las como budismo ou como algo tibetano, ou como alguma forma extraordinariamente veloz do caminho Vajrayana, então precisamos ser extremamente cuidadosos.

Há algum tempo, conheci um socialista indiano que me disse estar profundamente interessado em budismo, e é verdade que gostou especialmente dos ensinamentos sobre altruísmo e bodhicitta. No entanto, mais adiante, quando chegou aos ensinamentos sobre os infernos, e particularmente à explicação sobre as temperaturas intoleráveis dos infernos quentes e frios, ele ficou muito perturbado e não quis mais escutar! Penso que é muito difícil chegarmos a algum lugar se ficarmos escolhendo e catando na antiga tradição budista que chegou a nós por meio dos mestres cultos da Índia, pegando apenas as coisas que nos agradam e ignorando todo o resto. Claro que, se encontramos algo que não combina com nossas crenças ou experiência, podemos optar por não acreditar, mas não devemos concluir que é o Dharma que precisa mudar ou clamar por uma nova forma especial de budismo.

Ouvi uma história a respeito de um estudante que foi ver um lama tibetano e disse: "O budismo é maravilhoso, mas existem certas coisas que não combinam com minha forma de pensar". O lama replicou: "E quem o está forçando a se tornar budista? Se não combina com você, esqueça!". Penso que isso é realmente verdade. Precisamos manter o budismo autêntico. Precisamos manter os ensinamentos originais proferidos por nosso bondoso professor, o Senhor Buda, e os ensinamentos contidos nas obras dos mestres instruídos da Índia, bem como nos escritos dos mestres cultos e realizados das diferentes escolas do budismo tibetano – Sakya, Gelug, Kagyu e Nyingma. Isso é extremamente importante.

O que devemos ter em mente é que é bastante possível que alguns desses ensinamentos não façam sentido para nós imediatamente. De fato, existem diferentes categorias de fenômenos previsíveis. Existe o que é *imediatamente aparente* para nós e percebível de modo direto; existem coisas que são *parcialmente ocultas*; e, finalmente, coisas que são *extremamente ocultas*. É muito difícil para nós compreender as coisas dessa última categoria tentando raciocinar sobre elas com nossa inteligência. Contudo, se acreditarmos apenas nas coisas que são imediatamente observáveis e aparentes, até o estado de buda se tornará bastante improvável! Podemos aceitar a noção geral, mas torna-se um tanto difícil aceitá-lo assim como é ensinado. Portanto, visto que existem coisas que são extremamente ocultas, quando verificamos que há algo que não faz sentido para nós de imediato, precisamos investigar o que está escrito nos textos e então refletir sobre isso, aplicando nosso raciocínio lógico. Contudo, ainda haverá algumas coisas que não poderemos penetrar nem mesmo pelo raciocínio e seria um pouco arrogante de nossa parte descartá-las na mesma hora. Não temos capacidade para perceber absolutamente tudo, incluindo todos os fenômenos ocultos. Existem muitas coisas que ficam ocultas a nossa percepção direta, e não podemos simplesmente dizer que não acreditamos nelas, porque seria presunçoso e preconceituoso. O ponto principal que estou destacando aqui é o quanto é importante seguir os ensinamentos originais e autênticos.

Isso conclui a introdução geral para as novas pessoas que chegaram hoje. Agora continuaremos de onde havíamos parado no texto de *Encontrando conforto e sossego na meditação sobre a Grande Perfeição*.

CAPÍTULO 18

# A SABEDORIA DE RIGPA

## DOIS MÉTODOS PARA REALIZAR A CLARA LUZ

Em geral, se diz que o caminho profundo do Dzogpachenpo enfatiza a prática da quarta iniciação. As quatro iniciações são: a iniciação não-elaborada do vaso, a iniciação secreta não-elaborada, a iniciação extremamente não-elaborada do conhecimento e a iniciação completamente não-elaborada da palavra.

Nos ensinamentos das escolas da nova tradução do tantra, diz-se que, uma vez que "a verdadeira clara luz" tenha-se tornado manifesta ou "a união dos aprendizes" tenha sido obtida, não há necessidade de treinar em novos caminhos.[135] Em outras palavras, uma vez que surja a sabedoria do caminho da visão conforme o sistema do tantra ou que o estado de "união" seja atingido, precisamos apenas nos familiarizar com o que realizamos. Não há necessidade de treinar ou desenvolver nenhuma coisa nova.

De acordo com o sistema dos nove veículos sucessivos das escolas da antiga tradução, o Dzogpachenpo é o veículo que é o destino último, ao passo que os oito veículos anteriores, todos com sua abordagem baseada na mente ordinária, são mais como estágios ou passos ao longo do caminho. Assim, existem oito veículos que servem para nos conduzir ao destino último e um veículo que é o destino último em si; a essa altura não é a mente ordinária, mas a sabedoria que é tomada como o caminho. É por isso que dizemos que o Dzogchen enfatiza a quarta iniciação.

Entre os escritos do onisciente Khedrup Jé, há um texto de perguntas e respostas que inclui a questão do Dzogchen ser ou não um sistema puro. A resposta que ele dá é que o Dzogchen não só é um ensinamento puro e autêntico, como é também uma instrução sobre o nível muito superior da prática do estágio de completude conforme os ensinamentos superiores do tantra. É extremamente profundo, diz ele, mas infelizmente sua reputação foi prejudicada pela conduta antiética de alguns praticantes leigos.[136]

Em uma linha semelhante, Khedrup Norzang Gyatso, em um guia para a prática do estágio de geração do *Guhyasamaja*, explica que existem duas maneiras de fazer despontar a mente inata e fundamental de clara luz. Um método é enfocar e penetrar os pontos vitais dos canais, energias dos ventos e essências; por exemplo, na prática do estágio de completude associada ao tantra pai *Guhyasamaja*, a clara luz é realizada por meio da yoga das energias dos ventos. O outro método, diz ele, é o das "antigas tradições de meditação", pelos quais parece referir-se tanto à tradição Dzogchen dos Nyingmapas quanto à tradição Mahamudra da Kagyu. Por meio dessas antigas tradições de meditação, diz ele, é possível realizar a clara luz por meio apenas da meditação não-conceitual, sem a necessidade de trabalhar com os canais, energias dos ventos e essências sutis do corpo.

Assim, esse ponto é muito claro. Tenham em mente que Khedrup Jé foi um dos escritores mais rigorosos e francos da tradição Geluk, perito em analisar o que é admissível ou não, e não obstante é isso que diz em seus escritos. Do mesmo modo, Khedrup Norzang Gyatso é famoso como um mestre excepcionalmente instruído e realizado que atingiu o nível de união naquela vida. Esse era um ponto que eu desejava ressaltar.

## Confiando nas obras autênticas da tradição

Quando se trata dos numerosos textos que explicam os ensinamentos do Dzogchen, alguns são bastante detalhados e outros são mais concisos. Existem vários manuais de instrução sobre o Dzogchen, que acompanham, por exemplo, os muitos diferentes ciclos de revelações termas. Em termos das duas abordagens que mencionei antes, a abordagem geral relacionada aos ensinamentos como um todo e a abordagem mais específica a certos indivíduos,[137] esses textos de instrução com frequência são ensinamentos ministrados para o bem de indivíduos. Tendem a consistir de conselho direto na forma de versos poéticos ou canções de experiência e nem sempre fornecem uma visão completa dos ensinamentos. A base real para os ensinamentos sobre Dzogchen é fornecida pelos textos de

Longchen Rapjam, em particular seus *Sete tesouros*, e também pelo texto-raiz e comentário de *O tesouro das qualidades preciosas*, composto pelo segundo onisciente, Jikmé Lingpa. Somam-se a esses as obras de Rongzom Chökyi Zangpo, que, como vimos, viveu três séculos antes de Longchenpa. Essas são as grandes obras da tradição Dzogchen, o que significa que definitivamente devemos consultá-las.

O mesmo princípio é válido para todas as escolas do budismo tibetano – Sakya, Geluk, Kagyü ou Nyingma. Não podemos ter um panorama completo de um ensinamento simplesmente olhando textos de instruções resumidas ou fragmentos de conselhos tirados daqui e dali. Sempre haverá o perigo de se entender mal as coisas e a possibilidade de se enganar. Tome-se a tradição Geluk, por exemplo. Se é para obtermos um entendimento genuíno da visão Geluk, temos que confiar primeiramente nos maravilhosos escritos do grande Tsongkhapa. Do contrário, não há garantia de que o que uma pessoa diga esteja correto simplesmente porque ela alega seguir a visão Geluk. Por isso, a necessidade de estudar as obras autorizadas da tradição aplica-se no caso de cada escola, e é algo em que precisamos pensar seriamente.

Mesmo para nós como indivíduos, se é para evitarmos armadilhas e equívocos em nossa prática, precisamos ter um entendimento cabal de nossa própria tradição e, para isso, devemos estudar os grandes tratados. É assim que eu mesmo também tento proceder. Se estudarmos apenas os textos mais curtos e mais simples, podemos não coligir um entendimento completo e podemos até nos deparar com coisas sobre as quais tenhamos dúvidas. Se examinarmos as obras principais, podemos começar a ver a lógica e os motivos por trás das coisas e ter maior apreço pelos pontos cruciais. Assim, por esse motivo, sinto que é essencial consultarmos os textos principais de nossa tradição.

## A SABEDORIA DE RIGPA

Existe uma outra passagem dos escritos de Dodrup Jikmé Tenpé Nyima que eu gostaria de compartilhar com vocês neste momento. Ele fala sobre a sabedoria de rigpa, a mente inata e fundamental de clara luz, mas a explica à luz da terminologia dos tantras das escolas da nova tradução:[138]

> A respeito da sabedoria da percepção luminosa interior, *O tantra da união do sol e da lua* afirma:

No palácio da joia do coração
Está a radiância do kaya que une vacuidade e clareza,
Seus rostos e braços completos como um corpo encerrado dentro de um vaso,
Permanecendo em sua forma mais sutil como a essência da clara luz.

> Conforme é dito, existem formas grosseiras e sutis do *avadhuti*, o canal central e, dentro dessa "cidadela" que possui a natureza da luz, no canal central extremamente sutil, "o tubo de cristal" falado na abordagem incomum desse veículo, está o glorioso Samantabhadra, o professor sem começo e sem fim, o rei da sabedoria todo-realizadora.

A forma grosseira do canal central, ou avadhuti, é aquela mencionada nos yoga tantras superiores, como o *Guhyagarbha tantra*. A forma mais sutil é conhecida como o tubo de cristal kati, ou o canal da luz. Dodrupchen diz:

> É a grande mandala na qual tudo que aparece e existe tem o mesmo sabor...

Todos os fenômenos do samsara e do nirvana surgem da mente inata e fundamental de clara luz, e quanto a isso são todos iguais. Fenômenos puros têm a natureza de sabedoria, ao passo que fenômenos impuros são temporários e adventícios. Mas essa é a única diferença. São iguais como exibição da clara luz. O texto continua:

> [...] é o estado iluminado que não surge da mente ordinária, a condição fundamental que não é fabricada pelo pensamento conceitual, estado de buda totalmente puro que jamais foi maculado por quaisquer falhas e sempre esteve presente. Em outras classes de tantra, isso é referido como a mente fundamental que é "toda-vazia". Portanto, nesse contexto, mente fundamental e sabedoria não-composta referem-se à mesma coisa.

Eu já discuti como *não-composto* deve ser explicado nesse contexto. Quando encontramos *mente fundamental* em textos das tradições da nova tradução, a palavra mente (*sem*) é usada em seu sentido mais amplo para incluir sabedoria e, nesse sentido, podemos dizer que está presente até mesmo no nível do estado de buda. Isso não é *sem* no sentido da mente ordinária que deve ser diferenciada da percepção pura de rigpa.

Mesmo na tradição Nyingma a palavra *sem* nem sempre significa a mente ordinária impura. Em um dos tantras mahayoga de Yangdak, *O rei dos herukas*, por exemplo, *sem* é usada em conexão com a prática das seis yogas. Assim, não podemos dizer que *sem* refira-se sempre à mente impura. Dodrupchen Jikmé Tenpé Nyima resume:

> Sempre esteve presente, jamais modificando sua condição.

A mente ordinária vem a existir, e depois cessa e muda, mas essa é diferente. Ela não pode alterar ou modificar sua condição.

> Sempre livre, jamais pode tornar-se confusa.

Na essência, sempre foi livre, intemporalmente, e por isso não é possível tornar-se confusa alguma vez.

> Não pode passar por nascimento e morte.

Não podemos usar termos como *nascimento* e *morte* em referência à mente inata e fundamental de clara luz. A mente ordinária grosseira tem um início e um fim. É como os elementos de terra, água, fogo e vento, que podem surgir e deixar de existir. Contudo, o elemento do espaço, de onde todos eles surgem e no qual todos eles são absorvidos, está além do surgimento e da cessação.

Em nosso estado de mente ordinário, que é o nível mais grosseiro de consciência, e mesmo em meio a pensamentos e emoções como apego e aversão, ainda existe uma qualidade de rigpa, ou percepção. Assim, nesse sentido, esses estados são permeados por um aspecto da percepção de rigpa, mas ainda assim a natureza de nossa mente está obscurecida. Conforme diz Jikmé Tenpé Nyima:

> Embora sua natureza seja essa, sua própria face é obscurecida pelas três aparências e por seus estados de pensamento conceitual, e, por causa dos 21 mil movimentos do vento kármico e assim por diante, não podemos ver sua essência real, e é por isso que é difícil para qualquer um realizá-la. Conforme é dito na *Teia ilusória*:
>
> Emaho! O Dharma que sempre foi secreto,
> Variado na aparência e secreto por natureza,

Por sua própria essência, completamente secreto,
Nada mais do que extremamente secreto.

É por isso que é referido como a "luminosidade interior, o corpo jovem do vaso". Porém não confunda *buda* como algo semelhante a uma estátua de ouro em um invólucro de vidro.

A imagem de um corpo dentro de um vaso é usada para ilustrar como nossa natureza está presente na luminosidade interior; confinada ali, em certo sentido, até ser liberada.

## A INTRODUÇÃO À RIGPA

A prática de trekchö no Dzogchen diz respeito à meditação sobre a percepção pura, ou rigpa. Para ser exato, é cultivar a familiaridade com rigpa, uma vez que tenha sido distinguida da mente ordinária. Agora, como efetuamos isso? De momento, a mente inata e fundamental de clara luz é um potencial latente. Na linguagem singular do Dzogchen, poderíamos dizer que a rigpa da base, ou rigpa essencial, não está manifesta de momento, como se também estivesse latente, de modo que aqui estamos falando de rigpa fulgurante. Esse é o estado no qual os pensamentos surgem a partir da percepção pura de rigpa. Existe movimento na mente, ocasionado pelas três aparências e pelas oitenta concepções indicativas, de modo que não é rigpa essencial, mas rigpa fulgurante. Quando pensamentos e emoções surgem como energia de rigpa, como todos os estados conscientes eles são permeados por rigpa, "do mesmo modo que as sementes de gergelim são permeadas por óleo". Não importa que estado de mente ou qual tipo de pensamento ou emoção possamos experienciar, ainda existe uma qualidade de conhecimento ou cognição básica que é o aspecto da percepção de rigpa. É esse o aspecto da percepção ressaltado por um professor experiente, quando todas as condições certas são reunidas, para um aluno que tenha atingido certo nível de maturidade espiritual. Assim, a introdução acontece por meio de rigpa fulgurante.

Para começar, os alunos precisam obter certo entendimento estudando e escutando os ensinamentos. Depois, ficando gradativamente mais familiarizados e adquirindo experiência de modo constante, serão capazes de reconhecer sua própria rigpa. Quando isso acontece, não existe outra prática exceto permanecer continuamente em rigpa e tão-somente em rigpa. Isso é efetuado por meio da atenção mental. Entretanto, existem dois tipos de atenção mental: planejada e natural. Essa prática não pode ser efetuada por meio da atenção mental planejada, porque isso só nos conduziria a pensamentos do tipo: "Agora estou meditando sobre o Dzogchen" ou "Agora estou sustentando rigpa", levando-nos dessa forma de volta ao reino da mente ordinária.

Tão logo a mente é perturbada por noções ordinárias e fixações, voltamos ao nível grosseiro da mente ordinária. Quando isso acontece e a mente grosseira ordinária se manifesta, precisamos usar o que quer que tenhamos de entendimento sobre a diferença entre mente ordinária e rigpa para retornar ao aspecto de percepção. Isso não acontece tentando dirigir a mente para rigpa com a atenção mental, como se lançando uma flecha ao alvo, mas apenas permanecendo natural e gentilmente na essência da percepção em si. De fato, isso está além das palavras, pensamentos e expressão, e é difícil comunicar ou entender de forma direta.

A introdução à rigpa tem lugar dentro do contexto de receber a "iniciação da energia de rigpa", *rigpé tsal wang*, de um mestre qualificado. Mas existem muitas formas diferentes para ocorrer o reconhecimento e, no caso dos estudantes mais capazes, não existe grande necessidade de rituais formais.

Deixem-me contar uma história para ilustrar isso. Khenpo Münsel foi um incrível mestre Dzogchen que faleceu há poucos anos.[139] Um conhecido meu que vive em Lhasa foi a Khenpo Münsel solicitar uma introdução à natureza da mente. Quando chegou à presença de Khenpo Münsel, imediatamente sentiu uma intensa devoção, tão forte que lhe trouxe lágrimas aos olhos. Khenpo Münsel estava apenas sentado ali, recitando preces, e não lhe deu absolutamente nenhuma instrução formal. Mas então, depois de um tempo, o mestre voltou-se para ele e disse: "Você recebeu agora as instruções demonstrativas. Você recebeu 'a iniciação da energia de rigpa'. Vá e medite a respeito". Isso mostra como estudantes do mais alto calibre não precisam contar com rituais.

No caso de estudantes de capacidade média, existe a introdução formal, dada conforme textos como *Yeshe Lama*, que eu mesmo recebi de Dilgo Khyentse Rinpoche.[140] Há certa posição física a ser adotada, e o lama dá a introdução proferindo, por exemplo, a sílaba "Phat!" ou usando algum outro método que – por ser incomum ou não familiar e por acontecer de repente – faz com que a mente fique em branco imediatamente, sem qualquer processo de pensamento. Existe uma afirmação a respeito que ouvi de Khenpo Rinchen.[141] Alguns dizem que ela provém de Sakya Pandita Gyaltsen, mas outros afirmam que não. É o seguinte: "Na lacuna entre pensamento passado e futuro, a natureza de clara luz da mente desponta ininterruptamente".[142] Quando o pensamento passado cessou e o pensamento futuro ainda não surgiu, existe um momento em que não há fixação e nenhum pensamento de que isso é assim ou assado. Existe apenas uma percepção pura, que é a clareza e o conhecimento básicos. Isso é rigpa fulgurante. É um aspecto de rigpa, e não rigpa essencial. Se as condições certas se combinam, podemos ter essa experiência e, por meio dela, reconhecer rigpa. Esse reconhecimento ocorre mediante o recebimento de bênçãos.

Conheci um lama que veio de Kham e que pertencia à tradição Kagyü, embora praticasse a meditação Dzogchen. Era realmente um mestre excepcional, mas infelizmente faleceu não faz muito. Ele contou que, quando jovem, recebeu as instruções sobre Mahamudra e Dzogchen, mas, enquanto fazia as práticas preliminares, tentou enganar seu professor. Ele tinha que acordar de manhã cedo para executar prostrações. Eles não tinham lamparinas de manteiga, e ainda estava escuro. O professor sentava-se em algum lugar nos arredores, meditando e recitando sua prática, e ele tinha que fazer as prostrações em um canto escuro como breu. Mas, em vez de se prostrar, ele simplesmente sentava-se ali de joelhos e batia os punhos contra o chão de tempos em tempos para simular o som de alguém a se prostrar. Ele conseguiu enganar o professor por um tempo dessa maneira, e é claro que não obteve a mais leve realização.

Um dia, algum tempo depois de o professor ter falecido, subitamente ele teve uma vívida lembrança do mestre e foi dominado por uma profunda devoção. De fato, sentiu uma fé e devoção tão profundas e unidirecionadas pelo mestre que foi como se desmaiasse. Quando voltou a si, pensou: "Ah! Deve ser o que chamam de rigpa. Deve ser a clara luz do Mahamudra". Ele se apoderou da sensação ou experiência, e, quanto mais a aprofundava por meio da prática, mais clara ela ficava. Ele perseverou na prática por um longo período, a ponto de experienciar tamanha clareza que, segundo me contou, obteve até uma leve memória de vidas passadas. Ele não havia desenvolvido absolutamente nenhuma realização quando foi introduzido por seu professor pela primeira vez, porque na época ainda estava tentando enganá-lo. Então, mais tarde, praticando assiduamente ao longo do tempo, gradualmente obteve certa medida de realização. Assim, em alguns casos, esse tipo de experiência só vem após longos períodos de prática sustentada.

Como vimos, quando usamos os termos *rigpa* e *aspecto de rigpa*, nos referimos respectivamente à rigpa essencial e à rigpa fulgurante. Uma vez que tenhamos reconhecido o aspecto de rigpa, precisamos prolongar o tipo de atenção mental natural e livre de esforço. De início não somos capazes de permanecer atentos por muito tempo. Mas, gradativamente, com o passar do tempo, desenvolvemos a capacidade de permanecer atentos por períodos cada vez maiores e nossa experiência se aprofunda; então nossa percepção não vai atrás de objetos de pensamento e conhecimento nem fica emaranhada neles, mas mantém-se sem perder terreno. Quando isso acontece, a mente ordinária é deixada fora de atividade e fica sem serviço, o que significa que as energias dos ventos que fazem com que ela se movimente também comecem a mudar e perder força gradativamente. O resultado é que os pensamentos conceituais cessam, e chegamos a uma meditação que é inteiramente não conceitual, ou "livre de pensamento". Todos os vários graus da mente ordinária e os diferentes níveis de energia de vento que a sustentam – grosseiro, sutil e extremamente sutil – se desvanecem e dissolvem no estado de clara luz.

Gostaria de ler agora uma instrução Tulku Tsullo sobre a visão do Dzogchen:[143]

> Pois bem, você poderia perguntar: quando começamos a obter liberdade da mente ordinária e dos vários estados de pensamento que obscurecem a face da sabedoria de rigpa, de modo que a visão do dharmakaya possa se revelar desnuda? E qual a real natureza dessa sabedoria? A maioria dos praticantes de Dzogchen hoje em dia não possui sequer um entendimento conceitual e por isso assume que seja uma mera tranquilidade da mente em que não haja absolutamente nenhuma atividade mental. Alguns detêm-se na vívida clareza e percepção da mente que é obtida por meio de shamata e que fica limpa de tipos mais grosseiros de pensamento. Alguns têm orgulho em pensar que, quando permanecem e reconhecem seus pensamentos mais grosseiros, bem como o pensamento levemente mais sutil de desejar suprimi-los, essa seja a suprema visão do Dzogchen. Existem outros que asseguram que o tipo grosseiro de não-conceitualidade – onde existe liberdade dos pensamentos mais óbvios e selvagens, mas que ainda está dentro do domínio dos ventos e concepções kármicos – é indivisível, permanente, singular e real, e que é a suprema visão do grande caminho secreto. Assim, existe muita gente que inverteu as coisas por completo e faz asserções desconexas, como quem tentasse falar de um chapéu descrevendo um sapato. No momento em que existem abordagens tão inconfiáveis e duvidosas quanto estas, isso mostra o quanto é importante livrar-se de dúvidas e concepções equivocadas.

Assim, deixem-me dizer uma coisinha, conforme o conselho de meu professor qualificado, que foi capaz de discernir de modo infalível a visão do primeiro onisciente e do que veio depois, Longchen Rapjam e Jikmé Lingpa, os grandes pioneiros que comentaram de forma independente o significado dos excelentes ensinamentos da Grande Perfeição conforme o kama e o terma. Isto é, enquanto as tendências habituais sutis das três aparências e dos estados de pensamento conceitual não tiverem cessado, a sabedoria do dharmakaya que subsiste como base não se manifestará. A cessação de todos os ventos kármicos, estados de pensamento e tendências habituais das três aparências ocorre quando nos aproximamos do abandono dos agregados do corpo ilusório e tem lugar a dissolução dos elementos. A partir do momento em que o elemento terra dissolve-se na água, o elemento vento dissolve-se na consciência e a consciência dissolve-se na aparência, desponta a experiência branca da aparência. Os 33 estados de pensamento relacionados à raiva cessam. Quando a aparência dissolve-se no aumento, a experiência vermelha do aumento desponta e os 40 estados de pensamento associados ao desejo chegam ao fim. Quando o aumento se dissolve em quase-atingimento, desponta a experiência negra do quase-atingimento e os sete estados de pensamento associados à delusão cessam. Seguindo-se a isso, quando o quase-atingimento dissolveu-se no espaço, e quando as experiências anteriores do fluxo mental da pessoa foram absorvidas e as futuras ainda não surgiram, isso marca o despontar do bardo do dharmata. É nesse momento que todos os ventos kármicos, estados de pensamento e tendências habituais sutis das três aparências são levadas ao fim no canal central do coração, e a sabedoria fundamental última, a rigpa que subsiste naturalmente na base, que reside no canal extremamente sutil da luz, o "sol dourado supremamente vitorioso", torna-se manifesta.

Basicamente, o contexto aqui é de introdução à mente inata e fundamental de clara luz, ou rigpa essencial. É o que devemos tornar manifesto, e, como já vimos, existem duas maneiras pelas quais isso pode ser efetuado. Um método é penetrar os pontos vitais dentro dos canais, energias dos ventos e essências, e desse modo fazer com que as três aparências e as energias dos ventos que lhes servem de condutores cessem. O outro método não requer que trabalhemos com os canais, energias dos ventos e essências, mas é baseado no fato de que um aspecto da percepção de rigpa, ou clara luz, permeia todos os estados de consciência;

e agora mesmo, enquanto mente ordinária e rigpa estão misturadas, podemos fazer uma clara separação entre mente e rigpa e dirigir a mente para o aspecto de percepção, desnudá-lo e sustentá-lo de modo contínuo. Ao fazermos isso, vamos chegar cada vez mais perto de rigpa e o poder e o impulso dos estados ordinários de mente vão diminuir. Mas é claro que existem muitos fatores que precisam se somar para que isso aconteça. Não se trata apenas de focar a mente, também precisamos receber bênçãos e passar pelas práticas preliminares e coisas do tipo.

A fim de realizar rigpa dessa maneira, precisamos reunir as acumulações de mérito e sabedoria e purificar nossos obscurecimentos. Mas também precisamos ir além e abandonar todos os nove tipos de ação – as ações externas, internas e secretas de corpo, fala e mente.[144] Isso inclui deixar de lado ações positivas de corpo, como prostrações e circumambulações e, é claro, ações negativas associadas a fazer negócios, ganhar dinheiro e coisas assim. No que se refere à fala, significa deixar de lado não apenas formas negativas de fala, mas até preces e recitações de diferentes tipos. Quanto à mente, significa deixar de lado, claro, pensamentos de apego e aversão, mas também qualquer outra coisa além da prática. A essa altura, fazer qualquer outra coisa seria tomar um caminho errado e, como se diz: "Precisamos pacificar as distrações dos caminhos falsos". Portanto, nesse estágio, não existe sequer meditação sobre compaixão ou cultivo de devoção e assim por diante, porque não são o foco nesse momento específico. Quando abandonamos os nove tipos de ação, precisamos praticar com real dedicação. Não é nada fácil. Muita gente pensa que o Dzogchen é fácil, mas não é. Ou, claro, pode ser apenas eu que o considere difícil! Porém, em termos realistas, é o pináculo de todos os veículos, e isso pode significar apenas que seja extremamente difícil e que não tenha nada de fácil. Isso é algo sobre o que precisamos ser claros de saída.

No Dzogchen, a instrução singular essencial para reunir as acumulações e purificar os obscurecimentos é a prática de "separar samsara e nirvana" – *khordé rushen*. Isso é também uma maneira de cultivar a renúncia e destruir pensamentos e conceitos discursivos. Assim, existem as preliminares de corpo, fala e mente e o que é chamado de "procurar a falha oculta da mente", examinando de onde ela vem, onde permanece e para onde vai – o que é uma maneira, como vimos, de cultivar a visão da vacuidade.

## A IMPORTÂNCIA DA VISÃO DO CAMINHO DO MEIO

Quando se trata de certificar-se da visão, existem aqueles com faculdades superiores, como o rei Udayana. Quando lhe mostraram um desenho da roda da existência com os doze elos da origem dependente, ele entendeu a origem dependente em ordem progressiva e reversa, e apenas isso, dizem, foi o bastante para ele realizar a verdade.[145] Há também a história de um dos discípulos próximos de Milarepa, que era um menino, um simples pastor, quando conheceu Milarepa.[146] Ele se sentiu tão feliz na presença de Milarepa que ficou lá por um tempo, e Milarepa perguntou a ele: "O que é o 'eu'? Qual é a forma da consciência que pensa: 'Eu sou'? Qual é a sua cor?". O discípulo foi para casa e pensou cuidadosamente sobre as perguntas. No dia seguinte voltou a Milarepa e disse: "Não existe absolutamente um 'eu'". Esse foi o tipo de ensinamento elaborado para adequar-se a um indivíduo específico. Todas as condições certas juntaram-se para o aluno, e, quando ele foi em busca do objeto por trás da imputação e do rótulo, realizou a visão da vacuidade.

A esse respeito, Tulku Tsullo escreveu:[147]

> Certos indivíduos têm a capacidade de chegar a um entendimento definitivo por meio do mais sutil raciocínio lógico. Simplesmente pelo ensino da investigação a respeito de a mente ter ou não cor, formato e assim por diante, do raciocínio sobre a ausência de origem, localização e destino da mente, eles conseguem usar a lógica sutil que refuta todos os objetos de refutação, até mesmo os mais sutis, para estabelecer a ausência de realidade verdadeira da mente. Portanto, por meio da força de tal raciocínio, indivíduos com faculdades supremas podem realizar como todos os fenômenos são vacuidade, ao passo que para aqueles como nós é extremamente importante chegar a um entendimento da vacuidade conforme é ensinado no Caminho do Meio, pelo estudo das escrituras do Caminho do Meio e reflexão sobre elas e pela compreensão de todos os argumentos lógicos que provam a ausência da realidade verdadeira.

Assim, ele insiste na importância central do entendimento da visão do Caminho do Meio. Mais adiante no mesmo texto, ele explica por que não é suficiente apenas reconhecer rigpa e sustentá-la na prática e por que também é necessário cultivar a visão da vacuidade:[148]

> O motivo para que percepção e vacuidade devam estar unidas é que, a menos que meditemos sobre a vacuidade com a percepção pura de rigpa, apenas a mera realização da essência de rigpa não bastará para

cortar a existência samsárica pela raiz. Mesmo no bardo do dharmata, a rigpa que reside como base manifesta-se, mas, visto que essa rigpa não possui realização da vacuidade, não neutraliza nossa fixação à realidade e aos padrões de apego e por isso não corta as raízes do samsara. Assim, a fixação à realidade que é a raiz da existência samsárica não pode ser decepada meramente pela manifestação da rigpa da base. Quando a rigpa da base manifesta-se no momento do bardo do dharmata para seres ordinários que não embarcaram no caminho, não é percebida nem como real nem como desprovida de realidade verdadeira, mas como vaga e indeterminada, e foi com isso em mente que o onisciente posterior, Jikmé Lingpa, referiu-se a ela usando o termo *ignorância*.

Em outras palavras, mesmo a luminosidade mãe está misturada com ignorância. O texto prossegue:

Portanto, seja no sutra ou no tantra, existe o consenso de que o único antídoto direto para a ignorância de se agarrar às coisas como reais – que jaz na raiz de nosso karma e emoções perturbadoras – é a sabedoria que realiza a vacuidade. Desse modo, para praticantes do Dzogchen também é extremamente importante realizar a vacuidade. *A reverberação do som*[149] diz:

Não-existente, portanto aparente; aparente, portanto vazio,
A união inseparável de aparência e vacuidade com seus ramos.

E Zilnön Zhepa Tsal[150] disse:

Como a liberação poderia ser atingida sem a realização da vacuidade?
E como a vacuidade poderia ser realizada sem a Grande Perfeição?
Quem a não ser eu presta louvor dessa forma?

Precisamos de uma forma especial de sabedoria – a sabedoria que realiza a vacuidade – para agir como antídoto direto aos obscurecimentos cognitivos. Sem essa sabedoria, que pode ser realizada por meio da Grande Perfeição, em outras palavras, por meio da realização da mente inata e fundamental de clara luz, não teremos o antídoto direto para os obscurecimentos cognitivos. Assim, esse ponto é conclusivo. O texto prossegue:

E o senhor dos vitoriosos, Longchenpa, também disse:

> Essas aparências externas não são mente,
> São a manifestação mágica da mente.

Ao dizer isso, ele ensinou que todos os fenômenos são vacuidade e meramente a manifestação ou criação mágica dos pensamentos da mente. Não são estabelecidos por sua própria conta.

A visão do Caminho do Meio que é comum ao sutra e ao tantra estabelece como todos os fenômenos são meramente nomes e designações verbais. Conforme é dito no *Sutra solicitado por Upali*:

> Todos os tipos de variedade, flores adoráveis a desabrochar,
> Um palácio de ouro cintilante e encantador,
> Mesmo coisas como essas não têm um criador último,
> São imputadas pelo poder do pensamento;
> O mundo inteiro é imputado pelo poder do pensamento.

Quando entendemos que as coisas são imputadas pelo poder de nossos pensamentos, podemos ver como não possuem existência por si mesmas, a não ser aquela que atribuímos a elas. No Dzogchen, dizemos que todos os fenômenos são a energia de rigpa. Todos os fenômenos, puros ou impuros, não estão fora do domínio de rigpa; são sua manifestação ou exibição. Se passamos a ver isso, há um impacto real e significativo em nossa tendência usual de ver os objetos de nosso apego e aversão como reais e sólidos.[151]

## A ESSÊNCIA, PUREZA PRIMORDIAL

O texto de Tulku Tsullo também fala sobre a natureza de rigpa e assim discute a mente inata e fundamental de clara luz, ou rigpa da base. Ela é introduzida em termos de três qualidades: sua essência, sua natureza e sua energia compassiva.

> Além disso, a *essência vazia* é a pureza primordial, *ka dak*. Refere-se ao aspecto vazio da sabedoria de clara luz vazia, o monarca universal que cria todo samsara e nirvana, livre desde o princípio e não-composto. Se

explicarmos em mais detalhe, assim como *ka* é a "original" ou primeira das trinta consoantes tibetanas, a sabedoria de clara luz sempre foi "pura" (*dak*) desde sua origem ou início primordial. É imaculada de todos os conceitos, pensamentos e emoções adventícios da mente ordinária, tanto sutis quanto grosseiros – e das várias ações negativas impuras a que eles dão origem –, bem como dos estados virtuosos grosseiros e sutis de mente, tal como devoção, e das várias ações positivas puras que eles inspiram, e de todas as intenções neutras e do comportamento que elas motivam, tais como o trabalho ordinário e ações cotidianas. Também imaculada quanto à ignorância de acreditar que existe alguma identidade inerente nos fenômenos ou no eu, e às tendências habituais de tal fixação, bem como quanto aos ventos kármicos que as conduzem. Portanto, essa clara luz é chamada de primordialmente pura e vazia.[152]

É chamada de *pureza primordial* porque é livre das sujeiras adventícias e porque é vazia de existência inerente. Essa é a essência vazia. Nesse ponto, vários importantes termos relacionados são explicados:[153]

Visto que a sabedoria de rigpa permanece continuamente, sem ser destruída ou passar por surgimento e cessação ou nascimento e morte da forma que a mente ordinária ou um indivíduo passam, é chamada de *inata* ou *permanente*. Visto que não é criada por ventos kármicos ou estados de pensamento, é chamada de *sabedoria não-composta*. Visto que não pode ser prejudicada pela mente e por estados mentais, e não pode ser restringida por quaisquer pensamentos virtuosos ou não virtuosos que ocorram ou por qualquer tipo de movimento que haja na mente – positivo ou negativo, grosseiro ou sutil –, é chamada de desimpedida. Embora a mente ordinária dos seres enquadre-se em posições unilaterais, tais como ser virtuosa, não virtuosa ou neutra, a sabedoria ou rigpa está além de qualquer limitação ou posição e não se enquadra em virtuosa, não virtuosa ou neutra, de modo que é chamada de *grande igualdade*.[154]

O texto segue definindo outros termos como *espontânea*, *autoluminosa*, *clara luz*, *sabedoria de grande bem-aventurança co-emergente*, *sabedoria de clareza interior*, *sabedoria que está além da mente ordinária*, *natureza das cinco sabedorias* e *dharmakaya da base*.

Para resumir, parece haver duas maneiras de entender "a essência que é pureza primordial". A primeira é que é "vazia" de todos os estados adventícios, até e inclusive as três aparências, e jamais é maculada por eles. A segunda é que é livre de elaborações conceituais associadas com os quatro ou oito extremos.

## A NATUREZA, PRESENÇA ESPONTÂNEA

"A natureza que é presença espontânea" não é como o aspecto vazio, pureza primordial, mas é o que produz todo samsara e nirvana. Como diz Longchenpa em *O tesouro que realiza desejos*, é a base do karma, emoções perturbadoras e fenômenos do samsara, mas não de uma forma inteiramente dependente.[155] Os fenômenos adventícios não fazem parte da natureza de clara luz e por isso diz-se que, embora proporcione um embasamento para eles, esses não são inteiramente dependentes dela. É semelhante às nuvens no céu. Em certo sentido, elas dependem do céu, mas, não importa quanto sejam densas, nuvens jamais tornam-se parte da natureza do céu em si. Eles podem ser separados. O céu e as nuvens estão ambos presentes, mas sem se tocar ou se tornar parte um do outro. Em contraste, os fenômenos do nirvana dependem da natureza de clara luz de forma inseparável, assim como o sol e seus raios. Os kayas e sabedorias sempre fizeram parte dessa natureza e jamais se separam dela. Em termos simples, a natureza espontaneamente presente ou perfeita é a base de onde todos os fenômenos puros e impuros podem surgir.

Na base do ser, as três qualidades de essência, natureza e energia compassiva estão unidas, mas conceitualmente fazemos distinções entre elas e falamos da essência que é pureza primordial e da natureza que é presença espontânea. O termo *espontaneamente presente* indica que é a natureza de onde todos os fenômenos do samsara e do nirvana surgem e onde todos eles são absorvidos.

## ENERGIA COMPASSIVA TODO-PENETRANTES

Quanto à energia compassiva todo-penetrante, Tulko Tsullo diz:[156]

> O poder manifesto dessa sabedoria é capaz de surgir como qualquer coisa que seja e, portanto, essa energia compassiva permeia todos os fenômenos. Todos os fenômenos puros do nirvana e fenômenos impuros do samsara – quaisquer que sejam – são meras aparências

surgindo na mente da pessoa. Todos os fenômenos do samsara e do nirvana são assim; não existe um único fenômeno no samsara ou no nirvana que não seja assim e que exista por si mesmo. A natureza das ideias conceituais que avaliam os fenômenos e também dos estados não-conceituais de mente é a sabedoria da percepção pura de rigpa. Portanto, em resumo, todos os fenômenos do samsara e do nirvana são apenas uma exibição que surge por meio do poder criativo da sabedoria de rigpa em nossa mente.

Para sintetizar, creio que os pontos mais importantes a entender são a essência que é pureza primordial e a natureza que é presença espontânea e como, com base nessas duas, surgem todos os fenômenos puros e impuros do samsara e do nirvana.

## ALGUNS PONTOS-CHAVE DA PRÁTICA DO DZOGCHEN

De momento podemos não ser capazes de realizar exatamente o significado de tudo isso conforme é explicado, mas ainda assim podemos chegar a certo grau de entendimento. Então, a esta altura, não há necessidade de analisar com a mente conceitual. É mais uma questão de repousar em um estado livre de pensamentos conceituais. Na meditação do Mahamudra, na meditação sobre "a inseparabilidade de samsara e nirvana", na tradição Geluk Mahamudra de Panchen Lozang Chökyi Gyaltsen[157] e na meditação do Dzogchen, a ênfase real está na meditação não-conceitual. Não existe análise com a mente ordinária intelectual.

Quando a mente repousa em um estado livre de pensamentos, nesse contexto isso às vezes é descrito como estando "assombrada" – *hedewa*.[158] Mas hedewa, ficar pasmo ou ser atingido pelo assombro, não é o bastante em si e por si. Ficar simplesmente nesse estado de assombro e ter uma leve percepção dos pensamentos e movimento na mente não se qualifica em absoluto como reconhecimento da visão do Dzogchen. Tampouco um estado em que cessam os movimentos mais grosseiros dos pensamentos e emoções e existe certa clareza da percepção – isso também não é a genuína visão do Dzogchen. O ponto principal é que, enquanto se repousa nesse estado de assombro, deve haver também uma clareza total e desimpedida – *zang thal*. Conforme é dito em *Atingindo a essência em três palavras*: "Atingida pelo assombro, e não obstante tudo é transparente e claro". Isso só pode advir da experiência, bem como de receber bênçãos do professor.

Falamos antes sobre a liberação de pensamentos e emoções, e de diferentes modos, tais como: liberação primordial, autoliberação, liberação desnuda e liberação dos extremos.[159] Existem diferentes estágios para essa liberação, à medida que o praticante treina em meditação e torna-se cada vez mais familiarizado com a prática. No princípio a liberação ocorre quando reconhecemos pensamentos, como reconhecemos um amigo ou conhecido familiar. Nesse estágio surgem os tipos mais grosseiros de pensamentos e emoções. Quando surgem, ficamos cientes de que surgiram, reconhecemos como reconheceríamos um velho amigo, e eles são liberados. Isso é um modo de liberação. No estágio seguinte, chamado de *autoliberação*, quando surgem, os pensamentos naturalmente têm menos poder e desaparecem naturalmente, como uma serpente soltando seus nós naturalmente e por si mesma. Então, quando a experiência de rigpa desenvolve-se em sua plenitude, atingimos o estágio conhecido como *além de benefício e dano*. Nesse nível, mesmo que venha a ocorrer o mais leve pensamento, rigpa jaz desnuda e mantém seu terreno, de modo que o pensamento não é capaz de beneficiar ou causar mal. É como um ladrão entrando em uma casa vazia: não há nada a ganhar e nada a perder. Esses são conhecidos como os três modos de liberação.[160]

Quando se trata da prática em si, isso pode ser explicado em termos dos quatro *chokshak*, ou modos de deixar as coisas em sua simplicidade natural:[161]

Visão, como uma montanha: deixe-a como está.
Meditação, como o oceano: deixe-a como está.
Ação, aparências: deixe-as como estão.
Fruição, rigpa: deixe-a como está.

Existem diferentes maneiras de explicar esses *chokshak*, mas em geral podemos relacioná-los à visão, meditação e ação e seu resultado, que é o estágio em que a essência de rigpa é realizada de forma desnuda e direta.

Assim, essa foi uma introdução básica ao Dzogchen, e foi apenas uma visão muito geral, destinada a uma grande plateia. Na verdade, quando você passa por essas práticas, elas não são ensinadas de modo tão geral ou público como aqui, visto que esses tipos de instrução devem ser dados a grupos menores de estudantes. Os ensinamentos sobre as práticas de *khordé rushen* em diante têm que ser dados de forma muito cuidadosa e precisa a pessoas que vão colocá-los em prática. Ensinamentos como esses não podem ser dados a grandes grupos em uma sessão única.

O que compartilhei com vocês aqui foi baseado principalmente nos ensinamentos dos dois onicientes, Longchen Rapjam e Jikmé Lingpa, junto com os esclarecimentos de Dodrup Jikmé Tenpé Nyima e Tulku Tsullo. São as obras que eu pessoalmente considero mais lógicas e úteis. Quando praticam individualmente, vocês devem seguir a orientação de seus professores, que irão instruí-los de acordo com suas tradições particulares de prática. Penso que é o melhor, mas o que eu disse aqui ainda assim pode ser de algum benefício para ajudá-los a desenvolver um entendimento mais geral.

*Nesse momento, Sua Santidade concluiu a transmissão oral de* Encontrando conforto e sossego na meditação sobre a Grande Perfeição.

## PALAVRAS DE ENCERRAMENTO

Isso conclui o texto de *Encontrando conforto e sossego na meditação sobre a Grande Perfeição*, que inclui uma grande dose de conselhos práticos e instruções excepcionalmente claras sobre como dissipar empecilhos e intensificar a prática pessoal.

Com isso, chegamos ao fim destes poucos dias de ensinamentos. Tudo correu muito bem no início, no meio e no fim. Todos vocês escutaram com grande interesse e diligência. Podem não ter entendido tudo que eu falei, e é claro que não entendem minhas palavras diretamente, de modo que às vezes pode ter sido cansativo. Mas todo mundo fez um esforço real e escutou atentamente; por isso, sinto que definitivamente plantei algumas sementes positivas para o futuro.

Para resumir, creio que o ponto principal, no fim das contas, é tentar ser um bom ser humano. Isso não só vai nos trazer felicidade, mas também será de real benefício para a sociedade. Esse é o jeito de dar sentido à nossa vida. E, quer acreditem em vidas futuras ou não, vocês estarão fazendo a melhor coisa possível a favor de todas as suas vidas por vir.

Também gostaria de agradecer a todos aqueles que trabalharam e perseveraram para tornar este evento possível, todos que deram apoio, e aos habitantes dessa região que nos proporcionaram recepção tão calorosa. Todo mundo colaborou com um espírito muito positivo, e agradeço a todos vocês. Espero que nos encontremos de novo. Alguns de nós com certeza vão se encontrar novamente, alguns não. De qualquer modo, como disse o Buda, cabe a nós percorrer o caminho. Está inteiramente em nossas mãos: somos nosso próprio guia e nosso próprio protetor. Assim, sejam diligentes em sua prática espiritual. Obrigado.

# Encontrando conforto e sossego na meditação sobre a Grande Perfeição

De Longchen Rapjam

Em sânscrito: *Mahasandhi vishranta nama*
Em tibetano: *rdzogs pa chen po bsam gtan ngal gso zhes bya ba*
Em português: *Encontrando conforto e sossego na meditação sobre a Grande Perfeição*

Homenagem ao glorioso Samantabhadra!

Homenagem à natureza primordial, esfera de pureza, equivalente ao espaço,
Dharma supremo, isento de flutuação, inteiramente livre de elaboração conceitual,
A clara luz da natureza da mente, essência do despertar,
A base perfeita, além de qualquer transição ou mudança!

A fim de que você possa realizar a sabedoria de sua percepção autoconhecedora pessoal,
A mente de sabedoria extraordinariamente assombrosa de todos os vitoriosos,
Reuni a quintessência dos tantras, transmissões orais e instruções essenciais
E ofereço essa explicação de acordo com a maneira como é praticada. Por isso escute direito!

## I. Locais para cultivar o samadhi

No cume de montanhas, em florestas isoladas, em ilhas e locais desse tipo,
Lugares agradáveis à mente e bem adequados à estação,
Cultive o samadhi tranquilo, que é unidirecionado e firme –
A clara luz, que é livre da mais leve elaboração conceitual.

Isso é atingido naturalmente quando os três fatores puros se reúnem:
O lugar ideal, o indivíduo e o Dharma a ser praticado.

Antes de mais nada, o local deve ser isolado e agradável,
Um local conveniente para a prática espiritual nas diferentes estações.
No *verão*, medite em habitações mais frescas e locais mais frescos;
Em lugares perto de geleiras, ou no cume de montanhas e lugares desse tipo,
Em habitações simples feitas de junco, bambu ou palha.

No *outono*, ajuste sua dieta, sua vestimenta e sua conduta,
E permaneça em uma região e habitação de temperatura moderada,
Como uma floresta, ou a encosta de uma montanha, ou um prédio feito de pedra.

No *inverno*, permaneça em algum lugar mais quente, em uma altitude mais baixa,
Como uma floresta, uma caverna rochosa, ou um buraco na terra,
E ajuste sua dieta, vestimenta, roupa de cama e o restante.

Na *primavera*, fique nas montanhas ou às margens de uma floresta,
Em uma ilha deserta ou em prédios com temperatura amena e constante,
Com dieta, vestimenta e conduta, tudo adequadamente harmonizado – isso é de crucial importância.

Existe uma importante interconexão entre interior e exterior,
Por isso, mantenha-se em locais inspiradores e isolados que considere enlevantes.
No alto, em meio às montanhas, a mente fica clara e se expande,
O local perfeito para trazer frescor quando embotado e para praticar a fase de geração.

## Encontrando conforto e sossego na meditação sobre a Grande Perfeição

Regiões nevadas ajudam a deixar o samadhi claro e a percepção brilhante e lúcida,
Ideal para cultivar vipashyana, e onde os obstáculos são poucos.

Florestas trazem tranquilidade de mente e nos ajudam a desenvolver estabilidade mental,
Por isso são ideais para cultivar shamata com um senso de facilidade.
Sob penhascos rochosos desponta um vívido senso de impermanência e desencanto,
Claro e inspirado, ajudando-nos a alcançar a união de shamata e vipashyana.

Às margens de um rio, nossa atenção fica bem focada,
E o desejo de escapar do samsara vem rápido novamente.

Ossários e cemitérios são locais poderosos para veloz consumação,
Ideais para as fases de geração e perfeição, segundo dizem.
Aldeias, mercados, casas vazias, árvores solitárias e locais desse tipo,
Que são frequentados por humanos e demônios não humanos,
Causam distração nos iniciantes e podem trazer muitos obstáculos,
Mas para praticantes estáveis são um apoio considerado supremo.

Templos e santuários, habitados por espíritos *gyalpo* e *gongpo*,
Podem perturbar a mente e incitar pensamentos de raiva e aversão.

Cavernas na terra e lugares assim, assombrados por demônias *senmo*,
Fazem surgir desejo apaixonado e trazem embotamento e agitação excessivos.

Árvores solitárias e outros locais habitados por *mamos* e *dakinis*,
Bem como rochedos e contrafortes de montanhas, onde residem *mutsen* e *theu'rang*,
Contribuem, acredita-se, para o turbilhão mental e trazem todo tipo de obstáculos.

Os territórios dos párias, *nagas*, *nyen* e espíritos locais,
Às margens de lagos, ou em campinas, florestas e lugares desse tipo,
Adornados com lindas flores, plantas e árvores,
São bastante agradáveis de início, mas depois mostram-se disruptivos.

Em resumo, todas as áreas e locais de habitação que pareçam agradáveis de início,
Mas nem tanto uma vez que você os conheça, são sítios de menor resultado.
Ao passo que aqueles que parecem amedrontadores e desagradáveis de início,
Mas provam-se agradáveis uma vez que você tenha se acostumado com eles,
São poderosamente transformadores, trazendo grandes resultados sem obstáculo.
E qualquer lugar no meio disso é neutro, nem benéfico, nem prejudicial.

Como nossa mente é afetada pelos lugares onde ficamos,
Isso pode fazer nossa prática ficar mais forte ou deixá-la mais fraca;
Por isso dizem que examinar os lugares é de crucial importância.

Além disso, existem quatro tipos de locais baseados nas quatro atividades:
Locais *pacíficos*, onde a mente fica naturalmente focada e quieta,
Locais *expansivos*, deleitando a mente, que são impressionantes e inspiradores,
Locais *magnetizantes*, onde a mente sente-se cativada e desenvolve apego,
E locais *irados*, onde a mente é perturbada por sensações de medo e pavor.
Podem ser feitas divisões adicionais, incontáveis e ilimitadas,
Mas nesse contexto, para samadhi, locais pacíficos são os melhores,
E assim, temendo um excesso de palavras, não vou me alongar mais.

Em tal local pacífico, a residência para meditação deve ser isolada,
Pois que isso será adequado ao desenvolvimento da concentração na mente.
A residência ideal é aquela aberta nas laterais e com uma vista clara.

Para a yoga noturna, pratique dentro de uma "casa escura" circular,
Em local elevado, e no meio de uma peça central,
Com seu travesseiro para o norte, deitando-se na posição do nirvana.

O local para praticar a yoga da luz durante o dia
Deve ser de temperatura amena e deve ter uma entrada
Com uma visão ampla e desimpedida para geleiras, cachoeiras, florestas ou vales,
E para o céu vasto e límpido, de modo que a mente torne-se clara e brilhante.

Ao cultivar shamata, uma cabana solitária, rodeada por uma cerca
É o local ideal para a quietude da mente surgir naturalmente.
Para vipashyana, é importante ter uma vista clara e inspiradora
E estar constantemente animado e bem harmonizado com as estações.

Áreas baixas e sombrias, como florestas e ravinas,
São ideais para praticar shamata, ao passo que regiões altas,
Tais como entre montanhas nevadas, são ideais para vipashyana –
É importante você conhecer essas diferentes especificações.

Simplificando: dizem que em qualquer região ou casa de retiro
Onde surgem renúncia e desencanto, a atenção fica bem focada
E o samadhi cresce em vigor – qualquer lugar de atividade virtuosa –,
É considerado equivalente a um lugar onde a essência da iluminação foi atingida.
Ao passo que qualquer local onde as virtudes declinam, as aflições mentais aumentam,
E se fica dominado por distrações e pelos assuntos desta vida,
É um antro de ações malignas, unicamente a ser evitado pelos sábios.

Visto que esses pontos foram ensinados por Padmasambhava,
Devem ser aprendidos por todos que desejam a liberação.

*Isso conclui a primeira seção, sendo uma explicação sobre os locais para o cultivo do samadhi, de* Encontrando conforto e sossego na meditação sobre a Grande Perfeição.

## II. O meditante

Em segundo lugar, como um indivíduo que se dedica à prática,
Você deve ter fé, perseverança, renúncia e um senso de desencanto.
Você deve ficar entristecido e cansado por causa do samsara e lutar pela liberdade.
Renunciando aos interesses dessa vida e buscando a iluminação final,
Você deve deixar as distrações e ocupações bem para trás, e ter poucas aflições mentais,

Ser complacente e tolerante, e ter percepção pura e grande devoção,
Bem como estabilidade mental,[162] e profundo respeito pelos ensinamentos –
[Praticantes assim vão efetuar a liberação suprema!][163]

Você deve servir, da melhor forma possível, um nobre professor
E purificar sua mente por meio do estudo, reflexão e meditação.
Em particular, você deve passar seus dias e noites
Aplicando-se diligentemente nas instruções essenciais da linhagem oral.

Sem ser distraído por um instante pelos interesses ordinários,
Aplique-se diligentemente no significado profundo mais íntimo.
Jamais transgredindo os preceitos dos shravakas, bodhisattvas e vidyadharas,
Com sua mente sob controle, ajude os outros de todas as maneiras que puder,
E assimile no caminho da liberação o que quer que experiencie.

Como iniciante, é da maior importância que você garanta seu bem-estar pessoal,
Guardando sua mente em solidão, abandonando distrações e ocupações,
Evitando situações desfavoráveis e abrandando as aflições mentais com os antídotos adequados.
Assegurando-se de que sua visão e conduta estejam em harmonia, devote-se à meditação com entusiasmo.
Sempre que qualquer um dos cinco venenos ordinários surgir, no mesmo instante
Pegue-o com a atenção mental e, sem distração, aplique os antídotos.

Com escrúpulo, vigilância introspectiva, comedimento e senso de dignidade, traga sua mente sob controle.
Veja a igualdade de louvor e censura, aprovação e desaprovação, boa e má reputação,
Pois são como ilusões ou sonhos, e não possuem existência real.
Aprenda a suportá-los com paciência, como se fossem meros ecos,
E corte pela raiz a mente que se agarra a um "eu" ou individualidade.

Em resumo, sem jamais transgredir o Dharma em tudo que faz,

## Encontrando conforto e sossego na meditação sobre a Grande Perfeição

Traga sua mente sob controle, não faça mal aos outros,
E sem sucumbir, nem mesmo por um instante, às aflições mentais,
Devote seus dias e noites à virtude – isso é crucial!

Hoje em dia, quando as pessoas estão tão desregradas,
É vital que você primeiro atinja o bem-estar pessoal em solidão.
Assim como um pássaro não pode voar sem as duas asas,
O bem-estar dos outros não pode ser alcançado sem as faculdades mais elevadas de percepção,
Portanto, empenhe-se com diligência para seu bem-estar pessoal, enquanto considera mentalmente o bem-estar dos outros.

Sem deixar sua mente ser enganada pelos maras trapaceiros da distração e da ocupação,
É vital que você se aplique na prática –
Não gere motivos para sofrer arrependimentos na hora da morte!

Portanto, inspecione sua mente, apronte-a agora mesmo,
E considere o seguinte: caso morresse agora, o que seria de você?
Sem qualquer garantia a respeito de para onde você iria ou o que poderia acontecer,[164]
Gastar os dias e noites nas garras da confusão e da distração
É desperdiçar e tornar sem sentido as liberdades e vantagens.
Medite, portanto, sobre o significado essencial, sozinho e em isolamento.
Pois é agora que uma estratégia de longo prazo é realmente necessária.
Como você pode ter certeza de onde irá no futuro?
Você deve aplicar-se diligentemente hoje mesmo!
Essas aparências delusórias do samsara são como trilhas traiçoeiras.
Mantenha em mente: você deve encontrar os métodos para se libertar.
Pois, se permanecer deludido agora, vai vagar em delusão para sempre.
Assim, estimule a perseverança e a mantenha em seu coração.

O oceano das aflições mentais e o mar do autoapego são difíceis de atravessar,
Mas agora que você tem a embarcação das liberdades e vantagens, use-a para alcançar a margem distante!

Agora, quando, por meio da força de seu mérito, você obteve essa oportunidade,
Acesse os caminhos da liberação e iluminação, tão raros de se achar,
Empenhe-se do fundo do coração para trazer benefício e felicidade!

A vida é impermanente e muda de um momento para o outro,
E nós habilmente nos enganamos, adiando a prática virtuosa.
Quando estamos acostumados há muito com a delusão,
A todo momento somos naturalmente atraídos para as aflições mentais,
E, mesmo que nos apliquemos no mérito e na virtude,
Verificamos que não surgem facilmente.
Empenhe-se, portanto, para evitar as desgraças ocasionadas por suas próprias ações!
Não existe a mais leve alegria a ser encontrada dentro dos estados do samsara,
Os sofrimentos da existência condicionada, se você pensar neles, são impossíveis de aguentar.
Portanto, aplique-se agora, já, nos meios de obter a liberdade.
Se você não se devotar sinceramente ao significado essencial,
O estado de ociosidade e o Dharma intermitente não trarão benefício.
Assim, desenvolva um forte senso de fastio por tudo que é impermanente,
E, sem ficar distraído por sequer um instante, gere entusiasmo pela prática!

Se você perceber isso já de início,
Vai atingir velozmente o estado de um sublime!
Consumando o seu bem-estar pessoal, o bem-estar dos outros virá naturalmente,
E você encontrará o caminho supremo da liberação dos estados do samsara.
Quando tudo que você faz está de acordo com o Dharma,
Então você é aquele que tem a base para alcançar a iluminação.

*Isso conclui a segunda seção, sendo uma explicação sobre o praticante individual, o meditante, de* Encontrando conforto e sossego na meditação sobre a Grande Perfeição.

## III. O DHARMA A SER PRATICADO

Nessa seção existem três partes: as práticas preliminares, a prática principal e as práticas de conclusão.

As práticas preliminares

*As Preliminares Gerais e Específicas*

Refletir sobre a impermanência e se sentir desencantado são as práticas preliminares
  Que se contrapõem radicalmente a nosso apego pelas coisas desta vida.
  E compaixão e bodhicitta são as preliminares específicas
  Que transformam toda prática espiritual no caminho do Mayahana.
  Treine desde o início, portanto, nessas duas preliminares.

*As Preliminares Especiais e Supremas*

Depois, existem as práticas preliminares supremas, especiais.
Tendo recebido todas as iniciações, existem dois aspectos do estágio de geração:

[1] Imaginar seu próprio corpo como a deidade, e o ambiente ao redor e os seres scientes também como a deidade
  Neutraliza o apego à nossa percepção ordinária.

[2] Por meio da prática do caminho profundo da guru yoga,
  Bênçãos além de qualquer medida surgem pela força da realização,
  Todos os obstáculos são dissipados, e os dois tipos de siddhi são obtidos,
  Portanto, depois das preliminares gerais e específicas, pratique as duas preliminares supremas.

Qualidades ilimitadas surgem como resultado dessas quatro preliminares:
Sua mente entra no caminho infalível,
Você chega ao caminho supremo da liberação,
A realização da condição natural surge de modo veloz,
Torna-se fácil treinar as práticas principais, sem obstáculos,

Os ganhos são prontamente obtidos, e assim por diante.
Portanto, é crucial treinar essas preliminares.

## A PRÁTICA PRINCIPAL

A prática principal é o reconhecimento da condição natural,
Por meio da meditação envolvendo bem-aventurança, clareza e não-conceitualidade.
A sabedoria primordial de clara luz, livre de elaboração conceitual,
Surge como a mente inata e fundamental.

### *O Método de Grande Bem-Aventurança*

Em primeiro lugar, existe a introdução por meio do método da grande bem-aventurança.
Após praticar as preliminares descritas acima, considere o seguinte:
Através do centro dos quatro chakras, os três canais erguem-se como pilares:
O canal direito branco, o esquerdo vermelho, e o canal central azul-escuro e oco.
O topo do canal central é na abertura de Brahma, e sua base fica no local secreto.

Dentro do canal central, na altura do umbigo, visualize um *A*,
Chamejante em fogo, e na coroa um *Ham* do qual flui néctar,
Preenchendo os quatro chakras e todo o interior do corpo.
À medida que seu corpo fica inundado de bem-aventurança, o néctar do *Ham*
Flui continuamente até a sílaba *Bam* em seu coração.
Medite sobre isso até surgir a experiência de bem-aventurança.

Então *Bam* fica cada vez menor.
Até sua mente assentar-se em um estado além de qualquer imagem ou elaboração conceitual.
Por meio desse método a atenção é focada, e a permanência serena surge por meio da bem-aventurança.

Surge então um estado de percepção que é totalmente inexprimível,
Como o espaço, e além da mente ordinária.
Essa é a grande perfeição da clara luz da bem-aventurança e vacuidade,
A natureza da realidade, radiante e inconcebível.

À medida que você se familiarizar com isso, surgirão quatro tipos de experiência:
Todas suas percepções vão despontar como uma experiência de bem-aventurança,
Você jamais ficará separado do estado bem-aventurado, dia ou noite,
Sua mente vai permanecer imperturbada por sensações dolorosas de apego, aversão e coisas desse tipo,
E você obterá a sabedoria de entender o significado das palavras do Dharma.

Ao continuar na prática, qualidades ilimitadas, tais como clarividência e outros tipos de percepção extraordinária,
Surgirão em sua mente, assim como o sol nascente.
Essa é uma instrução excepcionalmente profunda e crucial.

### O Método da Clareza

Em segundo lugar, para a introdução usando o método da clareza,
Comece com as preliminares, como anteriormente.
Visualize os três canais principais, com os canais *roma* e *kyangma* curvando-se e entrando no canal central
Em suas extremidades inferiores, e suas extremidades superiores indo direto pelas narinas.
Expire o ar viciado três vezes, expulse todas as enfermidades, influências destrutivas, negatividade e obscurecimentos.
Enquanto você inspira lentamente, o mundo inteiro, com todos seus habitantes, derrete-se em luz
E é tragado pelas narinas para dentro do canal central por meio de *roma* e *kyangma*.
Então aquela luz dissolve-se em um orbe de luz, com uma polegada de diâmetro, no centro do seu coração,

Enquanto você retém a respiração o máximo que puder.

Juntando as energias de ventos superiores e inferiores, segure a respiração por um instante e retenha um pouquinho de ar ao exalar.
É muito importante que você permita que sua respiração seja lenta e suave.
Além disso, imagine todas as qualidades sublimes dos budas e tudo o mais
Dissolvendo-se em seu coração, sem se distrair em outras partes.

Com essa técnica, surgem clareza mental, radiância e estabilidade
A seguir, imagine luz fluindo a partir da luz em seu coração,
Chamejando dentro dos quatro chakras no interior de seu corpo
E alastrando-se para fora para preencher o mundo inteiro de luz.

Meditando sobre isso dia e noite por vários dias,
Seus sonhos vão cessar e você verá tudo, dentro e fora,
Permeado pela aparência da luz de cinco cores e
Da luz da lua, do fogo chamejante, dos vaga-lumes, das estrelas e assim por diante.
Focando sua mente no estado de clareza, surgirá a permanência serena.

Então, enquanto você traz a luz de volta para dentro, imagine a luz em seu coração
Ficando cada vez menor, até sua mente assentar-se em um estado de vacuidade.
Sem focar em nada, um estado de mente vazio, claro e radiante
Surgirá naturalmente, livre dos extremos da elaboração.
Essa sabedoria fundamental de clareza e vacuidade
É a forma de permanência da grande perfeição natural.

Quando você ficar mais familiarizado com isso, surgirão quatro tipos de experiência meditativa:
Tudo que surgir vai parecer intangível, desimpedido e luminoso;
Dia e noite, você permanecerá em um estado de luminosidade;
Sua mente será clara e radiante, inabalada por pensamentos discursivos;
E a sabedoria transbordará do interior, livre de qualquer apego dualístico.

Além disso, a familiaridade com essa prática traz extraordinários poderes de percepção

E a conquista de habilidades miraculosas e clarividência,
Inclusive a capacidade de enxergar livremente através de objetos sólidos.
Essa é uma instrução excepcionalmente profunda e quintessencial.


### *O Método da Não-conceitualidade*

Em terceiro, existe a introdução pelo método da não-conceitualidade,
Que é precedido pelas práticas preliminares, como anteriormente.
Os três aspectos da prática principal são
Projeção, presença e purificação.

Para a *projeção*, a natureza de clara luz de sua mente é visualizada em seu coração
Como a sílaba *Ha* ou como um orbe de luz de uma polegada de diâmetro.
Enquanto recita *Ha* vigorosamente 21 vezes,
O objeto de sua visualização emerge da coroa de sua cabeça e é projetado no espaço ao longe,
Onde ascende cada vez mais, até não ser mais visível,
E você repousa com o corpo e a mente profundamente relaxados.
Nesse momento cessa o fluxo de seus pensamentos,
E você permanece em um estado inexprimível por fala ou pensamento.
Surge uma experiência que não pode ser objetivada e que está além do reino do pensamento ordinário.

Para a *presença*, dê as costas para o sol
E repouse seu olhar suavemente no céu límpido.
Respire tão delicadamente quanto puder, mal sentindo o movimento do ar.
Então surgirá a partir do interior um estado de não-conceitualidade, livre de elaboração,
E uma experiência semelhante ao espaço ocorrerá naturalmente.

Para a *purificação*, dirija seu olhar diretamente para o céu,
Assente a mente em um estado de clareza, sem projetar ou recuar.
E imagine o ambiente inteiro, inclusive terra, pedras e montanhas, e todos os seres,
Como transparentes e se fundindo com o espaço.

Enquanto experiencia até mesmo seu corpo como insubstancial,
Repouse em um estado no qual a mente é indivisível do espaço.
Com corpo e mente profundamente relaxados nesse estado semelhante ao espaço,
No qual não existe separação entre exterior, interior e meio,
E memórias, pensamentos e atividade mental estão todos naturalmente pacificados,
Deixe a mente permanecer naturalmente, como é, sem projetar ou recuar.

Nesse momento, surgirá uma realização semelhante ao espaço da não-dualidade
Da natureza da realidade e da mente que é inconcebível e inefável –
Essa é a essência dos vitoriosos do passado, do presente e do futuro.

Ao se familiarizar com isso, surgirão quatro tipos de experiência meditativa:
Toda sua percepção vai parecer uniforme, destituída de quaisquer conceitos ou ideias mais grosseiros;
Dia e noite, você jamais estará separado de um estado de não-conceitualidade;
Os cinco venenos serão naturalmente pacificados, tornando seu fluxo mental mais suave;
E você vai experienciar todos os fenômenos como sendo apenas como o espaço.
Familiarizando-se dessa forma com os três tipos de não-conceitualidade,
Você conquistará as qualidades sublimes de clarividência, percepção extraordinária e samadhi.
Por meio da união dos meios hábeis e sabedoria e permanência serena e *insight*,
Você conquistará bem-estar temporário e definitivo para si mesmo e para os outros.

## AS PRÁTICAS DE CONCLUSÃO

Em terceiro lugar, as práticas de conclusão são de quatro tipos:
Experiência meditativa, intensificação, realização e fruição.

### *Experiência Meditativa*

Dos dois tipos de experiência meditativa, as impecáveis foram explicadas antes.

Experiências meditativas falhas ocorrem devido ao apego e fixação às respectivas experiências –

Apego à bem-aventurança, apego à clareza e apego à não-conceitualidade.
Envolvem a fixação nos extremos, pensamento compulsivo e contaminação pelos venenos mentais ordinários.

Bem-aventurança pervertida envolve emissão seminal, desejo ordinário,
Infelicidade e frouxidão excessiva.
Clareza pervertida envolve energia do vento perturbada, agressão ordinária,
Pensamento grosseiro e agitação excessiva e proliferação do pensamento.
Não-conceitualidade pervertida envolve delusão ordinária,
Embotamento mental, sonolência e letargia, bem como falta de discernimento.
Caso qualquer uma dessas experiências invertidas e falhas surja, reconheça
E a corrija com os antídotos apropriados.

### *Intensificação*

A intensificação inclui métodos para corrigir erros e para a melhora.
Existem três métodos para a correção:
O *método superior* é corrigir erros pela visão, reconhecendo como todos os fenômenos
São designações mentais, como aparições sem qualquer essência identificável,
Uniformes e iguais, como o espaço, livres de apego e vazios de existência inerente,
E, nesse estado além do apego e fixação, chegar a uma decisão final.

Erros e obscurecimentos despontam como a grande natureza da realidade,
Obstáculos incitam-nos à virtude, e adversidade auxilia na iluminação.
Com base na bem-aventurança fundamental, o bem-estar mental surge constantemente.

A *abordagem intermediária* é corrigir os erros por meio de meditação,
Deixar a mente clara, transformar a consciência e mantê-la com a atenção mental
E, sem distração, assentá-la em um estado de bem-aventurança, clareza e não-conceitualidade.
Visto que distração e falta de atenção são defeitos,
É crucial repousar em um estado que não seja distraído sequer por um instante.

Para impedir a emissão seminal, visualize um *Hum* em um vaso vajra,
A partir do qual o fogo consome todos os elementos dentro do corpo,
E então medite em um estado de nada qualquer.
Essa também é uma prática profunda para casos de emissão devido a enfermidade e influências prejudiciais.
Uma vez que o apego à bem-aventurança tenha sido eliminado, medite sobre a vacuidade.
Olhe de modo penetrante a mente que está experienciando o desejo ordinário
E, repousando em um estado espontâneo e incorrupto, livre de esperança e medo,
O desejo será libertado por si mesmo, e a sabedoria da bem-aventurança e a vacuidade vão despontar.

Infelicidade é um problema que vem da degeneração da essência vital.
Para remediá-lo, pratique a meditação da bem-aventurança do chamejar e gotejar,
Se o embotamento mental predominar, é a falha ou fracasso em separar a essência pura do resíduo impuro.
Para remediar, sente-se aprumado em uma postura ereta,
Juntando as energias de vento superiores e inferiores, segure a respiração e imagine o interior de seu corpo preenchido de luz,
E medite sobre o universo, luminoso e vazio, sendo preenchido de luz.

Se você sucumbir à fixação na clareza, treine no grande desapego,
Se sua mente estiver anuviada e sonolenta, medite sobre a radiância e a clareza.
Se sua mente estiver excitada e agitada, feche os olhos e visualize dentro do coração

# Encontrando conforto e sossego na meditação sobre a Grande Perfeição

Luz, uma sílaba, um lótus, uma espada,
Ou um vajra duplo descendo cada vez mais
Desde o interior do coração
Descendo até a superfície dourada na base do universo.
Essa técnica com certeza dissipa [agitação].

Quando sua mente enreda-se em hostilidade ordinária, dirija sua atenção direto para isso
E ela será liberada no estado luminoso e vazio da sabedoria semelhante ao espelho.

Quando um estado de não-conceitualidade surgir, purifique-o com a técnica de desapego.
Reconheça a mente de delusão e a examine diretamente.
Nesse instante, ela será liberada por si mesma e despontará como a sabedoria do espaço básico da realidade (dharmadhatu).

Quando sua mente estiver embotada, letárgica e sem discernimento,
Visualize luz dentro do seu coração ascendendo e emergindo pela abertura de Brahma
E pairando no espaço a cerca de uma braça de sua cabeça.
Esse é um ponto extremamente profundo da instrução.

Em geral, é crucial não se agarrar a absolutamente nada.
Se você estiver sem esperança e sem medo, estará livre de todos os tipos de empecilho.
Repouse no estado radiante da natureza vazia e clara da mente,
Sem projetar ou recuar mentalmente,
E você ficará definitivamente liberto dos caminhos traiçoeiros de empecilhos e falhas.

A *abordagem inferior* é corrigir erros por meio de três tipos de conduta:
Contemplação, fatores materiais e interdependência.

A *contemplação* geral é praticada sentado na postura de sete pontos de Vairochana:

Com as pernas cruzadas, olhos imóveis, respirando lenta e tranquilamente,
Com a cabeça inclinada, a língua tocando o palato,
E os olhos fitando na direção da ponta do nariz, de modo que as energias do vento e a mente são levadas a um estado de equilíbrio,
E a meditação impecável surge sem embotamento ou agitação.
Visto que todos os defeitos ocorrem devido a desequilíbrios no corpo,
Que perturbam os canais, energias dos ventos e essências,
É importante repousar tranquilamente sem qualquer distúrbio.
Além disso, visto que surgem qualidades quando os canais, energias e essências
Estão firmes e funcionando de forma apropriada,
É ainda mais crucial entender esse ponto vital.

Ainda mais que para outros exercícios yogues e treinamento físico
É particularmente importante praticar de forma lenta, suave e equilibrada.
É crucial você praticar conforme sua constituição física,
Contrapondo o suave ao turbulento e o turbulento ao suave.
Especificamente para a bem-aventurança, os pontos cruciais são cruzar os braços,
Baixar o olhar e focar a atenção na bem-aventurança em si.
Para a clareza, coloque as mãos sobre os joelhos,
Respire lentamente e fite diretamente o espaço.
A não-conceitualidade é obtida simplesmente sentando-se na postura dos sete pontos.

Quanto aos *fatores materiais*, utilize o apoio de localizações sazonais, companheiros,
Comida, bebida e assim por diante para auxiliar na experiência meditativa.

Quanto à *interdependência*, no caso de emissão seminal,
Atando ao redor da cintura um fio de trama tripla tecido por uma menina
E consagrado pela recitação de mantras, o bindu pode ser retido.
Se pensamentos discursivos proliferarem, tome pílulas feitas de pó de sândalo, açafrão e gordura derretida,
E a não-conceitualidade será obtida.
Dizem nos tantras que, quando a mente torna-se sonolenta,
O samadhi será obtido pela ingestão de pílulas de açafrão, cânfora e bodhicitta.

# Encontrando conforto e sossego na meditação sobre a grande perfeição

Para aumentar a experiência de bem-aventurança, clareza e não-conceitualidade impecáveis,
Diz-se que é melhor focar a atenção em algum objeto.
Se de início você meditar enfocando um objeto,
Mais adiante alcançará naturalmente um estado além do foco.
Esse ponto é extremamente importante e sublime,
Por isso, todos vocês afortunados devem levá-lo a sério!
Rejeitar uma prática dizendo: "É conceitual!" é o caminho dos tolos,
Uma tendência dos inexperientes, e algo a ser evitado.

Em particular, uma prática sublime para *intensificar a bem-aventurança* está ligada a puxar as energias dos ventos inferiores para cima,
Erguendo as essências (*bindu*) do local secreto,
Dissolvendo-as na coroa,
E repousando em um estado além de qualquer foco que seja.

Depois disso, segure as energias de vento superiores e inferiores juntas
E, enquanto foca a atenção no coração, repouse no estado não-nascido.
Isso é permanecer no estado de bem-aventurança e clareza livre de elaboração conceitual.

De tempos em tempos, pratique os pontos cruciais dos exercícios yogues de acordo com a transmissão visual,
Incluindo descenso e inversão, puxar para cima e difusão, e resolução final,
Sacudindo-se na postura do leão e assim por diante.

*Descenso* envolve adotar o mudra do abraço
E sacudir as partes superiores do corpo e pressionar as partes inferiores para baixo.
Bodhicitta desce da sílaba *Ham* visualizada,
E quando chega ao local secreto a atenção é focada na bem-aventurança.
*Inversão* significa puxá-la para cima,
Pressionando as mãos contra as costas e juntando o "oceano" com a "costa rochosa".[165]
*Puxando* as energias de vento inferiores *para cima,* pressione a língua contra o palato.
Revire os olhos para trás e vire a cabeça como se estivesse tremendo.

Para a visualização, imagine os bindus amarrados juntos como que por um fio de teia de aranha,
Dissolvendo-se uns nos outros, até a coroa da cabeça.

*Difusão* envolve flexionar os braços e pernas poderosamente, como se puxando um arco,
E a seguir exalar com um ruído sibilante, com a ponta da língua pressionada contra os dentes.

*Resolução final* envolve deitar de costas, respirando suavemente com a mente em sossego.
Sem pensar em absolutamente nada, nem se agarrar ao que quer que seja,
Repouse no estado natural, livre de qualquer elaboração conceitual,
E você alcançará a grande bem-aventurança da iluminação sem qualquer empecilho.

Um método sublime para *intensificar a clareza* com a respiração
Envolve alternar respirações suaves e vigorosas
E em particular alternar entre inspirar e reter a inspiração e expirar e segurar.
É importante combinar isso com o ponto crucial de [a respiração ser] lenta e suave.

Embora haja muitos ensinamentos de muitas técnicas,
Incluindo contagem, cor, toque e forma,
Essa é uma instrução essencial na qual um método realiza tudo,
Por isso, treinar assim é o principal de todos os pontos-chave.

Para o corpo, o ponto crucial é não se mover, como antes.[166]
Deixe que a respiração seja muito lenta, passando de modo uniforme pela boca e por ambas as narinas,
E repouse sem esforço em um estado de soltura ordinário, natural.
Para a mente, o ponto crucial é não se agarrar a nada, mas ser natural.

Depois, deite-se de costas com os membros estendidos.
Emita um "Ha!" vigoroso e dirija a atenção para o centro do céu.
Sem distração, sem projetar ou recolher seus pensamentos, repouse suave e naturalmente.

## Encontrando conforto e sossego na meditação sobre a Grande Perfeição

Repousando no estado natural, no qual respiração e mente liberam-se por si mesmas,

Ilimitadas qualidades sublimes podem surgir sem qualquer empecilho.

O corpo parece leve, não há movimento [da respiração],[167] e a elaboração conceitual é pacificada.

A mente torna-se muito clara e radiante, e surgem extraordinários poderes de percepção.

O "caminhar veloz" é alcançado, o corpo torna-se resplandecente, surge o samadhi,

E surgem os sinais das energias dos ventos e mente entrando no canal central.[168]

Esse é um ponto crucial muitíssimo profundo e sublime, e extremamente secreto.

Quanto a *intensificar a não-conceitualidade* semelhante ao espaço,

Relaxe o corpo e a mente desde o âmago e enfoque o objeto de meditação de forma unidirecional.

Focando apenas nele, sem ser distraído por nada mais,

Outros pensamentos discursivos vão se dissolver naquele estado.

Mesmo pensamentos discursivos referentes ao objeto meditativo serão plenamente pacificados,

E então surgirá a realização onde não existe fixação nas aparências.

Esse é um ponto crucial. Além disso, você deve treinar da seguinte forma:

De vez em quando, foque a atenção no exterior, exale,

E, ao segurar a respiração, surgirá a não-conceitualidade.

De tempos em tempos, segure a respiração no interior e foque diretamente e sem distração

Algum objeto de meditação na parte superior ou inferior do corpo.

Em outras ocasiões, deixe a mente assentar por si mesma sem nenhum objeto

E permaneça em um estado sem fixação em aparências objetivas.

A mente de sabedoria do dharmakaya não-conceitual

Surgirá naturalmente do interior ao se confiar nas instruções-chave.

Quanto à intensificação geral de bem-aventurança, clareza e não-conceitualidade,

Reunir acumulações, purificar os obscurecimentos, cultivar as fases de geração e completude,

E praticar o caminho profundo da guru yoga são louvados como supremo.
Essas, as definitivas e mais cruciais das instruções,
Devem ser levadas a sério por todos aqueles afortunados que anseiam pela liberação.

*Realização*

A realização que surge de se meditar dessas maneiras
É de sabor igual e não pode ser diferenciada.
As três abordagens vão se juntar em um destino único,
Da mesma forma que rios separados convergem no oceano.

Seja qual for das três técnicas que você praticar – quer cultive bem-aventurança, clareza ou não-conceitualidade,
Quando a atividade da mente ordinária é totalmente pacificada e se dissolve no
Estado da natureza da mente não-nascida, que é semelhante ao espaço,
Bodhicitta, que é livre das noções conceituais de existência ou não-existência,
O sol da clara luz natural despontará a partir das profundezas.
Essa realização imutável, na qual não há nada a ser obtido e nada a eliminar,
É a natureza da essência dos budas – o sugatagarbha –, tão vasta quanto o espaço.

Nessa ocasião, no oceano do samadhi que transcende a permanência serena e a visão clara,
Unidirecionado, radiante, claro e imaculado,
Tudo aparece sem preferência ou apego, como reflexos desprovidos de natureza inerente,
Todos os fenômenos estão unidos de forma inseparável na essência da realização.
E não existe apego às aparências, que são ilusórias e vazias.
Essa unidade inseparável, a vasta amplidão da realização,
Clara luz surgindo por meio dos pontos cruciais, desponta das profundezas.

A sabedoria que surge naturalmente, inspirada pelas bênçãos do lama,
É vista quando você transcendeu a expressão verbal e as ideias conceituais.

O que é visto dessa maneira, nessa ocasião,
Está além dos três tempos, além de externo e interno,[169] e além de qualquer divisão ou exclusão.

É a perfeição transcendente da sabedoria (*prajnaparamita*) e o Caminho do Meio,
É a pacificação das elaborações conceituais e do sofrimento, Mahamudra,
A natureza essencial dos fenômenos, a Grande Perfeição,
Cessação primordial na qual todos os dharmas são esgotados, a natureza fundamental das coisas,
E a natureza de clara luz da mente, sabedoria naturalmente surgida.
Embora recebam diferentes nomes, em essência são uma.

Bodhicitta, a natureza da mente, que está além de palavras e conceitos,
É a não-dualidade de samsara e nirvana, que é como o espaço,
Além do apego a todo e qualquer postulado, e além das armadilhas dos constructos filosóficos,
Transcende limitações e dualidade, e é o estado supremo de igualdade e perfeição.
Isso é cabalmente compreendido pelos yogues
Na vasta amplidão da mente de sabedoria dos vitoriosos, livre dos extremos.

### *Fruição*

À medida que você atinge a culminação dessas práticas, os estágios de fruição são os seguintes:
A curto prazo, através da união de bem-aventurança, clareza e não-conceitualidade,
Você obterá clarividência, poderes extraordinários de percepção e qualidades ilimitadas,
E, por fim, obterá os três kayas que realizam desejos e todas as qualidades dos vitoriosos,
Ocasionando espontaneamente o seu bem-estar e o dos outros.

Isso completa a terceira seção, descrevendo os estágios do samadhi a serem praticados a partir de *Encontrando conforto e sossego na meditação sobre a Grande Perfeição*.

## Dedicação

Através do mérito de explicar o vasto e profundo,
O significado essencial dessa abordagem do Dharma e tranquilidade,
Possam todos os seres atingir os dois aspectos sublimes do despertar
E obter a riqueza ilimitada da atividade iluminada que realiza desejos!

O herdeiro dos vitoriosos, Drimé Özer, compôs essa
Explicação clara em favor das futuras gerações,
Sintetizando os pontos-chave de sua experiência prática
Nas encostas de Gangri Thökar.

Todos que buscam liberação devem se aplicar
Em praticar conforme esse texto
E, com abundantes benefícios em nível temporal e último, tanto para si mesmos quanto para os outros,
Encontrarão rapidamente felicidade e alegria no reino da bem-aventurança suprema!

*Isso completa o texto* Encontrando conforto e sossego na meditação sobre a Grande Perfeição, *composto nas encostas de Gangri Thökar pelo yogue Drimé Özer, um seguidor de Tsokyé Dorjé, o grande e glorioso mestre de Oddiyanna.*

*Possa ser virtuoso! Possa ser virtuoso! Possa ser virtuoso!*

# APÊNDICE

## Perspectivas históricas

Tanto no plano histórico quanto espiritual, os eventos que tiveram lugar em Lerab Ling como prelúdio para os ensinamentos públicos de Sua Santidade em setembro de 2000 foram notáveis e singulares. Durante duas semanas antes da chegada do Dalai Lama em Lerab Ling, monges do mosteiro de Namgyal executaram um *drupchen* e *mendrup* completos de Vajrakilaya, conforme a revelação do terma Yang Nying Pudri de Tertön Sogyal, Lerab Lingpa. Tendo presidido a sessão final do drupchen, no dia seguinte Sua Santidade conferiu a iniciação de Yang Nying Pudri. O que segue abaixo é o relato pessoal de Sua Santidade sobre os antecedentes e a importância desses eventos, junto com algumas notas sobre a história dessa revelação, sua conexão com os Dalai Lamas e os benefícios do drupchen e do mendrup.

No dia 19 de setembro, Sua Santidade conferiu a iniciação de Vajrakilaya para 1.400 pessoas, lideradas por Kyapjé Trulshik Rinpoche e incluindo lamas, geshes, monges e monjas, praticantes de todos os centros da Rigpa ao redor do mundo, membros de outros centros budistas da Europa, alguns dos assistentes próximos do Dalai Lama e vários ativistas em prol do Tibete. O cenário foi uma grande tenda decorada como um templo, na qual o drupchen e o mendrup tiveram lugar. Uma atmosfera majestosa preponderou enquanto Sua Santidade falava das conexões históricas dessa prática e sua importância para o florescimento do Dharma, para o povo tibetano, o governo tibetano e sua própria vida longa.

## Sua Santidade o Dalai Lama

O objetivo principal para estarmos hoje aqui reunidos no Lerab Ling, o centro estabelecido por Sogyal Rinpoche, é a iniciação no profundo ciclo terma de Vajrakilaya, conforme revelado pelo grande Lerab Lingpa. Essa iniciação chega ao final dos rituais de drupchen e mendrup para a consagração do amrita, ou néctar. Fui solicitado a dar essa iniciação de Vajrakilaya por Sogyal Rinpoche e seus alunos, pois ela integra uma parte regular do programa de prática da sangha da Rigpa. Por isso concordei com o pedido.

Presumo que a maioria de vocês, em alguma medida, já treinou a mente nos estágios mais ordinários da prática budista. Com isso, quero dizer que existem dois aspectos que vejo como fundamentais a fim de treinar suas mentes como praticantes budistas. Um é a visão profunda do Caminho do Meio, a visão Madhyamaka da vacuidade, que é comum aos veículos do sutra e do tantra. O outro aspecto é a motivação altruísta da compaixão – o desejo sincero que mantemos em nosso coração de ser de verdadeiro benefício para todos os seres. Essas duas, a visão e a motivação, são fundamentais.

## A HISTÓRIA DA TRANSMISSÃO

A deidade conhecida como "o grande e glorioso", Vajrakumara ou Vajrakilaya, é uma deidade associada ao princípio geral das cinco famílias de budas da mandala. Vajrakilaya está associado especificamente com a família do karma, ou atividade, que ocasiona a efetivação da meta última do praticante. No ciclo do Kagyé, das oito grandes mandalas da escola Nyingma, Vajrakilaya também atua como essa deidade de atividade. Desse modo, a mandala de Vajrakilaya, entre todos os diferentes ciclos da prática Vajrayana, é particularmente identificada com o poder e o vigor daquela atividade iluminada e com a capacidade de evitar circunstâncias desfavoráveis e obstáculos e remover negatividade. Essa é considerada a especialidade da prática de Vajrakilaya.

A iniciação que estou oferecendo a vocês hoje é para o ciclo de Vajrakilaya conhecido como Yang Nying Pudri, *A navalha da essência mais íntima*, revelado por Lerab Lingpa, que foi um grande tertön, um descobridor de tesouros escondidos, na época de meu predecessor, o 13º Dalai Lama. De fato, havia uma forte conexão entre Lerab Lingpa e o 13º Dalai Lama. Quando esse terma foi revelado por Lerab Lingpa, foi-lhe profetizado que o 13º Dalai Lama viria a ser o *chö-*

*dak*, o guardião desses ensinamentos. A tarefa do chödak era receber os ensinamentos do tertön e propagá-los. Isso explica por que o 13º Dalai Lama compôs o manual de liturgias que é usado para se executar o drupchen associado com o ciclo Yang Nying Pudri. Assim, havia uma forte e poderosa conexão entre o 13º Dalai Lama e o tertön Lerab Lingpa.

Até hoje os monges de minha capela pessoal, o Namgyal Dratsang, executam todo ano o mendrup, a consagração do medicamento, e o drupchen, a prática de grupo intensiva, para esse ciclo de Vajrakilaya, como parte de nosso programa anual de práticas. Isso porque a poderosa conexão com esse terma de Vajrakilaya e seu descobridor Lerab Lingpa não se aplica unicamente ao 13º Dalai Lama, mas à linhagem inteira dos Dalai Lama. E assim mantemos a prática em base anual até os dias de hoje.

Quando eu estava no Tibete, de vez em quando participava de alguns rituais associados a essa forma de Vajrakilaya. Curiosamente, embora àquela altura não tivesse recebido nem a iniciação nem quaisquer instruções, e não a tinha tornado parte de minha prática pessoal de maneira nenhuma, com certeza senti que possuía uma conexão kármica com essa prática. Isso continuou a me intrigar mesmo enquanto eu ainda estava no Tibete.

Mais tarde, no exílio, enquanto tentava formular o ciclo de práticas para o Namgyal Dratsang, senti que esse ritual de Vajrakilaya, o ciclo Yang Nyng Pudri, precisava ser trazido para o ciclo de práticas anuais; desse modo, precisei ir em busca, por mim mesmo, da iniciação, das transmissões orais e dos ensinamentos, os quais ainda não havia recebido nesta vida. Assim, comecei a investigar que professor seria o mais adequado para abordar e pedir que me concedesse a prática de Vajrakilaya conforme Lerab Lingpa.

Isso tornou-se tão importante para mim que consultei meu tutor sênior, do qual muitos de vocês estão lembrados, Kyapjé Ling Rinpoche. Para mim, pessoalmente, ele é como Vajradhara, o buda primordial. E, quando expliquei a situação para esse grande mestre, ele disse:

A fim de que os ensinamentos e o povo tibetano beneficiem-se, é importante que a vida do Dalai Lama seja tão longa quanto possível e que suas atividades floresçam tanto quanto possível em qualquer uma de suas encarnações. Se você, como atual detentor do título de Dalai Lama, decidiu que é importante que receba essa prática, então deve seguir o impulso. Deve ir até o fim, porque isso indica que é algo muito importante e altamente significativo. Ninguém a quem isso diga respeito terá qualquer problema com o fato de você ir em busca desses ensinamentos, e vão entender a importância para você em termos pessoais e o quanto seu bem-estar pessoal influencia o Buddhadharma e a nação do Tibete.

Assim, levei a sério as palavras vajras de Ling Rinpoche e comecei a procurar o mestre mais apropriado para receber os ensinamentos. Por fim decidi que Kyapjé Dilgo Khyentse Rinpoche era o mais qualificado devido à natureza muito pessoal e íntima da transmissão que ele havia recebido[170] e às suas extraordinárias qualidades como detentor vajra e mestre desses ensinamentos. Solicitei que me conferisse a iniciação e os ensinamentos, o que ele fez. Então, desde que recebi a transmissão, encarreguei-me pessoalmente de certa prática formal.

## Percepção pura

Como vocês solicitaram a iniciação para esse ciclo de Vajrakilaya revelado por Lerab Lingpa, pediria que todos aqui reunidos cultivassem um sentimento de fé inabalável nesses ensinamentos e uma verdadeira noção do compromisso de samaya, de estabelecer uma profunda conexão com eles. Evoquem um senso de percepção pura tanto quanto puderem. A fim de receber os ensinamentos do veículo do mantra secreto no espírito em que eles são dados, a forma de escutá-los é desfazer-se de toda fixação às percepções ordinárias e, em vez disso, despertar um senso de perceber as coisas do ponto de vista da deidade. Poderíamos descrever isso como um estado de percepção divina, no sentido de que nossa maneira ordinária de olhar as coisas não mais opera. Em seu lugar, mantemos de forma clara na mente uma atitude – um jeito de olhar tudo – que possui a natureza da deidade. Se continuarmos do jeito que somos, com uma estrutura de mente ordinária, sem nos desfazermos de nossos padrões ordinários de percepção e reação e coisas assim, e abordarmos os ensinamentos a partir desse ponto de vista, sinto que simplesmente não vai funcionar. Não vamos receber os ensinamentos de verdade enquanto nos relacionarmos com eles a partir de um ponto de vista meramente ordinário.

Quando falamos de percepção pura, isso implica que todos os fenômenos, sejam nominalmente puros ou impuros, são por sua própria natureza shunyata, ou vacuidade. Estou me referindo aqui à visão de shunyata, ou vacuidade, que é a natureza de todos os fenômenos, sejam eles puros ou impuros no nível relativo. Diz-se que seres ordinários, como nós, possuem um estado de percepção impuro porque nossas mentes estão imersas em obscurecimentos cognitivos e emocionais. Mas, se considerarmos as coisas do ponto de vista da natureza de nossa mente, que é inerente e totalmente pura – aquilo a que os ensinamentos referem-se como a mente inata e fundamental de clara luz, ou luminosidade da base –, a partir dessa perspectiva entenderemos que a capacidade de experienciar os quatro kayas do estado de buda já está presente dentro de nós.

Quando entendermos esse ponto-chave, nossa perspectiva mudará e entenderemos que nossas percepções ordinárias, baseadas em nosso presente estado de confusão, não existem verdadeiramente como parecem. São puramente adventícias e superficiais, e a mente inata e fundamental de clara luz, a natureza da mente, mantém-se completamente intocada e limpa desses fatores adventícios. Eles nada têm a ver com a real natureza de nossa mente como ela é, porque essa natureza não é conspurcada por tais manifestações superficiais. É com a confiança que surge de tal visão que podemos despertar um estado de percepção que não é ordinário, mas divino, e que pertence à deidade, em vez do jeito ordinário de ver as coisas. De certo modo, é bem automático. Uma vez que entendermos as coisas do ponto de vista da natureza da mente, a confiança que isso traz fará com que nosso jeito ordinário de perceber as coisas simplesmente cesse, de uma maneira natural. E em seu lugar surgirá esse estado de percepção divina, esse jeito de ver as coisas do ponto de vista de sua pureza inata.

Antes de começarmos a iniciação, deixem-me enfatizar que a forma de abordar tal transmissão não é pensar no professor que está conferindo a iniciação como o indivíduo humano ordinário que veem sentado diante de vocês. Em vez disso, em sua mente, identifiquem o mestre vajra que está concedendo a iniciação com a deidade central da mandala, nesse caso a mandala inteira de Vajrakilaya. Tenham uma sensação de confiança e convicção de que o mestre vajra é indistinguível da deidade. É com esse tipo de atitude que se aborda uma iniciação dessa natureza.

*Ao término da iniciação, Sua Santidade declarou:*

Completei agora a iniciação de Vajrakilaya, o tesouro terma revelado por Lerab Lingpa, com o qual tenho forte conexão devido às minhas aspirações e motivação pessoais. Aqueles de vocês que receberam a iniciação estão agora autorizados a fazer a prática. Eu os encorajaria a fazê-la, usando ou os rituais mais extensos, ou a prática diária muito concisa, e aprendendo como aplicar todos os diferentes níveis de significado da prática de Vajrakilaya. No caso dessa prática, o mais importante é a experiência da união de rigpa e shunyata. Esse é o estágio último da prática e, portanto, o mais importante a ser enfocado. Contudo, junto a isso, há a meditação e o mantra associados com a deidade, e penso que seria uma boa ideia que, tendo recebido a iniciação, vocês os mantivessem em uma base regular, recitando o mantra e executando a meditação do modo mais regular possível, sem intervalo ou interrupção e sem deixar que simplesmente vá parando aos poucos.

Conforme mencionei anteriormente, existe uma forte conexão entre essa prática e o Buddhadharma e a nação tibetana em geral. Por isso, quando executarem essa prática, eu pediria que, junto a suas aspirações e dedicação, vocês enfocassem especificamente os ensinamentos da tradição do budismo tibetano e o destino da nação tibetana, incluindo preces e aspirações para o bem-estar do povo tibetano e para a disseminação e florescimento dos ensinamentos.

## A HISTÓRIA DESSE REVELAÇÃO DE TERMA

Conforme Sua Santidade explica, o Yang Nying Pudri é um tesouro terma revelado por Lerab Lingpa. Na tradição Nyingma, os ensinamentos são passados por meio de duas transmissões: a linhagem longa e contínua do kama e a linhagem curta do terma, os tesouros escondidos por Guru Padmasambhava para serem descobertos mais tarde pelos reveladores de tesouros, ou *tertöns*, que são emanações de seus discípulos mais próximos.[171] Tertön Sogyal, Lerab Lingpa (1856-1927), foi a encarnação de Nanam Dorjé Dudjom, um dos discípulos mais próximos de Padmasambhava, que obteve siddhis por meio de sua prática de Vajrakilaya e era capaz de se mover livremente pelo espaço como o vento e atravessar rocha sólida. Tertön Sogyal foi um tertön prolífico, cujo conjunto de revelações preenche vinte volumes. Foi aluno de Nyoshul Lungtok, Jamyang Khyentse Wangpo, Mipham Rinpoche e Jamgön Kongtrul e também recebeu ensinamentos de Nyala Pema Dudul e Patrul Rinpoche. Seus discípulos incluem o 13º Dalai Lama Thupten Gyatso (1876-1933), o terceiro Dodrupchen Jikmé Tenpé Nyima (1865-1926) e Jamyang Khyentse Chökyi Lodrö (1893-1959). Cinco volumes de suas revelações são inteiramente dedicados aos termas de Vajrakilaya; um deles, *A lâmina da essência mais íntima* – Yang Nying Pudri – estava destinado a se tornar particularmente renomado.

A biografia de Tertön Sogyal, escrita por Tulku Tsullo, descreve como o terma foi revelado. No outono de 1895, Tertön Sogyal foi com Jamgön Kongtrul a Tsadra Rinchen Drak, um sítio sagrado intimamente ligado a Jamgön Kongtrul e Chokgyur Dechen Lingpa, e um dos 25 locais sagrados do leste tibetano, representando "a mente de sabedoria de qualidades iluminadas". Lá, bem no alto da encosta do morro, Tertön Sogyal aproximou-se da "Caverna que encanta o espantoso Heruka", onde, conforme reconta sua biografia:

> O contorno da porta do terma sobressaiu-se nitidamente na face da rocha e, quando a viu, ele ficou como que agitado e atirou uma pedra. No mesmo instante a terra tremeu com grande estrondo, como se toda a montanha estivesse cedendo. Fendeu-se uma abertura na rocha e um aroma intenso inundou o ar. Tertön Sogyal enfiou a mão na fenda e retirou um *kutsap* – uma representação de Guru Rinpoche – em posição enérgica, segurando o vajra e o purbha, e, junto com isso, o escrínio contendo o terma de Yang Nying Pudri. Enrolando-os cuidadosamente em seda para que ninguém visse, colocou-os dentro do baú de terma em poder de sua consorte. O tesouro do terma na rocha também estava cheio de amrita, mas ele disse que não lhe cabia pegar e que não iria retirá-lo. Entretanto, sua consorte suplicou insistentemente e, para evitar decepcioná-la, ele pegou um pouco do amrita, que libera ao ser provado, e deixou o resto do tesouro como o encontrou. Ofereceu um substituto para o terma, fechou a porta e a selou muito bem. Então Jamgön Kongtrul aproximou-se do local e, juntos, em alegre gratidão, todos celebraram um banquete de tsok, ofereceram tormas para agradar aos guardiões do terma e fizeram preces de dedicação e desejos auspiciosos em larga escala, aspirando beneficiar o Dharma e todos os seres vivos.

## A CONEXÃO COM O 13º E O 14º DALAI LAMA

Em 1898, Tertön Sogyal viajou a Lhasa para encontrar-se com o Dalai Lama. Seu primeiro e momentoso encontro com o Dalai Lama havia sido dez anos antes, quando, dizem, "suas mentes de sabedoria fundiram-se instantaneamente como uma". Dessa vez, seguindo uma proclamação do oráculo Nechung, Tertön Sogyal ofereceu o ciclo completo de iniciação, transmissão e instrução do Yang Nying Pudri ao Dalai Lama.

No início da manhã seguinte, o Dalai Lama recordou-se de um sonho vívido, no qual ele se encontrava no palácio de Guru Rinpoche, onde foi recebido por dois seres celestiais cantando versos proféticos sobre essa prática de Vajrakilaya. Eles disseram que desejo, raiva e ignorância seriam eliminados, os obstáculos removidos e os atingimentos realizados se ele executasse mil oferendas de tsok conforme a prática do Yang Nying Pudri. A biografia do Dalai Lama explica: "Ele despertou lembrando muito claramente das palavras. Então o Dalai Lama e Lerab Lingpa decodificaram juntos o significado. E ele efetuou as mil oferendas de tsok de Vajrakilaya, conforme a profecia havia deixado claro que era a coisa certa a ser feita".

Tertön Sogyal deu a iniciação do Yang Nying Pudri para os monges do Namgyal Dratsang no Palácio Potala, e eles mantiveram a prática desde então. Em 1899, o mendrup foi executado como parte do Mönlam Chenmo, o grande festival anual de preces no Ano Novo em Lhasa, e foram entalhados blocos xilográficos do ciclo completo. O 13º Dalai Lama organizou o Yang Nying Pudri como prática de drupchen e para isso compôs o texto *Tesouro dos desejos para benefício próprio e dos outros* que foi usado pelos monges do Namgyal em Lerab Ling.

Conforme Sua Santidade o Dalai Lama explica, foi Kyapjé Dilgo Khyentse Rinpoche quem lhe ofereceu a iniciação do Yang Nying Pudri. Em 1990, no retiro de verão da Rigpa em Prapoutel, França, Khyentse Rinpoche explicou:

Foi dito na predição associada com esse terma que o chödak e detentor do ensinamento seria o 13º Dalai Lama, uma encarnação do rei Trisong Detsen. Assim, Tertön Sogyal transmitiu o ensinamento a ele e o Dalai Lama fez dessa uma de suas práticas centrais. Por meio de sua bênção e atividade, o reino de Ganden Phodrang entrou em um período de grande estabilidade e expansão. Muitos dos discípulos de Tertön Sogyal tomaram essa sadhana como sua prática principal. Sua Santidade o 14º Dalai Lama contou-me que essa é uma de suas práticas mais importantes.[172]

Lerab Lingpa teve três reencarnações. Sogyal Rinpoche é uma delas e outra foi Khenpo Jikmé Phüntsok Rinpoche, que, quando visitou Lerab Ling em 1993, disse:

O principal detentor desse ensinamento foi o 13º Dalai Lama, que compôs a estrutura e as preces necessárias para transformá-lo em drupchen e costumava praticá-lo no Potala. O 14º Dalai Lama não teve condições de praticar logo que saiu do Tibete, mas restabeleceu o drupchen, que hoje é praticado em Dharamsala. Esta deve ser uma das práticas principais de Sua Santidade, pois, quando estive em Dharamsala em 1990, de imediato ele disse que haveria uma oferenda de tsok do Yang Nying Pudri no dia seguinte. Durante o tsok, quando vi o quanto Sua Santidade estava familiarizado com os mudras e todos os detalhes da prática, eu disse a meu atendente: "Fazemos isso a vida inteira, mas ainda não somos tão proficientes quanto Sua Santidade".

## O mosteiro Namgyal e o Drupchen

Os monges do Namgyal Dratsang, que executaram o drupchen e o mendrup em Lerab Ling, sempre assistem os Dalai Lama em suas atividades religiosas públicas e privadas e executam rituais em seu favor e para o bem-estar do Tibete. Fundado pelo santo Gendun Gyatso (1476-1542), o segundo Dalai Lama, o Colégio Namgyal, nomeado Phende Lekshé Ling – *Elegante moradia da paz e prosperidade* –, alcançou grande proeminência na época do Quinto Dalai Lama, Ngawang Lozang Gyatso (1617-1682), quando mudou-se para o Palácio Potala. Desenvolveu-se uma associação particularmente íntima entre o mosteiro e o 13º Dalai Lama, que prossegue até o atual Dalai Lama. No exílio, o Dratsang Namgyal foi reconstituído em Dharamsala, próximo à residência de Sua Santidade, e os monges seguem um programa de estudo monástico introduzido por Sua Santidade. Renomados por sua perícia na prática ritual, com frequência acompanham Sua Santidade em suas visitas ao exterior; por exemplo, sempre que ele confere a iniciação de Kalachakra.

Em Dharamsala, o Namgyal Dratsang recebeu a iniciação do Yang Nying Pudri de Kyapjé Kalu Rinpoche, a emanação da atividade de Jamgön Kongtrul, e mais recentemente de Kyapjé Trulshik Rinpoche. A cada ano, durante dez dias no segundo mês tibetano, o drupchen é praticado no mosteiro; ao ser realizado no Lerab Ling, foi a primeira vez que o drupchen e mendrup completos foram executados fora do Tibete ou da região do Himalaia.

Um drupchen, literalmente "vasta consumação", é uma forma de prática de grupo intensiva que resume a profundidade, o poder e a precisão do Vajrayana, juntando todo o leque de seus métodos hábeis – místicos, rituais e artísticos – e incluindo a criação da casa de mandala; a prática de sadhana completa, com visualização, mudra, canto e música; a prática contínua do mantra dia e noite; a criação de tormas e oferendas, com substâncias sagradas e relíquias preciosas; o banquete de tsok; a dança sagrada do *cham*; bem como a construção da mandala de areia. Tudo se combina para criar o ambiente transcendente do reino puro da deidade e desperta, em todos aqueles que tomam parte, a percepção pura desse mundo como um reino sagrado. Por isso diz-se que participar de um drupchen por vários dias pode render os mesmos resultados que anos de retiro em solidão, e grandes mestres contemporâneos como Kyapjé Dilgo Khyentse Rinpoche insistiram em encorajar e reviver a prática do drupchen, devido a seu poder de transformação nesta era degenerada.

Na manhã seguinte à sua chegada em Lerab Ling, Sua Santidade o Dalai Lama juntou-se à sessão de encerramento do drupchen. Essa sessão incluiu "o recebimento de siddhis", uma prática para reunir o espírito da abundância, e a consagração por Sua Santidade do amrita que havia sido preparado durante o mendrup.

## A IMPORTÂNCIA E OS BENEFÍCIOS DO MENDRUP

Durante um mendrup, grandes quantidades de amrita – medicamento espiritual sagrado – são fermentadas e consagradas. A palavra sânscrita *amrita* significa "imortal"; em tibetano é *dutsi*, porque, dizem, "é o medicamento que supera o temível estado da morte". *O tantra do ciclo secreto* dá detalhes:

> No samsara que é como mara (*dü*)
> Quando o elixir (*tsi*) da verdade do Dharma é aplicado
> É chamado néctar (*dutsi*).

O néctar medicinal do amrita efetua cura e obtenção em todas as dimensões. O 13º Dalai Lama escreveu: "Dizem que todos os siddhis, incluindo a efetivação do corpo vajra da imortalidade, vêm como resultado das qualidades do amrita". *Os oito volumes sobre néctar* explicam:

> Curando as 424 enfermidades
> E destruindo os quatro maras,
> É a essência suprema, o rei dos medicamentos.

Composto de "cem ingredientes principais e mil ingredientes menores", os quinhentos quilos de amrita criados em Lerab Ling incluíram *arura* e outros ingredientes medicinais de todos os tipos imagináveis, junto com outras incontáveis relíquias sagradas e substâncias preciosas dos budas, siddhas e santos fornecidas por diferentes mestres e mosteiros de todo o Himalaia.

## APÊNDICE

O mendrup é um ritual realizado para trazer enorme benefício a todos aqueles que nele tomam parte e conceder uma poderosa bênção ao local onde acontece. Guru Padmasambhava explicou:

Substâncias medicinais sagradas a serem oferecidas aos budas,
Elixires que invocam os mestres e deidades yidam –
Essas são a essência do coração das dakinis.
Quando ingeridos, seus benefícios estão além de qualquer descrição:

Você obtém as qualidades dos cinco kayas de um buda.
Externamente, doenças e obstáculos físicos são todos destruídos;
Internamente, os venenos das cinco emoções negativas são purificados
E danos e quebras de samaya são curados;
Secretamente, você realiza a sabedoria autossurgida.

Caso um shravaka ou pratyekabuddha
Tome esse néctar, ele atingirá o décimo estágio
E se tornará um "grande bodhisattva" no caminho Mahayana.

Ofereça esse medicamento aos mestres
E grandes bênçãos são recebidas.
Ofereça às deidades yidam
E poderosos siddhis são atingidos.
Ofereça aos budas
E sua compaixão é invocada.
Ofereça aos dakas e dakinis
E eles vão proferir uma profecia.

Caso um yogue, ou qualquer um, coma desse néctar,
Externamente, enfermidade e influência prejudicial,
Ações negativas e obscurecimentos são todos purificados.
Internamente, o samadhi do estágio de geração
Torna-se vívido e claro.
Secretamente, sua percepção atinge
O estado do dharmakaya.
E todos os danos dos votos e
Erros nas práticas são emendados.

Ao meramente segurar esse medicamento,
Todo perigo de morte prematura é eliminado,
E o veneno mais mortal é neutralizado.
Ao aplicá-lo sobre o corpo,
Doenças e influências prejudiciais são dissipadas.
Ao queimá-lo como incenso,
Forças negativas e obstaculizadores são afugentados.

O lugar onde essa prática é executada
Torna-se igual ao Ossário do Bosque Fresco
Incontáveis dakas e dakinis ali se reunirão
E impregnarão a área com suas bênçãos.
As chuvas cairão na hora certa, e os recursos serão abundantes.
Qualquer um que mais tarde use esse local para retiro
Facilmente atingirá o estado de samadhi.

Caso qualquer um prestes a morrer
Tome um pouco desse néctar sagrado,
Ele ou ela obterá o nível de vidyadhara
A despeito do tipo de vida que tenha levado.
De fato, é uma substância sagrada e suprema.[173]

As explicações acima sugerem a profunda importância da iniciação, drupchen e mendrup que tiveram lugar em Lerab Ling. Por meio de sua conexão especial com essa prática, Sua Santidade teceu e trouxe à vida os elos entre Lerab Lingpa, o 13º Dalai Lama, o mosteiro Namgyal, ele mesmo, Sogyal Rinpoche e todos os participantes. Por meio dessa prática poderosa, a bênção de todos os budas foi invocada para o Tibete, seu povo e seu destino, bem como para o futuro do budismo na Europa e no Ocidente. Ao conferir essa iniciação no local de sua construção, Sua Santidade também abençoou o futuro templo de Lerab Ling. Os ensinamentos públicos de Sua Santidade e os eventos aqui descritos tiveram uma ressonância adicional para os membros da Rigpa, pois ocorreram no 25º ano em que Sogyal Rinpoche começou a ensinar no Ocidente e o trabalho da Rigpa teve início. O que aconteceu em 2000 permanecerá para sempre como um marco na história da Rigpa e uma bênção, inspiração e encorajamento inesquecíveis para suas iniciativas no futuro.

## Apêndice

Ao final de seu arranjo do drupchen do Yang Nying Pudri, o 13º Dalai Lama fez a seguinte dedicação:

> Pelo poder disso,
> Possam os ensinamentos preciosos do Buda, fonte de benefício e felicidade,
> Disseminar-se e florescer em todos os lugares e tempos sem preconceitos sectários.
> Possam todos aqueles que detêm os ensinamentos desfrutar de vida longa.
> Possam todas as forças negativas que causam ações erradas ser banidas.
> Possamos nós desfrutar da experiência maravilhosa da felicidade duradoura.
> Possam os portões estar abertos para caminhos espirituais ordinários e extraordinários.
> Possa tudo que é excelente desenrolar-se exatamente como desejaríamos e trazer benefício e felicidade a todos os lugares!

# GLOSSÁRIO

Alguns dos termos que aparecem neste livro estão listados a seguir. Aqueles marcados com asterisco possuem mais de um equivalente em inglês e português.

verdade absoluta *don dam bden pa*
clara luz verdadeira *don gyi 'od gsal*
afirmação negativa *ma yin dgag*
aflições* *nyon mongs pa*
alaya* *kun gzhi*
todo-penetrante* *zang thal*
meditação analítica *dpyad sgom*
aparências *snang ba*
aparências a partir da base *gzhi snang*
atingimento *thob pa*
espaço básico *dbyings*
espaço básico da realidade *chos kyi dbyings*
bodhicitta *byang chub kyi sems*
isolamento do corpo *lus bden*
permanência serena* *zhi gnas*
cessação *'gog pa*
canais *rtsa*
clara luz *'od gsal*
visão clara* *lhag mthong*
sabedoria coemergente de grande bem-aventurança imutável *mi 'gyur ba'i bde chen lhan cig skyes pa'i ye shes*
energia compassiva *thugs rje*

estágio de completude *rdzogs rim*
obscurecimentos cognitivos *shes bya'i sgrib pa*
condicionado *'dus byas*
antídoto confrontacional *sun 'byin pa'i gnyen po*
escrúpulo *bag yod*
consciência *shes pa; rnam shes*
dúvida correta *don 'gyur gyi the tshom*
bondade definitiva *nges legs*
Dharma da realização *rtogs pa'i chos*
Dharma da transmissão *lung gi chos*
dharmakaya da radiância interna *nang gsal chos sku*
frutos diretos da cognição válida *bar du mi chod pa'i thsad ma'i 'bras bu*
exibição *rol pa*
emoções perturbadoras\* *nyon mongs pa*
rigpa fulgurante *rtsal gyi rig pa*
oito preocupações mundanas *'jig rten chos brgyad*
oitenta concepções indicativas *rang bzhin brgyad cu'i kun rtog*
obscurecimentos emocionais\* *nyon mongs pa'i sgrib pa*
iniciação da energia de rigpa *rig pa'i rtsal dbang*
vacuidade *stong pa nyid*
vacuidade dotada com o supremo de todos os atributos *rnam kun mchog ldan gyi stong pa nyid*
energia\* *rtsal*
essência *ngo bo*
essências *thig le*
rigpa essencial *ngo bo'i rig pa*
poderes extraordinários de percepção *mngon shes*
liberdade da elaboração conceitual *spros bral*
quatro vazios *stong pa bzhi*
quatro maneiras de deixar as coisas em sua simplicidade natural *cog bzhag bzhi*
fruição que é a presença espontânea todo-abrangente *'bras bu lhun grub sbubs*
mente inata e fundamental de clara luz *gnyug ma lhan cig skyes pa'i 'od gsal*
estágio de geração *bskyed rim*
Grande Perfeição *rdzogs pa chen po*
base de tudo\* *kun gzhi*

# Glossário

tendências habituais *bag chags*
tendências habituais de expressão *mngon brjod kyi bag chags*
tendências habituais de tipo semelhante *rigs mthun gyi bag chags*
tendências habituais dos ramos da existência condicionada *srid pa'i yan lag gi bag chags*
tendências habituais da transferência das três aparências *snang gsum 'pho ba'i bag chags*
tendências habituais da visão do eu *bdag lta'i bag chags*
verdade absoluta superior *lhag pa'i don dam bden pa*
verdade relativa superior *lhag pa'i kun rdzob bden pa*
yoga tantra superior *bla med rgyud*
ignorância *ma rig pa*
corpo ilusório *sgyu lus*
dúvida incorreta *don mi 'gyur gyi the tshom*
frutos indiretos da cognição válida *bar du chod pa'i tshad ma'i 'bras bu*
inseparabilidade de samsara e nirvana *'khor 'das dbyer med*
insight* *lhag mthong*
vigilância introspectiva *shes bzhin*
união de aprendizes *slob pa'i zung 'jug*
estudo, disciplina e bondade *mkhas btsun bzang gsum*
liberação além de benefício e dano *phan gnod med pa'i grol ba*
Mahamudra *phyag rgya chen po*
experiência meditativa *nyams*
aflições mentais* *nyon mongs pa*
Caminho do Meio *dbu ma*
isolamento de mente *sems dben*
Mente Apenas *sems tsam pa*
dignidade moral *khrel yod*
luminosidade mãe *ma'i 'od gsal*
kaya natural inato *rang bzhin lhan cig skyes pa'i sku*
nirvana natural *rang bzhin myang 'das*
natureza *rang bzhin*
quase-atingimento *nyer thob*
nirvana com resíduo *lhag bcas myang 'das*
nirvana sem resíduo *lhag med myang 'das*
nirvana não-permanente *mi gnas pa'i myang 'das*
formações não associadas *ldan min 'du byed*

negação não implicativa *med dgag*
ações intransferíveis *my gyo ba'i las*
forças obstrutivas *bdud*
outro vazio *gzhan stong*
percepções *'du shes*
não-eu pessoal *gang zag gi bdag med*
instrução essencial *man ngag*
pureza primordial *ka dag*
sabedoria primordial\* *ye shes*
pós-meditação *rjes thob*
potencial da família *rigs*
qualidades do espaço básico *dbyings kyi yon tan*
qualidades da fruição *'bras bu'i yon tan*
realidade *chos nyid*
realização *rtogs pa*
verdade relativa *kun rdzob bden pa*
rigpa da presença espontânea todo-abrangente que é o estado último de liberdade *mthar thug lhun grub sbubs kyi rig pa*
rigpa da base *gzhi'i rig pa*
samadhi *ting nge 'dzin*
sambhogakaya da radiância exterior *phyi gsal longs sku*
procurando pela falha oculta da mente *sems kyi mtshang btsal ba*
sabedoria autossurgida *rang byung gi ye shes*
vazio de eu *rang stong*
autoliberação *rang grol*
autocontrole *ngo tsha shes*
não-eu dos fenômenos *chos kyi bdag med*
sensações *tshor ba*
separando samsara e nirvana *'khor 'das ru shan*
meditação estabilizadora *'jog sgom*
sete atributos abundantes da verdade absoluta *don dam dkor bdun*
shamata\* *zhi gnas*
isolamento de fala *ngag dben*
presença espontânea *lhun grub*
sofrimento da mudança *'gyur ba'i sdug bsngal*
estados de pensamento *kun rtog*
três *continuums rgyud gsum*

## GLOSSÁRIO

perfeição da sabedoria transcendente *shes rab kyi pha rol tu phyin pa*
dúvida incerta *cha mnyam gyi the tshom*
não-composto\* *'dus ma byas*
não-condicionado\* *'dus ma byas*
espontâneo *ma bcos pa*
desimpedida (clareza) *zang thal le*
ações imaculadas *zag med kyi las*
cognição válida *tshad ma*
percepção direta válida *mngom sum tshad ma*
inferência válida *rjes dpag tshad ma*
veículos que conduzem a partir da origem *kun 'byung 'dren pa'i theg pa*
veículos dos métodos transformadores supremos e poderosos *dbang sgyur thabs kyi theg pa*
veículos do ascetismo védico *dka' thub rig byed kyi theg pa*
visão do conjunto transitório *'jig tshogs kyi lta ba*
energia do vento *rlung*
sabedoria\* *ye shes; shes rab*
sabedoria da percepção autoconhedora pessoal *so so rang rig pa'i ye shes*
assombrado *had de ba*
corpo jovem do vaso *gzhon num bum sku*

# BIBLIOGRAFIA

## OBRAS CITADAS POR SUA SANTIDADE

### SUTRAS E TANTRAS

*Guhyasamaja Tantra*
Guhyasamajanamamahakalparaja
Gsang ba 'dus pa zhes bya ba brtag pa'i rgyal po chen po

*Hevajra tantra*
Hevajratantraraja
Kye'i rdo rje zhes bya ba rgyud kyi rgyal po

*Kalachakra tantra*
Shrikalachakranamatantraraja
Dpal dus kyi 'khor lo'i rgyud kyi rgyal po

*Tantra-raiz da reverberação do som*
Sgra thal 'gyur rtsa ba'i rgyud

*Sutra da sabedoria sobre Ultrapassar*
Atajñananama-sutra
'Phags pa 'da' ka ye shes kyi mdo

*Sutra solicitado por Upali*
Upaliparipriccha-sutra
Nye bar 'khor gyis zhus pa'i mdo

*Sabedoria transcendente em oito mil linhas*
Ashtasahasrikaprajñaparamitasutra
'Phags pa shes rab kyi pha rol tu phyin pa brgyad stong pa'i mdo

## TRATADOS E COMENTÁRIOS

**Aryadeva**
*Quatrocentos versos sobre o Caminho do Meio*
Chatuhshatakashastrakarika
Bstan bcos bzhi brgya pa zhes bya ba'i tshig le'ur byas pa

**Asanga**
*Estágios do Bodhisattva*
Bodhisattvabhumi
Byang chub sems dpa'i sa

**Ashvaghosha**
*Cinquenta estrofes sobre o Guru*
Gurupanchashika
Bla ma lnga bcu pa

**Chandrakirti**
*Introdução ao Caminho do Meio*
Madhyamakavatara
Dbu ma la 'jug pa

*Palavras claras*
Prasannapada
Dbu ma rtsa ba'i grel pa tshig gsal ba

**Dharmakirti**
*Comentário sobre "cognição válida"*

Pramanavarttikakarika
Tshad ma rnam 'grel gyi tshig le'ur byas pa

**Maitreya**
*Discriminando o meio dos extremos*
Madhyantavibhanga
Dbus dang mtha' rnam par 'byed pa

*Ornamento dos sutras do Mahayana*
Mahayanasutralamkara
Theg chen mdo sde rgyan

*Ornamento da realização clara*
Abhisamayalamkara
Mngon par rtogs pa'i rgyan

*Sublime* continuum *do grande veículo*
Mahayana-uttaratantrashastra
Theg pa chen po rgyud bla ma'i bstan bcos

**Nagabodhi**
*Análise da ação*
Karmantavibhanga
Las mtha' rnam 'byed

**Nagarjuna**
*Tratado fundamental sobre o Caminho do Meio*
Mulamadhyamakakarika
Dbu ma rtsa ba'i tshig le'ur byas pa

*Girlanda preciosa*
Ratnavali
Rin chen phreng ba

**Shantideva**
*O caminho do Bodhisattva*
Bodhicharyavatara

Byang chub sems dpa'i spyod pa la 'jug pa

*Compêndio de treinamento*
Shikshasamucchaya
Bslab pa kun las btus pa

**Vasubandhu**
*Tesouro do conhecimento*
Abhidharmakoshakarika
Chos mngon pa'i mdzod kyi tshig le'ur byas pa

## OBRAS TIBETANAS

**Dodrupchen, Jikmé Tenpé Nyima**
*Conselho para realizar os desejos do praticante diligente, o senhor dos yogues, Padma Mahasukha*
Sgrub brston rnal 'byor gyi dbang po padma maha sukha'i bzhed skong du gdams pa, rdo grub chen 'jigs med bstan pa'i nyi ma'i gsung 'bum, publicado por si khron mi rigs dpe skrun khang, 2003. p. 15-16, vol. 2.

*Pilão Vajra: conselhos*
Gdams ngag rdo rje'i gtun khung. p. 25-31, vol. 2.

*A chave para o tesouro precioso: uma breve visão geral do tantra da gloriosa essência secreta*
Dpal gsang ba'i snying po'i rgyud kyi spyi don nyung nug'i ngag gis rnam par 'byed pa rin chen mdzod kyi lde mig. p. 1-206, vol. 3.

**Grande Quinto Dalai Lama**
*Palavras dos Vidyadharas: um manual de instrução sobre geração, completude e a Grande Perfeição para o grande compassivo, liberação do Samsara no espaço básico*
Thugs rje chen po 'khor ba dbyings sgrol gyi bskyed rdzogs rdzogs pa chen po'i khrid yig rigs 'dzin zhal lung, *Obras reunidas*, p. 51-152, vol. nang ga.

## Bibliografia

**Jamyang Khyentse Wangpo**
*Entrada que deleita Padmasambhava: o ritual de iniciação para a Sadhana da mente da união de todas as essências mais íntimas*
Thugs sgrub yang snying kun 'dus kyi dbang chog padma dgyes pa'i jug ngogs. Obras Reunidas de Jamyang Khyentse Wangpo, edição Gangtok de 1977. p. 503, vol. 12.

**Khedrup Norzang Gyatso**
*Ornamento da luz imaculada: uma visão do Kalachakra tantra*
Dus 'khor spyi don dri med 'od rgyan

**Longchen Rapjam**
da Trilogia de *Encontrando conforto e sossego* (*Ngal gso skor gsum*):

*Encontrando conforto e sossego na meditação sobre a Grande Perfeição*
Rdzogs pa chen po bsam gtan ngal gso
de Rdzogs pa chen po ngal gso skor gsum dang rang grol skrol gsum: uma reprodução da Edição Xilográfica A-'dzom, Gangtok de 1999. p. 1-24, vol. 3.

*Carruagem da pureza total: um comentário sobre* Encontrando conforto e sossego na meditação sobre a Grande Perfeição
Rdzogs pa chen po bsam gtan ngal gso'i 'grel pa shing rta rnam par dag pa. p. 35-126, vol. 3.

*Oceano de excelente explicação: uma visão geral da trilogia de* Conforto e sossego
Ngal gsor skor gsum gyi spyi don legs bshad rgya mtsho. p. 131-249, vol. 3.

de *Os sete tesouros* (*Mdzod bdun*):

*Tesouro precioso das doutrinas filosóficas que esclarece o significado de todos os veículos*
Theg pa mtha' dag gi don gsal bar byed pa grub pa'i mtha' rin po che'i mdzod

*Tesouro precioso que realiza desejos, um tratado de instruções essenciais sobre o veículo maior*
Theg pa chen po'i man ngag gi bstan bcos yid bzhin rin po che'i mdzod

*Lótus branco: um comentário sobre o Tesouro precioso que realiza desejos, um tratado de instruções essenciais sobre o veículo maior*
Theg pa chen po'i man ngag gi bstan bcos yid bzhin rin po che'i mdzod kyi 'grel pa pad ma dkar po

**Patrul Rinpoche**
*O ensinamento especial do rei sábio e glorioso, com seu comentário*
Mkhas pa shri rgyal po'i khyad chos 'grel pa dang bcas pa
Obras Reunidas, Dpal sprul o rgyan 'jigs med chos kyi dbang po'i gsung 'bum, publicado por Si khron mi rigs dpe skrun khang, 2003. p. 737-54, vol. 4.

**Tsongkhapa**
*O caminho básico para o despertar*
Byang chub gzhung lam

**Tsultrim Zangpo**
*Ornamento para a mente de sabedoria de Samantabhadra: uma instrução secreta que revela diretamente a visão do Dzogpachenpo da clara luz e dissipa todas as visões erradas*
'Od gsal rdzogs pa chen po'i lta ba dmar 'byin gsang khrid log rtog kun sel kun bzang dgongs rgyan, *Obras reunidas*, vol. kha.

## BIBLIOGRAFIA SELECIONADA EM INGLÊS POR SUA SANTIDADE O DALAI LAMA

*Destructive emotions, a scientific dialogue with his holiness the Dalai Lama*
Narrado por Daniel Goleman. Nova York: Bantham, 2003.
Lançado no Brasil como:
*Como lidar com emoções destrutivas: para viver em paz com você e os outros.* Rio de Janeiro: Campus, 2003.

*Dzogchen: the heart essence of the Great Perfection*
Traduzido por Geshe Thupten Jinpa e Richard Barron. Ithaca: Snow Lion, 2000.
Lançado no Brasil como:
*Dzogchen: a essência do coração da Grande Perfeição.* São Paulo: Editora Gaia, 2006.

BIBLIOGRAFIA

*Essence of the heart sutra*
Traduzido e editado por Geshe Thupten Jinpa. Boston: Wisdom, 2002.
Lançado no Brasil como:
*A essência do sutra do coração*. São Paulo: Editora Gaia, 2006.

*Flash of lightning in the dark of night*
Boston: Shambala, 1994.

*The four noble truths*
Traduzido por Geshe Thupten Jinpa. Editado por Dominique Side. Londres: Thorsons, 1997.

*The Gelug/Kagyu tradition of Mahamudra*
Dalai Lama e Alexander Berzin. Ithaca: Snow Lion, 1997.

*The Kalachakra tantra*
Dalai Lama e Jeffrey Hopkins. Boston: Wisdom, 1989.

*Kindness, clarity and insight*
Traduzido e editado por Jeffrey Hopkins e Elizabeth Napper. Ithaca: Snow Lion, 1984. Nova edição em 2006.
Lançado no Brasil como:
*Bondade, amor e compaixão*. São Paulo: Pensamento, 2006.

*The meaning of life*
Traduzido e editado por Jeffrey Jopkins. Boston: Wisdom, 1992.
Lançado no Brasil como:
*O sentido da vida*. São Paulo: Martins Fontes, 2001.

*The power of buddhism*
Dalai Lama e Jean-Claude Carrière. Dublin: Gill & MacMillan, 1996.

*Practicing wisdom, the perfection of Shantideva's Bodhisattva way*
Traduzido e editado por Geshe Thupten Jinpa. Boston: Wisdom, 2005.

*Transforming the mind*
Traduzido por Geshe Thupten Jinpa. Editado por Dominique Side. Londres: Thorsons, 2000.
Lançado no Brasil como:
*Transformando a mente.* São Paulo: Martins Fontes, 2000.

*The universe in a single atom*
Nova York: Morgan Road Books, 2005.
Lançado no Brasil como:
*O universo em um átomo.* Rio de Janeiro: Ediouro, 2006.

*The world of Tibetan buddhism*
Traduzido, editado e anotado por Geshe Thupten Jinpa. Boston: Wisdom, 1995.
Lançado no Brasil como:
*O mundo do budismo tibetano.* Rio de Janeiro: Nova Fronteira.

## Sobre budismo e Dzogchen

ARYADEVA. *Yogic deeds of the Bodhisattvas.* Gyel-tsap on Aryadeva's Four Hundred. Comentário de Geshe Sonam Rinchen. Traduzido e editado por Ruth Sonam. Ithaca: Snow Lion, 1994.

CHÖKYI NYIMA RINPOCHE; ERIK PEMA KUNSANG. *Indisputable truth.* Rangjung Yeshe, 1996.

COZORT, Daniel. *Highest yoga tantra.* Ithaca: Snow Lion, 1986.

DESHUNG RINPOCHE. *The three levels of spiritual perception.* Trad. de Jared Rhoton. Boston: Wisdom, 1995.

DRUBWANG TSOKNYI RINPOCHE. *Carefree dignity.* Compilado e traduzido por Erik Pema Kunsang e Marcia Binder Schmidt. Editado por Kerry Moran. Boudhanath: Rangjung Yeshe, 1998.

## Bibliografia

DUDJOM RINPOCHE. *The Nyingma school of tibetan buddhism*. Traduzido e editado por Gyurme Dorje, com colaboração de Matthew Kapstein. Boston: Wisdom, 1991.

HOPKINS, Jeffrey. *Buddhist advice for living and liberation: Nagarjuna's precious garland*. Ithaca: Snow Lion, 1998.

_____. *Meditation on emptiness*. Boston: Wisdom, 1995.

KHEDRUP NORSANG GYATSO. *Ornament of stainless light*. Trad. de Gavin Kilty. Boston: Wisdom, 2004.

KHENPO NGAWANG PALZANG. *A guide to the words of my perfect teacher*. Traduzido sob os auspícios de Dipamkara, em colaboração com Padmakara Translation Group. Boston: Shambala, 2004.

LONGCHEN RABJAM. *The precious treasury of the way of abiding*. Traduzido sob a orientação de Sua Eminência Chagdud Tulku Rinpoche por Richard Barron (Chökyi Nyima). Editado por Padma Translation Committee. Junction City: Padma Publishing, 1998.

_____. *The precious treasury of the basic space of the phenomena & a treasure trove of scriptural transmission*. Traduzido sob a orientação de Sua Eminência Chagdud Tulku Rinpoche por Richard Barron (Chökyi Nyima). Editado por Padma Translation Committee. Junction City: Padma Publishing, 2001.

LONGCHENPA. *Kindly bent to ease us*, partes 1-3. Traduzido e anotado por Herbert V. Guenther. Berkeley: Dharma Publishing, 1975-1976.

MAITREYA. *Maitreya on Buddha nature*. Uma nova tradução do Mahayana Uttara Tantra Sastra, de Asanga, por Ken e Katia Holmes. Forres: Altea, 1999.

MAITREYANATHA/ARYASANGHA. *The universal vehicle discourse literature together with its commentary by Vasubandhu*. Nova York: American Institute of Buddhist Studies, 2004.

MILAREPA. *The hundred thousand songs of Milarepa.* Traduzido e anotado por Garma C.C. Chang. Boston: Shambala, 1999.

MIPHAM. *Mipham's Beacon of certainty.* Trad. de John Whitney Pettit. Boston: Wisdom, 1999.

NAGARJUNA. *The fundamental wisdom of the middle way, Nagarjuna's Mulamadhyamakakarika.* Tradução e comentário de Jay L. Garfield. Nova York: Oxford University Press, 1995.

NAMKHAI NORBU. *Dzogchen, the self-perfected state.* Editado por Adriano Clemente. Traduzido do italiano por John Shane. Londres: Arkana, 1989.

NGORCHEN KONCHOG LHUNDRUB. *The beautiful ornament of the three visions.* Trad. de Lobsang Dagpa, Ngawang Samten Chopel e Jared Rhoton. Cingapura: Golden Vase, 1987; Ithaca: Snow Lion, 1991.

NYOSHUL KHENPO. *A marvelous garland of rare gems, biographies of masters of awareness in the Dzogchen lineage.* Junction City: Padma Publishing, 2005.

PADMASAMBHAVA. *Advice from the lotus born.* Trad. de Erik Pema Kunsang. Boudhanath: Rangjung Yeshe, 1994.

PATRUL RINPOCHE. *The heart treasure of the enlightened ones.* Comentário de Dilgo Khyentse. Trad. de Padmakara Translation Group. Boston: Shambala, 1992.

_____. *The words of my perfect teacher.* Trad. de Padmakara Translation Group. Boston: Shambala, 1998.

RINGU TULKU. *The Ri-mé philosophy of Jamgön Kongtrul the great.* Boston: Shambala, 2006.

SHANTIDEVA. *The way of the Bodhisattva.* Trad. de Padmakara Translation Group. Boston: Shambala, 1997.

SOGYAL RINPOCHE. *Dzogchen and Padmasambhava.* Santa Cruz: Rigpa, 1989.

_____. *The tibetan book of living and dying*. San Francisco: Harper, 1992. Edição revisada, San Francisco: Harper, 2002; Londres: Rider, 2002. Lançado no Brasil como *O livro tibetano do viver e do morrer*. São Paulo: Palas Athena, 2004.

TAKPO TASHI NAMGYAL. *Mahamudra: the wuintessence of mind and meditation*. Traduzido e anotado por Lobsang P. Lhalungpa. Prefácio de C. Trungpa. Délhi: Motilal Banarsidass, 1993.

THURMAN, R. A. F. *The central Philosophy of Tibet: a study and translation of Jey Tsongkhapa's essence of the eloquence*. Princeton: Princeton University Press, 1991.

TSELE NATSOK RANGDROL. *Circle of the sun*. Trad. de Erik Pema Kunsang. Boudhanath: Rangjung Yeshe, 1990.

TSERING, Geshe Tashi. *The four noble truths*. Boston: Wisdom, 2005.

TSONG-KHA-PA. *Great treatise on the stages of the path to enlightenment*. Vols. 1-3. Trad. de Lamrim Chenmo Translation Committee. Ithaca: Snow Lion; vol. 1, 2000; vol. 2, 2004; vol. 3, 2002.

TSONGKHAPA. *The splendor of an autumn moon*. Trad. de Gavin Kilty. Boston: Wisdom, 2001.

TULKU THONDUP. *Buddha mind*. Ithaca: Snow Lion, 1989.

_____ *Masters of meditation and miracles*. Editado por Harold Talbott. Boston: Shambala, 1996.

TULKU URGYEN RINPOCHE. *As it is*, vols. 1 e 2. Trad. de Erik Pema Kunsang. Boudhanath: Rangjung Yeshe, 1999/2000.

_____ *Rainbow painting*. Trad. de Erik Pema Kunsang. Boudhanath: Rangjung Yeshe, 1995.

YANGCHEN GAWAI LODOE. *Paths and grounds of Guhyasamaja according to Arya Nagarjuna*. Dharamsala: Library of Tibetan Works and Archives, 1995.

YONGEY MINGYUR RINPOCHE. *The joy of living: unlocking the secret and science of happiness.* Nova York: Harmony Books, 2007.

# AGRADECIMENTOS

Gostaríamos de expressar nossa mais profunda gratidão a Sua Santidade o Dalai Lama pela bondade em conceder os ensinamentos em Lerab Ling em setembro de 2000. Também gostaríamos de agradecer a Sogyal Rinpoche por ter desempenhado um papel destacado no convite para Sua Santidade dar esses ensinamentos, e por sua inspiração contínua.

A respeito da visita de Sua Santidade à França em 2000, gostaríamos de prestar homenagem e agradecer a Kyapjé Trulshik Rinpoche por seu apoio e orientação constantes, além de agradecer a Khamtrul Rinpoche, Oráculo Nechung, Jadho Rinpoche e monges do mosteiro de Namgyal, especialmente Tashi Dakpa-la, Pasang e Namgyal.

Gostaríamos de manifestar nossos sinceros agradecimentos a Tenzin Geyche Tethong e ao gabinete particular de Sua Santidade o Dalai Lama, ao Venerável Geshe Lhakdor-la, e ao Bureau du Tibet, e especialmente a Kunzang Yuthok-la.

Uma nota de gratidão especial deve ser feita a Lodi Gyari Rinpoche, enviado especial de Sua Santidade, por seu incansável trabalho pelo Tibete, seu serviço a Sua Santidade e seu apoio e conselhos a Rigpa em todos os níveis.

Nossa gratidão a Lama Seunam e Lama Tcheuky Sengue, e aos membros da Associação do Golfo de Lion: Kagyü Rintchen Tcheu Ling, Kagyü Yi-Ong Tcheu Ling, Jardin du Dharma e Jardin de Claire Lumière. Somos muitíssimos gratos à Fédération du Buddhisme Tibétain por sua sábia orientação.

Agradecimentos àqueles que desempenharam papel-chave na organização desse evento, notadamente Philip Philippou, Jean Lanoe, Olivier Fournier, Anne Wodrascka, Herve Bienfait, Ian Maxwell, Mauro de March, Renate Handel,

Laurence Bibas-Dahan, Seth Dye, Kimberly Poppe, Dominique Hilly, Tim Synge, Heidi Lindstedt, Pamela Truscott e muitos outros membros da Rigpa, numerosos demais para serem citados, incluindo quase quatrocentos voluntários.

Somos gratos também à prefeitura de Montpellier, aos prefeitos de Lodève, Roqueredonde e Larzac Plateau, em especial a J.M. Barascut, prefeito de Les Rives.

Pelo trabalho de tradução envolvido neste livro, gostaríamos de agradecer a Matthieu Ricard, Richard Barron (Lama Chökyi Nyima), Adam Pearcey, Ane Samten Palmo e Dominique Side. Muitos agradecimentos também a B. Alan Wallace por sua assistência em 2000. Gostaríamos de agradecer ao Venerável Geshe Lhakdor e ao Venerável Geshe Thupten Sönam pela transcrição dos ensinamentos para o tibetano. Temos uma profunda dívida para com a bondade de Tulku Thondup Rinpoche, Ringu Tulku Rinpoche, Khenchen Namdrol, Geshe Thupten Jinpa e Geshe Tashi Tsering por seus generosos esclarecimentos. Os tradutores gostariam de prestar tributo à tradução pioneira do finado professor H.V. Guenther para *A trilogia sobre encontrar conforto e sossego*, publicada em 1975 como *Kindly bent to ease us*.

Na criação deste livro, Susie Godfrey, David Haggerty, Anne Tsöndru, Sue Morrison, Peter Fry, Sean Price e Lorraine Velez desempenharam papel vital, e muitos agradecimentos vão para Andreas Schulz pelo *design* e *layout*.

Agradecemos também a Tim McNeill e David Kittelstrom, da Wisdom Publications, por seus conselhos gentis e especializados.

Quanto a quaisquer erros ou imprecisões que tenham se infiltrado nesta obra, o editor reserva-se o direito de reivindicá-los inteiramente para si.

O objetivo da publicação deste livro foi prestar um pequeno serviço a Sua Santidade o Dalai Lama, tornar esses ensinamentos disponíveis e ajudar para que beneficiem tantos quantos for possível.

PATRICK GAFFNEY<br>RIGPA INTERNATIONAL

# NOTAS

1 Os centros que convidaram Sua Santidade e compõem a Associação do Golfo de Lion são Lerab Ling, Kagyü Rintchen Tcheu Ling (um centro fundado em Montpellier por Kiapjé Kalu Rinpoche em 1975), Kagyü Yi Ong Tcheu Ling, Jardin du Dharma e Jardin de Claire Lumière.

2 Ver Sogyal Rinpoche, *The tibetan book of living and dying*, ed. rev. (San Francisco: Harper, 1992; San Francisco: Harper, 2002; Londres: Rider, 2002), p. 155. Citação da edição revisada da Rider. Lançado no Brasil como: *O livro tibetano do viver e do morrer* (São Paulo: Palas Athena, 1999), p. 199-200.

3 A biografia de Longchenpa pode ser encontrada em Nyoshul Khenpo, *A marvelous garland of rare gems, biographies of masters of awareness in the Dzogchen lineage* (Junction City: Padma Publishing), p. 98-161; ver também Tulku Thondup, *Masters of meditation and miracles* (Boston: Shambala, 1996), p. 109-17.

4 Ver Nyoshul Khenpo, *Marvelous garland of rare gems*, p. 141, 145.

5 Idem, p. xxiv-v.

6 De *Ngal gso skor gsum gyi spyi don legs bshad rgya mtsho*, p. 223-24. Os oito símiles de ilusão, citados na ordem em que aparecem no texto, são os seguintes: sonho, ilusão mágica, alucinação, miragem, reflexo da lua na água, eco, cidade dos gandharvas e fantasma ou aparição.

7 Ver S.S. o Dalai Lama, *Dzogchen, the heart essence of the Great Perfection* (Ithaca: Snow Lion, 2001). Lançado no Brasil como: *Dzogchen: a essência do coração da grande perfeição* (São Paulo: Gaia, 2006).

8 Entre os lamas presentes nos ensinamentos incluíam-se: Kyapjé Trulshik Rinpoche, Dagyab Rinpoche, Kyongola Rinpoche, Dagpo Rinpoche, Ato Rinpoche, Thamtog Rinpoche, Dzigar Kongtrul Rinpoche, Tsoknyi Rinpoche, Khamtrul Rinpoche, Pema Wangyal Rinpoche, Rangdrol Rinpoche, Sogyal Rinpoche, Jadho Rinpoche, Gyari Rinpoche, Lelung Rinpoche, o Oráculo Nechung, Namgyal Khensur

Rinpoche, Gomang Khensur Rinpoche, Geshe Thubten Ngawang e Geshe Lobsang Tengye, mais uma série de outros geshes, monges e monjas.

[9] S.S. o Dalai Lama, ao dar a iniciação de Rigdzin Dungdrup em Dharamsala, Índia, em 21 de março de 2004. Citado em *A great treasure of blessings, a book of prayers to Guru Rinpoche* (Londres: The Tertön Sogyal Trust, 2004), p. 13-14.

[10] Ver Dalai Lama, *Kindness, clarity and insight*, trad. e ed. por Jeffrey Hopkins e Elizabeth Napper (Ithaca: Snow Lion, 2006), ed. de 1984, p. 220-21; ed. de 2006, p. 249; lançado no Brasil como *Bondade, amor e compaixão* (São Paulo: Pensamento, 2006), p. 253-54. Ver também Dalai Lama, *Dzogchen*, p. 120 (p. 118 na edição brasileira).

[11] Durante a longa carreira de roteirista, dramaturgo e autor, Jean-Claude Carrière ganhou vários prêmios e trabalhou com as mais célebres personalidades de cinema e teatro. Além da prolongada colaboração com Luis Buñuel, também trabalhou com Jean-Luc Godard, Milos Forman, Volker Schlöndorff, Andrzej Wajda, Louis Malle, Nagisa Oshima e, no teatro, com Peter Brook e Jean-Louis Barrault. Foi roteirista de mais de quarenta filmes, incluindo *O retorno de Martin Guerre*, *A insustentável leveza do ser*, *O Mahabharata* e *A bela da tarde*. Seu apaixonado interesse pela cultura oriental levou-a a se encontrar com o Dalai Lama várias vezes; suas conversas em Dharamsala tornaram-se o livro *La Force du Boudhisme* (Paris: Robert Laffont, 1994).

[12] Esse verso provém do *Sutra do lapidador de diamante*, Vajracchedika, *'Phags pa shes rab kyi pha rol tu phyin pa rdo rje gcod pa*: skar ma rab rib mar me dang// sgyu ma zil pa chu bur dang// rmi lan glog dang sprin lta bu// 'dus byas de ltar blta bar bya.

[13] Maitreya, *O ornamento da realização clara*, vol. 1.

[14] Nagarjuna, *Fundamentos do caminho do meio*, 1:1-2; para tradução, ver Dalai Lama, *The essence of the heart sutra*, trad. De Geshe Thupten Jinpa (Boston: Wisdom, 2002), p. 122; no Brasil, lançado como *A essência do sutra do coração* (São Paulo: Gaia, 2006), p. 110.

[15] *Nges legs*: bondade definitiva. *An Encyclopaedic Tibetan-English Dictionary* (Pequim: Nationalities Publishing House, 2001) diz: "Felicidade contínua: o estado de liberação e onisciência". Ver Hopkins, Jeffrey (trad.), *Buddhist advice for living and liberation: Nagarjuna's precious garland* (Ithaca: Snow Lion, 1998), p. 46.

[16] Para dar um exemplo trivial, se vocês tiverem uma percepção correta (cognição válida) do fogo, o resultado imediato é que poderiam fazer uma xícara de chá. Esse é o "efeito ou fruto ininterrupto ou direto" da percepção válida. Contudo, essa percepção pode levar a numerosos outros benefícios, que estão indiretamente ligados a ela, mas são interrompidos por outros estados de mente. Desse modo, a obtenção de renascimento mais elevado, liberação e assim por diante é considerada "fruto interrompido ou indireto" da percepção válida, ou cognição válida.

[17] "Quanto a isso, não há coisa nenhuma a ser removida, nem a mais mínima coisa a ser acrescentada." Maitreya, *O ornamento da realização clara*, V:21.

18 Os quatro raciocínios (*rigs pa bzhi*) são: dependência, funcionabilidade, natureza e estabelecimento de viabilidade lógica (*ltos pa'i rigs pa dang, bya ba byed pa'i rigs pa dang, chos nyid kyi rigs pa, 'thad pa sgrub pa'i rigs pa*).

19 Sua Santidade está se referindo à prática de Dzogchen, a Grande Perfeição. Como diz Dodrupchen Jikmé Tenpé Nyima: "De modo geral, nas instruções do Dzogchen os aspectos profundo e especial são infindáveis". O ponto-chave, porém, é a diferenciação entre mente ordinária e rigpa. Conforme Jikmé Lingpa coloca em seu *Tesouro das qualidades preciosas*: "Rigpa, que transcende a mente ordinária, é a característica especial do Dzogpachenpo natural". Em *rdzogs chen skor*, p. 554.

20 A explicação de Sua Santidade para esse tópico, dada em um ensinamento em Nova York, em 1991, é citada por Sogyal Rinpoche, *Tibetan book of living and dying*, ed. rev., (San Francisco: Harper, 2002), p. 93-94. No Brasil, foi lançado como: *O livro tibetano do viver e do morrer* (São Paulo: Palas Athena, 1999), p. 125-26.

21 "Ações intransferíveis" (*mi g.yo ba'i las*) são as meditações dos quatro dhyanas e das quatro absorções sem forma. São chamadas de *intransferíveis* porque só podem resultar em renascimento dentro dos reinos correspondentes da forma e da não-forma e não podem ser "transferidas" para produzir um resultado em nenhum outro reino.

22 As cinco visões perturbadoras ou deludidas são: a visão do conjunto transitório (*jig tshogs la lta ba*), que significa considerar os cinco agregados como "eu" e "meu"; a visão dos extremos (*mthar 'dzin pa'i lta ba*), significando eternalismo e niilismo; visões erradas (*log lta*); a visão da superioridade ética (*tshul khrims dang brtul zhugs mchog 'dzin*); e a visão da superioridade doutrinária (*lta ba mchog 'dzin*).

23 Essa é uma citação do *Sutra Prajnaparamita em oito mil versos*. Ver Conze, E., *The perfection of wisdom in 8.000 lines and its verse summary* (Délhi: Sri Satguru Publications, 1994), p. 84.

24 Dza Patrul Rinpoche (1808-1887) foi um dos maiores mestres tibetanos do século XIX e autor de uma das obras mais lidas da literatura tibetana, *As palavras do meu professor perfeito*. Sua biografia aparece em *A marvelous garland of rare gems*, de Nyoshul Khenpo, p. 223-38.

25 Os sublimes (*arya* em sânscrito, *'phags pa* em tibetano) são seres que possuem uma realização direta da natureza da realidade e transcenderam o samsara.

26 Os estados mais elevados de existência (*mngon mtho*) são os reinos superiores dentro do samsara – os reinos dos seres humanos e dos deuses.

27 De acordo com Patrul Rinpoche, a explicação dos quatro tipos diferentes de nirvana é exclusiva da tradição Madhyamaka. O *nirvana natural* é a natureza dos fenômenos, livre de qualquer elaboração conceitual. O *nirvana não-permanente* é o nirvana dos budas e bodhisattvas, além dos extremos da existência samsárica e da quietude. O *nirvana com resíduo* refere-se ao resultado de um arhat que transcendeu o sofrimento,

mas não abandonou os agregados psicofísicos e ainda experiencia os efeitos do karma passado. O *nirvana sem resíduo* é atingido quando o arhat abandona os agregados e entra no reino da cessação.

28 Os quatro maras são: o mara dos agregados, referindo-se aos cinco agregados psicofísicos, o mara das aflições, o mara do Senhor da Morte, que é a morte em si, e o mara devaputra, que significa distração, desejo e apego.

29 "Os quatro" refere-se aos *quatro maras*. "As seis" refere-se às *seis fortunas* (*bskal pa drug*): (1) o poder perfeito de ser perito no que é desejável; (2) o corpo de excelência perfeito de marcas e sinais; (3) a riqueza perfeita das coisas imensuráveis, como o séquito; (4) fama perfeita; (5) a sabedoria perfeita de conhecer as coisas como são e tudo que existe; e (6) a perfeita diligência de consumar o benefício dos seres. A sílaba final de *Chomdendé*, isto é, dé, significa "transcendente", denotando que o Buda transcendeu os extremos da existência e da quietude.

30 Os "veículos que conduzem a partir da origem" são os três veículos dos shravakas, pratyekabudhas e bodhisattvas. Assim são chamados porque nos conduzem ao longo do caminho até o resultado da liberação do samsara pelo abandono de todas as ações e kleshas que são a causa ou "origem" do sofrimento. Os "veículos do ascetismo védico" são os veículos das três classes externas de tantra – kriya, charya e yoga. Têm essa denominação porque ressaltam aspectos da conduta ascética, tais como purificação e limpeza ritual, e quanto a isso são semelhantes à tradição védica dos brâmanes. Os "veículos dos supremos e poderosos métodos transformadores" são os veículos das três classes internas de tantra – mahayoga, anuyoga e atiyoga. Assim são chamados porque incluem métodos poderosos para transformar todos os fenômenos em grande pureza e neutralidade. Ver Zenkar Rinpoche, *A brief presentation of the nine yanas*, www.lotsawahouse.org/nine_yanas.html.

31 Aryadeva, *Quatrocentos versos*, VIII:15.

32 Embora tradicionalmente fale-se de dezoito escolas, existem várias listas diferentes e é provável que na realidade existissem muitas mais. Entre os grupos principais em que elas se dividiram havia o Mahasamghika, Sarvastivadin e Sthavira.

33 Jé Tsongkhapa, de *A prece do começo, meio e fim virtuoso* (*Thog ma dang bar mtha' mar dge ba'i smon lam*): ji ltar thos pa'i don la rigs pa bzhis//nyin dang mtshan du tshul bzhin rab brtags nas//bsam bya'i gnas la bsams las byung ba yi//rnam dpyod blo yis the tshom chod par shog.

34 *An Encyclopaedic Tibetan-English Dictionary* explica as três qualidades de erudição, santidade e bom coração: "Erudição significa não ter confusão sobre objetos de conhecimento, santidade significa possuir disciplina pura a respeito das falhas de corpo, fala ou mente, e bom coração significa que o compromisso altruístico de agir em benefício dos outros é impecável".

35 Uma descrição da vida de Rongzom Chökyi Zangpo foi dada por Dudjom Rinpoche,

que disse: "Era renomado como o mahapandita supremo do Tibete... mestre inigualável do ensinamento da Escola da Antiga Tradução do mantra secreto. No que diz respeito aos diferentes sutras, tantras e tratados, dominava todos que eram conhecidos". Atisha (982-1054) conheceu-o e dizem que o chamou de "infalível". O comentário de Rongzom sobre o *Tantra da essência secreta* começa com o verso: "A natureza das Três Joias é a mente iluminada", e por isso ficou conhecido como *O comentário da joia*. *A entrada no caminho do Mahayana* está entre suas obras mais conhecidas. Além de sua notável erudição, também manifestou muitos sinais de profunda realização. O historiador Gö Lotsawa disse dele: "Na terra nevada do Tibete não apareceu erudito que o tenha igualado". Ver Dudjom Rinpoche, *The Nyingma school of tibetan buddhism, its fundamentals and history*, trad. e ed. de Gyurme Dorje (Boston: Wisdom, 1991), p. 703-09.

36  Longchenpa e Butön faleceram em 1364, sete anos depois do nascimento de Tsongkhapa, em 1357. Butön Rinchen Drup foi um famoso erudito e historiador tibetano, mais conhecido pelos esforços para compilar o Kangyur, os ensinamentos canônicos do Buda em tradução tibetana.

37  Jamgöm Mipham Rinpoche (1846-1912).

38  *Kun bzang smon lam gyi rnam bshad kun bzang nye lam*. Tsultrim Zangpo (1884-1957), também conhecido como Tulku Tsullo, um dos mais excepcionais eruditos tibetanos em tempos recentes, foi um importante estudante de Tertön Sogyal Lerab Lingpa, bem como autor de sua biografia secreta e detentor da linhagem de seus ensinamentos termas. Foi aluno também do terceiro Dodrupchen Jikmé Tenpé Nyima e de Amnye Khenpo Damchö Özer do mosteiro Dodrupchen. Khenpo Damchö disse em certa ocasião: "Sou apenas um cachorro, mas tenho um leão como aluno". Embora fosse notoriamente difícil encontrar Dodrup Jikmé Tenpé Nyima em seus últimos anos, Tsullo conseguiu fazê-lo graças a seu trabalho como escriba. Ele copiou muitos textos para a biblioteca pessoal de Dodrupchen Rinpoche e usou o trabalho como oportunidade para ter acesso a ele e receber esclarecimentos. A residência principal de Tulku Tsullo era o mosteiro de Shugjung (*shugs 'byung*) no Vale Do, localizado a cerca de 25 ou 30 quilômetros do mosteiro Dodrupchen e pertencente à tradição dos Tesouros do Norte (*byang gter*). Tsultrim Zangpo foi um monge detentor do Vinaya e também um praticante tântrico consumado. Aqueles que o viram dizem que possuía um ar de estátua sentado em posição de meditação, mal se mexendo, e com uma impressionante barba branca. Entre suas obras está um comentário em dois volumes sobre a *Verificação dos três tipos de votos* (*Sdom gsum rnam nges*), de Ngari Panchen, bem como diversos textos sobre Dzogchen, incluindo um manual de instrução (*khrid yig*) para o *Gongpa Zangthal* e o comentário sobre a famosa *Prece de Kuntuzangpo*. Suas outras obras incluem um comentário da *Guirlanda de visões* de Padmasambhava e muitos trabalhos relacionados aos tantras da tradição da nova tradução. Foi o professor-raiz de Khordong Tertrul Chimé Rigdzin, popularmente conhecido como "C. R. Lama" (1922-2002), e também de Tulku Gyenlo e Zhichen Öntrul, recentemente falecido no Tibete. Informações gentilmente fornecidas por Tulku Thondup Rinpoche.

[39] As obras reunidas de Tulku Tsullo foram publicadas em oito volumes a partir de blocos xilográficos mantidos em seu mosteiro de Shugjung, no Tibete oriental. Uma lista completa do conteúdo (*dkar chag*) desses volumes está disponível *online* em www.lotsawahouse.org/school/tsullo_index.html.

[40] Essas linhas de Gungthang Tenpé Drönmé (1762-1823) são de uma prece pelo florescimento dos ensinamentos de Tsongkhapa, conhecida como *blo bzang rgyal bstan ma*. A biografia de Gungthang Tenpé Drönmé pode ser encontrada em *Songs of spiritual experience*, de Thupten Jinpa e Jas Elsner (Boston: Shambala, 2000), p. 223-24.

[41] De *Rtogs brjod mdun legs ma*, uma curta obra autobiográfica na qual Tsongkhapa traça o desenvolvimento de sua realização por meio da prática do sutra e do tantra.

[42] Conforme o *Tshig mdzod chen mo*, os Seis Ornamentos que adornam o mundo de Jambudvipa são Nagarjuna e Aryadeva, os ornamentos do Caminho do Meio; Asanga e Vasubandhu, os ornamentos dos ensinamentos do Abhidharma; e Dignaga e Dharmakirti, os ornamentos dos ensinamentos sobre Pramana, ou cognição válida. Os Dois Supremos são Shakyaprabha e Gunaprabha, que eram extremamente instruídos nos ensinamentos sobre disciplina monástica conforme ensinada no Vinaya.

[43] Isso refere-se a um dito dos *Sete pontos de treinamento da mente*, no sexto ponto, que diz respeito aos compromissos do treinamento da mente. O cerne é "evitar ridicularizar e insultar os outros devido a um senso de superioridade". Ver Thupten Jinpa (trad. e ed.), *Mind training, the great collection* (Boston: Wisdom, 2006), p. 121.

[44] Drakyap Rinpoche foi um lama encarnado da região de Penpo, perto de Lhasa, considerado uma emanação de Potowa, o grande professor Kadam. Ele faleceu no final da década de 1980 e sua encarnação atualmente estuda no mosteiro de Sera.

[45] A sabedoria que é realizada diretamente por ocasião do caminho da visão.

[46] Do *Uttaratantra Shastra*, 1:51:3.

[47] *las mtha' rnam 'byed*, em sânscrito, *karmantavibhanga*.

[48] Ver Dalai Lama, *Dzogchen*, passim, especialmente p. 168-70 e 176-77; (p. 163-65 e 170-71 na edição brasileira).

[49] A palavra sânscrita *kaya* significa literalmente "corpo". De acordo com os ensinamentos do Mahayana, o estado de buda é descrito em termos de dois, três, quatro ou cinco kayas. Os dois kayas são dharmakaya (corpo da verdade) e rupakaya (corpo da forma). O rupakaya pode ser dividido em sambhogakaya (corpo da fruição perfeita) e nirmanakaya (corpo da manifestação), fazendo três kayas. Com a adição do svabhavikakaya (corpo da talidade), chega-se a quatro corpos de buda. Os cinco kayas consistem nos três primeiros mais o abhisambodhikaya (corpo do despertar completo) e o vajrakaya (corpo vajra imutável). Os corpos iluminados dos budas são considerados sustentáculos para sua sabedoria iluminada, assim como se pode dizer que nossos corpos ordinários proporcionam um suporte para nossa consciência ordinária.

## Notas

50 O título completo do texto é: *Palavras dos Vidyadharas: um manual de instrução sobre geração, perfeição e a Grande Perfeição para o grande om passivo, liberação do Samsara no espaço básico* (*Thugs rje chen po 'khor ba dbyings sgrol gyi bskyed rdzogs rdzogs pa chen po'i khrid yig rigs 'dzin zhal lung*).

51 sangs ryas gzhan nas re ba'i mkhas rlom gyi/ stong bshad shar 'drer nub tu glud gtong tshul/ mthong tshe zag bcas phung po 'od sku ru/ grol 'di gsang chen rnying ma'i khyad par chos. De *Words of the Vidyadharas*, p. 150.

52 Khenpo Achung (1918-1998) provinha do famoso mosteiro de Lumorap em Nyarong, intimamente associado à grande fundação Nyingma de Mindroling no Tibete central. Ele tinha muitos discípulos na região de Tromge, Nyarong e Kandze. Khenpo Achung realizou o corpo de arco-íris em uma encosta acima de Lumorap em setembro de 1998. Além de reportagens na imprensa local, o fato foi tema de um artigo, "The rainbow body", no *Institute of Noetic Sciences Review 59* (mar.-maio 2002); também foi mencionado por Matthew T. Kapstein em *The presence of light: divine radiance and religious experience* (University of Chicago Press, 2004).

53 dpe mthong tsam la rang bzo'i rtsal bshad kyis/gzhan 'drid bum stong gcig nas gcig 'byo ba'i/rnam thar ma yin dmar 'khrid rgyud thog tu/bkal ba'i nyams myong gdengs tshad cung zad mchis/zab don 'di ko thub bstan de srid bar/gnas shing bdag 'dra'i dad pa'i las can la/phan phyir ston zla ltar dkar lhag bsam gyis/ bskrun las chos brgyad nyon mongs can gyis min. De *Words of the Vidyadharas*, p. 149-50.

54 gnyis pa dngos gzhi la skyon ye nas ka dag tu ston pa khreg chod kyi lam dang/yon tan ye nas lhun grub tu rdzogs pa thod rgal gyi lam gnyis... De *Words of the Vidyadharas*, p. 88.

55 Os oito extremos, referidos por Nagarjuna no verso de abertura de sua obra mais famosa, o *Mula-madhyamaka-karika*, são surgir e cessar, permanência e não-existência, vir e ir, multiplicidade e singularidade.

56 A tradição da vacuidade extrínseca ou "outro vazio" (*gzhan stong*) do Madhyamaka, mais intimamente associada à escola Jonang do budismo tibetano, sustenta que o absoluto não é vazio de si mesmo (*rang stong*), mas é vazio de todos os outros fenômenos relativos. A tradição da "vacuidade intrínseca" mantém que a verdade absoluta é vazia até de si mesma.

57 A citação aparece em *Palavras claras* (*Prasannapada*), de Chandrakirti, no final do décimo terceiro capítulo.

58 phung po rnam dpyad stong pa nyid//chu shing bzhin du snying po med//rnam pa kun gyi mchog ldan pa'i//stong nyid de ltar ma yin no. Ver Khedrup Norsang Gyatso, *The ornament of stainless light: an exposition of the Kalachakra tantra*, traduzido por Gavin Kilty (Boston: Wisdom, 2004), p. 567-69. De *Um ensinamento curto sobre nossas asserções referentes à visão*, P4580, Tengyur, vol. *bu*, f. 23b1.

59 Uma breve nota biográfica sobre Khedrup Norzang Gyatso (1423-1513) aparece em *The ornament of stainless light*, de Kedruph Norsang Gyatso, p. xv.

60 Sua Santidade discutiu a "clara luz não-composta" e o estado "permanente" da atividade iluminada dos budas no ensinamento que deu em Londres em 1984 sobre *Atingindo a essência em três palavras*. Ver Dalai Lama, *Dzogchen*, p. 52-53; (p. 53-54 na edição brasileira).

61 Longchenpa descreve *alaya* desse modo: "É não-iluminação e um estado neutro, que pertence à categoria da mente e dos eventos mentais, e se tornou a fundação de todos os karmas e 'traços' de samsara e nirvana".

62 Nesses versos são nomeados vários seres não humanos e espíritos.

63 Maitreya, *Ornamento da realização clara*, 2:17d. De acordo com o comentário de Patrul Rinpoche (*'bru 'grel*), isso significa que um lugar onde a iluminação foi atingida ou onde alguém no caminho da meditação residiu é digno de veneração. Ver *Sher phyin mngon rtogs rgyan rtsa 'grel* (si khron mi rigs dpe skrun khang, 1977), p. 521.

64 *'dun pa sgyur la rang sor bhzag*. Esse é outro lema do sexto ponto dos *Sete pontos do treinamento da mente*, que se refere aos compromissos do treinamento da mente. Outras traduções são: "Transforme suas atitudes, mas permaneça como você é" ou "Mude suas prioridades, mas continue como você é".

65 Os oito interesses ou preocupações mundanas são: querer ser louvado e não querer ser criticado, querer felicidade e não querer sofrimento, querer ganhar e não querer perder, e querer fama e aprovação e não querer rejeição e desgraça.

66 De *Canção da montanha nevada do Leste* (*Shar gangs ri ma*), um louvor a Tsongkhapa, do primeiro Dalai Lama, Gendün Drup.

67 *Mahayanasutralamkara* 17:10: bshes gnyen dul ba zhi zhing nyer zhi ba//yon tan lhag pa brston bcas lung gis phyug//de nyid rab tu rtogs pa smra mkhas ldan//brtse ba'i bdag nyid skyo ba spangs la (b)sten.

68 Ver Tsong-kha-pa, *The great treatise on the stages of the path to enlightenment*, vol. 1, trad. de Lamrim Chenmo Translation Committee (Ithaca: Snow Lion, 2000), p. 71.

69 *Disciplinado* refere-se ao treinamento em disciplina (*shila*), *pacífico*, ao treinamento em meditação (*samadhi*), e *sereno*, ao treinamento em sabedoria (*prajna*). Tsong-kha-pa, *The great treatise on the stages of the path*, vol. 1, p. 71-72.

70 Sua Santidade está seguindo rigorosamente um trecho de *The great treatise on the stages of the path*, vol. 1, p. 86, de Tsongkhapa. Essa é a citação do *Vinaya-sutra* de Gunaprabha. Ele prossegue incluindo uma citação do *Ratnamegha sutra*.

71 Essas linhas provêm das *50 estrofes sobre o Guru* (*Gurupancashika*), de Ashvagosha, vol. 24: rigs pa yis ni mi nus na//mi nus de la tshig gis sbyang. Elas são citadas em *The great treatise on the stages of the path*, vol. 1, p. 86, de Tsongkhapa.

72 Os doze elos da originação dependente são: (1) ignorância, (2) formações kármicas, (3) consciência, (4) nome e forma, (5) os seis órgãos dos sentidos (ayatana), (6) contato, (7) sensação, (8) desejo, (9) apego, (10) vir-a-ser, (11) renascimento e (12) velhice e morte. A ordem progressiva dos doze elos descreve a originação do processo samsárico e a ordem reversa descreve a cessação.

73 A palavra *ordinário* (*rang rgyud pa*) aqui significa uma emoção que segue seu curso, sem ser tratada com um remédio ou de alguma outra maneira.

74 Shantideva, *Bodhicharyavatara*, 6:90.

75 Chandrakirti, *Introdução ao caminho do meio*, 6:120: nyon mongs skyon rnams ma lus 'jig tshogs la//lta las byung bar blo yis mthong gyur zhing//bdag ni 'di yi yul rtogs byas nas//rnal 'byor pa yis bdag ni 'gog par byed.

76 Essa linha é do *Texto-raiz dos princípios filosóficos* (*Grub mtha' rtsa ba*), de Jamyang Zhepa, cap. 1: bdag lta'i zhen yul grub 'gog phyi nang gnyis.

77 Sua Santidade refere-se à pesquisa executada pelo psicólogo dr. Larry Scherwitz, que gravou conversas de 600 homens, dos quais um terço sofria de doenças cardíacas, e os demais eram saudáveis. Ele verificou que os homens que usavam as palavras "eu", "mim" e "meu" com mais frequência tinham maior risco de problemas do coração. Ele concluiu que o nível de autorreferência nos padrões da fala da pessoa podem ser um indicativo do alto risco de doença cardíaca e enfermidades relacionadas ao estresse.

78 Nagarjuna, *Ratnavali*, 2:69: g.yan pa 'phrugs na bder 'gyur ba//de bas g.yan pa med bde//de bzhin 'jig rten 'dod ldan bde//'dod pa med pa de bas bde.

79 Essa classificação parece proveniente do *Lankavatara sutra*.

80 *gtad so*. No comentário está grafado como *brten so*; é utilizado para significar "garantia, segurança".

81 Essa é a teoria de que os fenômenos surgem por si mesmos, sem causas. Na literatura tibetana, essa posição é atribuída principalmente à escola niilista Charvaka da filosofia indiana.

82 Os ensinamentos sobre o caminho gradual (*lam rim*) classificam os seres conforme três níveis de capacidade espiritual. Os de menor capacidade são inspirados pelo desejo de atingir os estados mais elevados dentro do samsara, como seres humanos ou deuses. Seres de capacidade intermediária, seguidores dos caminhos shravaka e pratyekabuddha, buscam a liberação do samsara apenas para si mesmos. Aqueles de maior capacidade, os bodhisattvas, são motivados pelo desejo de conduzir todos os seres ao estado de buda perfeito.

83 A tradução dessa linha está baseada no comentário de Sua Santidade.

84 Shantideva, *Bodhicharyavatara*, 8:129.

85 Shantideva, *Bodhicharyavatara*, 8:130.

86 Verso 483.

87 Shantideva, *Bodhicharyavatara*, 3:21.

88 Shantideva, *Bodhicharyavatara*, 10:55.

89 Assim chamados porque eram praticantes leigos, em constraste com os monges.

90 Existem quatro tipos de nirmanakaya, o aspecto do estado de buda que se manifesta pela compaixão para ajudar os seres humanos comuns: artesão, nascimento, grande iluminação e supremo. Um nirmanakaya supremo, como o Buda Shakyamuni, sempre exibe as doze ações: (1) descida de Tushita, a alegre terra pura, (2) entrada no ventre da mãe, (3) nascimento no jardim de Lumbini, (4) tornar-se habilidoso em várias artes, (5) deleitar-se na companhia de consortes reais, (6) desenvolver a renúncia e ser ordenado, (7) praticar austeridades por seis anos, (8) rumar para baixo da árvore bodhi, (9) sobrepujar as hostes de Mara, (10) tornar-se plenamente iluminado, (11) girar a roda do Dharma e (12) passar para o mahaparinirvana na cidade de Kushinagara.

91 Shantideva, *Bodhicharyavatara*, 10:55.

92 A fonte original para o que se segue é o *Caminho básico para o despertar* (*Byang chub gzhung lam*), de Tsongkhapa.

93 A pergunta exata é: "Você ouviu os ensinamentos do pitaka do bodhisattva ou um resumo deles?". Nesse contexto, resumo refere-se aos *Estágios do Bodhisattva*, de Asanga, e em especial ao capítulo sobre disciplina.

94 Da *Aspiração de boas ações*, de Samantabhadra.

95 *Venerável* é o termo usado quando o professor é um monge de classe superior; outros termos são empregados se o professor é um chefe de família ou de categoria menos superior. Isso é explicado por Tsongkhapa no *Byang chub gzhung lam*, p. 36a.

96 O "potencial da família" dos bodhisattvas é equivalente à natureza de buda. Todos os seres possuem esse potencial, mas na maior parte dos casos ele jaz dormente. Quando um indivíduo depara com as condições certas, o potencial é despertado, e a pessoa segue o caminho do bodhisattva.

97 Capítulo 5, verso 31: sangs rgyas byang chub sems dpa' dag//kun du thogs med gzigs par ldan//de dag thams cad spyan snga na//rtag par bdag ni gnas so zhes.

98 Nesse instante, Sua Santidade levantou-se no trono.

99 Esses são os dois últimos versos da oração *Palavras de verdade*, composta por Sua Santidade em Dharamsala em 1960. A oração é dedicada à restauração da paz, dos ensinamentos budistas e da cultura e autonomia do povo tibetano em sua terra natal.

100 Sobre o Quinto Grande Dalai Lama, ver Dalai Lama, *Dzogchen*, p. 22-25 e p. 229n4 (p. 26-28 e p. 217n4 na edição brasileira).

## Notas

101 Tradak Rinpoche (*stag brag rin po che ngag dbang gsung rab*) serviu de tutor de Sua Santidade o Dalai Lama e deu a ele os votos de monge noviço. Ele assumiu a regência do Tibete em 1941, renunciando em 1951, aos 75 anos de idade, quando o Dalai Lama recebeu autoridade plena sobre o Tibete. Ver W. D. Shakabpa, *Tibet: a political history* (Nova York: Potala, 1984), p. 286.

102 De *Thugs sgrub yang snying kun 'dus kyi dbang chog padma dgyes pa'i 'jug ngogs*, collected works of Jamyang Khyentse Wangpo, edição Gangtok de 1977, vol. 12, p. 503.

103 Sua Santidade mencionou isso no contexto de ter concedido a iniciação dessa prática no Lerab Ling quatro dias antes (ver o apêndice).

104 *thugs rje chen po 'jig rten dbang phyug lha dgu*.

105 *khams gsum zil gnon*.

106 *Sessenta versos sobre argumentação, Yuktishashtika*, vol. 60.

107 Sua Santidade diz: "No contexto do sutra, sabedoria refere-se à sabedoria que realiza a vacuidade, e método refere-se à prática das seis perfeições". Ver Dalai Lama, *The world of tibetan buddhism*, traduzido, editado e comentado por Geshe Thupten Jinpa (Boston: Wisdom, 1995), p. 99. Geshe Thupten Sönam acrescenta uma nota explicativa sobre a acumulação de méritos através de meios hábeis: "Significa despertar bondade amorosa, compaixão e bodhicitta e treinar as ações hábeis relacionadas, tais como generosidade".

108 Ver Dalai Lama, *World of tibetan buddhism*, p. 99-100; ver também Dalai Lama, *Dzogchen*, p. 154-55 (p. 149-50 na edição brasileira).

109 *bla sgrub*.

110 Corpo, fala, mente, qualidades, atividade, e espaço básico e sabedoria iluminados.

111 *Dpal gsang ba'i snying po'i rgyud kyi spyi don nyung ngu'i ngag gis rnam par 'byed pa rin chen mdzod kyi lde mig*, em bka' 'bum (si khron mi rigs dpe skrun khang, versão de 2003), vol. III (ga), p. 43.

112 "Os quatro vazios são respectivamente denominados vazio, o próprio vazio, o grande vazio e o todo-vazio e também são chamados de mente da aparência branca radiante, mente do aumento vermelho ou laranja radiante, mente do quase-atingimento negro radiante e mente de clara luz." Ver Daniel Cozort, *Highest yoga tantra* (Ithaca: Snow Lion, 1986), p. 73-76. "Esses tipos sutis de consciência devem ser usados para realizar a vacuidade, mas não são vacuidade, nem realizações da vacuidade." Ver *Highest yoga tantra*, p. 73.

113 A tradição Prasangika ou da Consequência é uma subdivisão da escola Madhyamaka de filosofia. Uma característica distintiva dessa abordagem é o uso dos argumentos consequencialistas para estabelecer a verdade última da vacuidade além de toda ela-

boração conceitual. Essa abordagem foi formulada explicitamente pela primeira vez pelo erudito indiano Buddhapalita e mais tarde detalhada e defendida por Chandrakirti.

[114] Ver Dalai Lama, *Dzogchen*, p. 172 (p. 166 na edição brasileira).

[115] Os ensinamentos do Lamdré (Caminho com Seu Resultado) desenvolveram-se em duas linhas de transmissão principais: a apresentação geral, conhecida como *tsokshé* (Explicação para Assembleias), e a explicação secreta, conhecida como *lopshé* (Explicação para Discípulos Particulares). Conforme S.S. Sakya Trizin explica: "No início da tradição Sakya, Lamdré era de fato um ensinamento único. Mais tarde, nos tempos de Muchen Könchok Gyaltsen, quando ele deu ensinamentos de Lamdré, ministrou os ensinamentos mais esotéricos, essenciais e importantes para seus discípulos mais íntimos em seus aposentos particulares, ao passo que para as assembleias proferiu os ensinamentos mais comuns. Desde então existem dois Lamdré". Tsarchen Losal Gyatso (1502-1567) foi um importante mestre da tradição Sakya, fundador do mosteiro de Dar Drangmo Ché e da escola Tsar da ordem Sakya, e detentor da transmissão Lamdré Lopshé. Várias de suas obras permaneceram, especialmente composições sobre a visualização de Hevajra e ensinamentos sobre Vajrayogini. Sua biografia foi escrita pelo Quinto Dalai Lama. Seus maiores discípulos foram Mangtö Ludrup Gyatso, Yol Kenchen Zhönnu Lodrö, o Terceiro Dalai Lama Sönam Gyatso, Zhalu Khenchen Khyentse Wangchuk e Bokarwa Maitri Döndrup Gyaltsen. Informações gentilmente fornecidas pelo Tibetan Buddhist Resource Center. Sobre Mangtö Ludrup Gyatso, ver Dalai Lama, *Dzogchen*, p. 234n44 (p. 224n44 na edição brasileira).

[116] Ver Dalai Lama, *Dzogchen*, p. 162 (p. 157 na edição brasileira).

[117] Capítulo 3, verso 11. Ver Dalai Lama, *World of tibetan buddhism*, p. 148; ver também Dalai Lama, *Dzogchen*, p. 238n82 (p. 321n82 na edição brasileira).

[118] Jikmé Tenpé Nyima, *Dpal gsang ba'i snying po'i rgyud kyi spyi don nyung ngu'i ngag gis rnam par 'byed pa rin chen mdzod kyi lde mig*, p. 43.

[119] *chos nyid kyi sku*. De acordo com Khenpo Namdrol Rimpoche, isso refere-se ao svabhavikakaya (*ngo bo nyid kyi sku*).

[120] Jikmé Tenpé Nyima, *Dpal gsang ba'i snying po'i rgyud kyi spyi don nyung ngu'i ngag gis rnam par 'byed pa rin chen mdzod kyi lde mig*, p. 45.

[121] Edição Tarthang, p. 1180.

[122] Edição Tarthang, p. 1182.

[123] Edição Tarthang, p. 1182-83. *O excelente arranjo de joias* (*Nor bu bkra bkod*) é um dos dezessete tantras da classe mais íntima e insuperável da categoria de instrução essencial do Dzogchen.

[124] Edição Tarthang, p. 1186-87.

125 Edição Tarthang, vol. e, p. 151.

126 Edição Tarthang, vol. e, p. 151.

127 Edição Tarthang, vol. wam, p. 221.

128 Edição Tarthang, p. 234-35.

129 Rdo grub chen 'jigs med bstan pa'i nyi ma'i gsung 'bum (si khron mi rigs dpe skrun khang), vol. 2, p. 27.

130 Verso 80.

131 Verso 81a.

132 Aqui, Sua Santidade sucintamente relacionou esse tema com a necessidade de se estudar *Os sete tesouros*.

133 Esses são os três primeiros dos seis estágios do estágio de completude conforme o *Guhyasamaja tantra*, quando diferenciado conforme os resultados.

134 De *Bla ma mchod pa'i cho ga*, de Panchen Lozang Chökyi Gyaltsen (1570-1662): des na rje btsun bla ma thugs rje can//ma gyur 'gro ba'i sdig sgrib sdug bsngal kun//ma lus da lta bdag la smin pa dang// bdag gi bde dge gzhan la btang ba yis//'gro kun bde dang ldan par shog.

135 Sobre "a verdadeira clara luz" ou "clara luz significativa", ver Cozort, *Highest yoga tantra*, p. 66, 106-10; ver também Yangchen Gawai Lodoe, *Paths and grounds of Guhyasamaja according to Arya Nagarjuna* (Dharamsala: Library of Tibetan Works and Archives, 1995), p. 75-80. Sobre "a união dos aprendizes" ou "estado de união dos trainees", ver *Highest yoga tantra*, p. 66, 111-14, e *Paths and grounds of Guhyasamaja*, p. 90-96. Este último cita *Os cinco níveis* (*rim lnga*): "Permanecendo na estabilização meditativa do estado de união, ele/ela não treina em quaisquer [novos caminhos] adicionais".

136 A resposta de Khedrup Jé é citada em *Kindness, clarity and insight*, do Dalai Lama, p. 203-05; p. 231-32 na edição de 2006; no Brasil, *Bondade, amor e compaixão*, p. 236-37. Ela provém de mkhas grub dge legs dpal bzang po'i gsung thor bu'i gras rnams phyogs gcig tu bsdebs pa, *The collected works of the lord Mkhas-grub rJe dGe-legs-dpal-bzang-po* (Nova Délhi: 1980), 125.1-6.3.

137 *The collected works of the lord Mkhas-grub rJe*, p. 129.

138 De *Collected works* de Dodrupchen Jikmé Tenpé Nyima: sgrub brtson rnal 'byor gyi dbang po padma maha sukha'i bzhed skong du gdams pa, rdo grub chen 'jigs med bstan pa'i nyi ma'i gsung 'bum (si khron mi rigs dpe skrun khang, 2003), vol. 2, p. 15-16.

139 Golok Khenchen Munsel (1916-1993). Sua vida é retratada por Nyoshul Khenpo em *A marvelous garland of rare gems*, p. 524-26.

140 O *Triyik Yeshé Lama* foi composto por Jikmé Lingpa (1730-1798) e, conforme Tulku

Thindup Rinpoche observa, "tornou-se o manual mais abrangente da meditação Dzogpachenpo da tradição Nyingma". Baseado no ciclo mais íntimo e inexcedível da categoria das instruções essenciais, incorpora o cerne dos tantras do Dzogchen e apresenta primariamente as instruções práticas para trekchö e tögal, junto com instruções para liberação nos estados do bardo e liberação nos reinos puros de nirmanakaya.

141 Nascido no leste do Tibete, Khenpo Rinchen lecionou no mosteiro de Dzongsar antes de fugir para o exílio na Índia. Tornou-se professor de S.S. Sakya Trizin e atuou como principal khenpo Sakya no Instituto Tibetano em Sarnath, bem como khenpo dirigente do mosteiro Sakya em Puruwala. Durante a iniciação de Kalachakra em Bodhgaya em 1974, foi louvado por S.S. o Dalai Lama como um professor que dominava a erudição de todas as quatro escolas do budismo tibetano. Sua Santidade também falou de Khenpo Rinchen no Lerab Ling em 2000: "Penso que praticamente não existem professores Geluk, Nyingma, Kagyu ou Sakya que conheçam os ensinamentos de todas as outras escolas. A partir de minha experiência pessoal, posso dizer que o falecido Khenpo Rinchen era um que conhecia: ele realmente era um mestre excelente".

142 Ver Dalai Lama, *Dzogchen*, p. 234n45 (p. 225n45 na edição brasileira); ver também Dalai Lama, *World of tibetan buddhism*, p. 151.

143 O título completo é *Ornamento para a mente de sabedoria de Samantabhadra: uma instrução secreta que revela diretamente a visão Dzogpachenpo da clara luz e dissipa todas as visões erradas*. Em tibetano: *'Od gsal rdzogs pa chen po'i lta ba dmar 'byin gsang khrid log rtog kun sel kun bzang dgongs rgyan*. Aparece no volume kha das obras reunidas de Tsultrim Zangpo. O trecho citado aqui começa na página 9a.

144 As nove ações das três portas: todas as atividades externas, internas e secretas de corpo, fala e mente. Três referem-se ao corpo: (1) externamente, todas as atividades mundanas de distração, (2) internamente, todos os atos virtuosos como prostrações e circum-ambulações, (3) secretamente, todos os movimentos desnecessários que dispersem a prática. Três referem-se à fala: (1) externamente, todas as conversas mundanas deludidas, (2) internamente, todas as liturgias e recitações, (3) secretamente, qualquer conversa sobre o que quer que seja. Três referem-se à mente: (1) externamente, todos os pensamentos mundanos deludidos, (2) internamente, toda atividade mental focada em visualizações dos estágios de desenvolvimento e completude, (3) secretamente, todos os movimentos da mente.

145 Ver Dalai Lama, *The meaning of life*, traduzido e editado por Jeffrey Hopkins (Boston: Wisdom, 1992), p. 43. Lançado no Brasil pela editora Martins Fontes como *O sentido da vida* (p. 17).

146 Ver Milarepa, *The hundred thousand songs of Milarepa*, traduzido e anotado por Garma C.C. Chang (Boston: Shambala, 1999), p. 122-30.

147 Tsultrim Zangpo, *Ornamento para a mente de sabedoria*, p. 6a.

# Notas

148 Idem, p. 33b.

149 O tantra-raiz dos dezessete tantras da classe mais íntima e inexcedível das instruções essenciais do Dzogchen, *Sgra thal 'gyur rtsa ba'i rgyud*.

150 Um nome secreto do Grande Quinto Dalai Lama.

151 Em Londres, em 1984, Sua Santidade citou Dodrupchen: "A esse respeito, Dodrup Jikmé Tenpe Nyima diz que, uma vez que se compreenda todos os fenômenos como sendo a energia, ou a exibição, dessa rigpa autossurgida, é muito fácil realizar que todos os fenômenos só parecem existir como resultado de conceitos de serem rotulados assim". *Dzogchen*, p. 69 (p. 69 na edição brasileira). Ele havia se referido a essa afirmação em várias ocasiões, por exemplo: "Dodrupchen diz que, quando somos capazes de avaliar todos os objetos do conhecimento que aparecem e ocorrem como sendo o passatempo da mente básica, por força entendemos ainda melhor o postulado da Escola da Consequência de que eles existem apenas por meio do poder da conceitualidade". *Kindness, clarity and insight*, p. 214 (p. 247 na edição brasileira, intitulada *Bondade, amor e compaixão*). Ver também *World of tibetan buddhism*, p. 120; e S.S. o Dalai Lama e Alexander Berzin, *The Gelug/Kagyü tradition of Mahamudra* (Ithaca: Snow Lion, 1997), p. 225-26.

152 Tsultrim Zangpo, *Ornamento para a mente de sabedoria*, p. 10b-11a.

153 Idem, p. 11b.

154 Os termos tibetanos são respectivamente: *gnyug ma, rtag pa, 'dus ma byas pa'i ye shes, zang thal le* e *phyal ba chen po*. Os termos do parágrafo seguinte são: *ma bcos pa, rang gsal, 'od gsal, bde chen lhan skyes kyi ye shes, nang gsal gyi ye shes, sems la 'das pa'i ye shes, ye shes lnga'i rang bzhin* e *gzhi'i chos sku*.

155 Longchenpa, *Tesouro precioso que realiza desejos, um tratado sobre instruções essenciais do grande veículo*, p. 152. "Além disso, ela [i.e.,a base] proporciona certo embasamento para o karma, as emoções perturbadoras e os fenômenos do samsara, mas sem que eles realmente dependam dela. Esses [fenômenos] residem dentro do reino da base, sem realmente tocá-la ou se tornarem parte dela, assim como as nuvens são, em certo sentido, 'sustentadas' pelo céu". *de yang 'khor ba'i chos la dang nyon mongs pa rnams rten pa med pa'i tshul gyis brten pa ni/ nyi mkha'i ngos na sprin phung brten pa ltar/ gzhi la ma reg ma 'byar la de'i ngang las ngas pa ste*.

156 Tsultrim Zangpo, *Ornamento para a mente de sabedoria*, p. 14b.

157 O primeiro Panchen Lama, Lozang Chökyi Gyaltsen, compôs um famoso texto-raiz, com autocomentário, sobre mahamudra, intitulado: *Dge ldan bka' brgyud rin po che'i phyang chen rtsa ba rgyal ba'i gzhung lam*. Ver Dalai Lama e Berzin, *The Gelug/Kagyu tradition of Mahamudra*.

158 O termo tibetano é *had de ba*. Ver Dalai Lama, *Dzogchen*, p. 66-67, 194-95. (p. 66-67 e 187-88 na edição brasileira).

159 Os termos tibetanos são respectivamente: *ye grol, rang drol, cer grol, rnam grol* e *mtha'grol*.

160 Ver Dalai Lama, *Dzogchen*, p. 83-84, 186-87 (p. 82-83, 179-80 na edição brasileira).

161 Sua Santidade discute isso em *Dzogchen*, p. 50, 171 e 196 (p. 51, 165-66 e 188-89 na edição brasileira). Às vezes o terceiro chokshak, "ação, aparências: deixe-as como estão", é dado como: "ação, a instrução essencial, deixe-a como está."

162 Conforme notou o professor H. V. Guenther, a palavra *bstan*, significando "ensinamentos", aparece no texto-raiz e também quando o texto-raiz é citado no autocomentário, *A carruagem da pureza total* (*Shing rta rnam dag*); mas ao comentar essa linha Longchenpa usa a palavra *brtan*, significando "firme" ou "estável". Ambos os sentidos estão incorporados à tradução. Conforme Longchenpa, *Kindly bent to ease us*, traduzido e anotado por Herbert V. Guenther (Berkeley: Dharma Publishing, 1975-1976), parte 2, p. 59 e 103.

163 Essa linha aparece no autocomentário, mas não no texto-raiz.

164 Ver nota 80 acima.

165 Esse trecho do texto descreve certas posições yogues avançadas, e a linguagem utilizada é metafórica. Por exemplo, *oceano* significa o abdômen e *costa rochosa* significa a espinha.

166 O comentário tem uma versão diferente dessa linha: "A postura é como antes, mas em particular não movimente os olhos".

167 O comentário diz que o movimento da respiração é imperceptível.

168 O comentário menciona que existem dez sinais desse tipo.

169 O texto-raiz tem *phyi nang* (externo e interno), mas a mesma linha aparece no comentário como *snga phyi* (anterior e posterior).

170 Dilgo Khyentse Rinpoche recebeu a transmissão de Jamyang Khyentse Chökyi Lodrö, que a recebeu de Tertön Sogyal em pessoa.

171 Ver Tulku Thondup, *Hidden teachings of Tibet: an exploration of the terma tradition of the Nyingma school of buddhism* (Londres: Wisdom, 1986). Ver também Andreas Doctor, *Tibetan treasure literature* (Ithaca: Snow Lion, 2005).

172 Kyapjé Dilgo Khyentse Rinpoche, 17 ago. 1990.

173 Citado em um texto das *Obras reunidas* do 13º Dalai Lama a respeito do *Ciclo secretíssimo da mandala de Hayagriva* e da consagração do medicamento de acordo com as visões puras do Grande Quinto Dalai Lama.

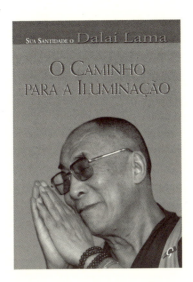

# O Caminho para a Iluminação

Nesta obra está o comentário de Sua Santidade o Dalai Lama sobre a *Essência do ouro purificado*, de Sonam Gyatso, o terceiro Dalai Lama do Tibete. Sempre que ensinava, deixava a mágica e o mistério de lado e falava apenas sobre os métodos cotidianos simples para o cultivo da percepção espiritual.

Por onde andou, deixou mosteiros e centros espirituais que, ao longo dos séculos seguintes, remodelaram as civilizações em contato com ele. Graças ao seu trabalho, as gentis doutrinas de Buddha difundiram-se como o sol nascente sobre uma terra que só conhecia conflito e guerra.

Este livro inclui o trabalho mais famoso deste Dalai Lama, *Essência do ouro purificado*. Ao mesmo tempo simples e profundo, deixa uma sensação de mágica e assombro em todos que assistiram a suas palestras.

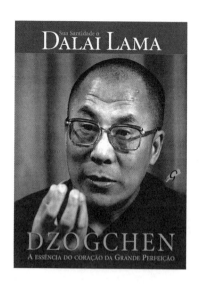

# DZOGCHEN
## A essência do coração da Grande Perfeição

Este livro reúne ensinamentos sobre o *Dzogchen*, a essência do coração da antiga tradição Nyingma do Budismo Tibetano, ministrados por Sua Santidade o Dalai Lama a estudantes da Europa e América do Norte. Com instruções perfeitamente claras para a obtenção da mente búdica, Sua Santidade oferece ao leitor um vislumbre sem precedentes de um dos mais profundos sistemas de meditação.

Prestando um tributo à singularidade do *Dzogchen*, Sua Santidade o insere no espectro mais amplo do Budismo Tibetano. Explica a essência da prática do *Dzogchen* e responde a perguntas como: "Por que o *Dzogchen* é chamado 'pináculo de todos os veículos?'"; "Quais suas características especiais?"; e "Quais os princípios cruciais dos outros caminhos budistas que um praticante do *Dzogchen* deve conhecer?". Para os meditantes, um trabalho de valia e riqueza incomuns.

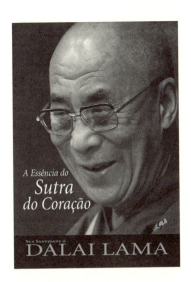

## A Essência do Sutra do Coração

Nesta obra, o Dalai Lama desvenda magistralmente o *Sutra do coração*, que há mais de 2 mil anos tem feito parte do cotidiano de milhões de budistas. Sem dever nada à concisão e aliando seções pontuais a capítulos de conteúdo abrangente, a obra mantém um estilo que só beneficia a leitura de seus ensinamentos. Com isso o leitor abre-se à libertação do sofrimento e o viver em verdadeira compaixão.

Tomando por base palestras ministradas a milhares de ouvintes em 2001, o conteúdo é a visão geral, abrangente e acessível de Sua Santidade sobre a Filosofia Budista. Valendo-se das contribuições adicionais do erudito e tradutor Thupten Jinpa, o livro faz as vezes de apresentação autorizada de um texto seminal para a herança religiosa do mundo.

Impresso nas oficinas da
Gráfica Palas Athena